História, Corpo do Tempo

Coleção Debates
Dirigida por J. Guinsburg

Produção: Plínio Martins Filho

josé honório rodrigues
HISTÓRIA, CORPO DO TEMPO

EDITORA PERSPECTIVA

© Editora Perspectiva S.A., 1975

2.ª edição 1984

Direitos reservados à
EDITORA PERSPECTIVA S.A.
Av. Brigadeiro Luís Antônio, 3025
Telefone: 288-8388
01401   São Paulo   Brasil
1976

À memória de Afonso d'E. Taunay, mestre e amigo, no centésimo aniversário de seu nascimento.

SUMÁRIO

Prefácio 11

1. Reflexões sobre os Rumos da História 15

   1. A evolução e os efeitos da metodologia histórica. 2. A história, as ciências sociais e vizinhas. 3. História e lingüística. *A palavra liberal. A palavra Revolução.* 4. Reflexões finais.

2. As Primeiras Bolsas. A Bolsa de Valores e a Obra de Joseph de La Vega 41

   1. As primeiras bolsas: Antuérpia. 2. A Bolsa de Lyon. 3. Amsterdã, capital comercial e financeira do mundo. 4. A Bolsa de Valores de Amsterdã. 5. A contribuição judaica. 6. Confusión de confusiones.

3. Holanda e Portugal. Um Paralelo entre dois Mundos 63

4. De Tiradentes à Independência 71

   1. Colônia de colônia. 2. A situação econômica. O comércio anglo-luso-brasileiro. 3. A situação internacional. 4. A situação econômica mineira: 1780-1789. 5. A conspiração de Xavier, o Tiradentes. 6. A conjuração e a historiografia.

7

5. Paixão e Morte de Tiradentes 101

1. O julgamento. 2. A morte. 3. As festas do servilismo. 4. O homem. 5. A paixão. 6. A conjuração: seu plano e suas aspirações. 7. O delator. 8. O pensamento do Alferes Tiradentes. 9. Os conjurados. 10. A cadeia indestrutível do nacionalismo. 11. A ressurreição. 12. Nota bibliográfica.

6. Frei Caneca: A Luz Gloriosa do Martírio 119

1. A morte. 2. O julgamento. 3. A comissão militar. 4. O patriota. 5. A personalidade. 6. As conseqüências de 1824. A atualidade de Frei Caneca.

7. História e Ideologia. A Década de 1870 a 1880 133

8. História e Economia. A Década de 1870 a 1880 163

9. A Lei do Ventre Livre. Primeiro Centenário 193

1. Programa político do gabinete Rio Branco. 2. José de Alencar combate o projeto. 3. Rio Branco responde a José de Alencar. 4. Francisco Otaviano, liberal, apóia Rio Branco. 5. Zacarias, liberal, ataca o projeto. 6. Sales Torres Homem defende o projeto. 7. Encerramento da discussão. Vitória do projeto. 8. Lei do Ventre Livre. 9. Considerações finais.

10. O Governo Constitucional de Getúlio Vargas 213

11. A Pesquisa Histórica e a História Contemporânea 223

1. O acesso às fontes contemporâneas. 2. A liberdade de informação. Os documentos secretos. 3. O julgamento histórico. 4. A pesquisa histórica brasileira e a história contemporânea. 5. A contribuição estrangeira à história brasileira contemporânea.

12. Getúlio Vargas: Uma Revisão Histórica 239

1. As fontes. 2. A durabilidade. 3. A personalidade. 4. A realidade econômico-política. 5. O sentido de sua obra.

Obras do Autor 257

Índice Remissivo 263

And the very age and body of the time...
SHAKESPEARE, *Hamlet*, Ato III, Cena II.

PREFÁCIO

Reúno neste volume uma nova série de estudos e ensaios publicados em diferentes lugares, em jornais, revistas e nos Anais da Biblioteca Nacional, sendo três inéditos, o primeiro, "Reflexões sobre o Rumo da História", o quarto, "De Tiradentes à Independência", e o sexto, "Frei Caneca, a luz gloriosa do martírio". O décimo foi encomendado por um grande Jornal do Rio de Janeiro e não publicado. O último, "Getúlio Vargas, uma revisão histórica", foi publicado com grandes cortes, e aparece aqui restaurado em sua forma inicial.

Todos eles obedecem a uma contenção natural exigida pelas condições de espaço e tempo que revistas, jornais e conferências universitárias ou acadêmicas exigem. Todos poderiam ser largamente ampliados, mas prefiro mantê-los na forma original e guardar o demais para os livros futuros. Todos estão ligados pelo mesmo espírito de interpretação, a mesma paixão pela história inteira do Brasil, a mesma intenção de progredir no conhecimento para poder escrever a minha "História Moderna do Brasil" e a minha "História da História do Brasil". Para não encarecer o livro, não incluí outros ensaios que aguardarão sua vez em outro volume, pois há sempre um tempo de sobra para reunir, rever e aprontar um volume de ensaios.

A intenção fundamental é servir aos professores e estudantes universitários de História, já que é tão grande a deficiência de recursos bibliográficos na maioria das bibliotecas universitárias que tenho conhecido, no Brasil. A pobreza das verbas, a deficiência de informação bibliográfica, o despreparo lingüístico dificultam o conhecimento das influências, das correntes da opinião historiográfica nacional e mundial. Espero que este volume, como outros que tenho publicado, ajudem a sugerir leituras, a provocar reflexões, a definir caminhos e vocações.

Embora a História não seja uma ciência aplicada, ela é uma forma de conhecimento, uma interpretação dos nossos erros e virtudes, e serve de catarse social, especialmente nas horas de crise política, como a que vivemos. Nestes ensaios estudam-se os heróis libertadores, como o Alferes Tiradentes e o Frei Caneca, e se aprendem os males dos regimes absolutistas e autoritários.

O título do conjunto inspira-se em Shakespeare: "A verdadeira idade e corpo do tempo, sua forma e pressão". O corpo do tempo deve entender-se como a História, sua forma, seu estilo, as pressões que nela se exercem, a história viva, a fabricação histórica, a criação e a recriação, com os atores todos, os protagonistas e os deuteragonistas, os principais e os secundários. *The best actors in the world, either for tragedy, comedy, history, pastoral, pastoral-comical, historical-pastoral, tragical-pastoral, tragical-comical-historical-pastoral, scene individable, or poem unlimited* (Hamlet, Ato II, Cena II).

12

Cena indivisível, poema ilimitado, a História compreende tudo que é humano, toda criação; a História é seleção, e nela não devem entrar somente a coleção de antiguidades, os fatos triviais, os valores fragmentados, as porções mortas.

O Corpo do Tempo, a História, pode não ser heróico, nem disciplinado, mas é sempre criador, não só de bens materiais, como de valores espirituais e morais. Os fatos históricos que formam o Corpo do Tempo não são os acidentes, crimes, diversões, futebol, particularidades dos maiores e dos menores. Tudo isto são fatos passageiros, transitórios, que morrem ao nascer, sem conseqüências futuras, apesar de sua predominância na vida nacional atual. A História é composta de fatos criadores de futuro, e não dos que enchem apenas o presente. Agradeço, como sempre, a Lêda o estímulo e a assistência que me deu na feitura deste livro.

JOSÉ HONÓRIO RODRIGUES

Janeiro de 1973.

1. REFLEXÕES SOBRE OS RUMOS DA HISTÓRIA *

1. *A evolução e os efeitos da metodologia histórica*

Quando relembro os primeiros momentos da minha luta pela aceitação da disciplina de Introdução à História nos cursos universitários vejo que foi um esforço bem recompensado. Depois de freqüentar em 1943-1944 o curso "Nature. Methods and Types of History" da Universidade de Colúmbia, dirigido pelo

---

* Conferência pronunciada a 8 de dezembro de 1970 em Juiz de Fora, no II Encontro Brasileiro sobre Introdução aos Estudos Históricos. Inédita.

Professor Charles Cole, com a colaboração de Henry Steele Commager, Jacques Barzun, Allan Nevins, grandes nomes da historiografia americana, vim para o Brasil entusiasmado com a idéia de renovar os métodos da História, criar novos campos de estudo, rever o que se fazia e tentar reformar o ensino superior da História. É neste que se inicia, em cadeia, a renovação completa, mas é no primário que realmente se produzem seus efeitos finais. Especialmente para quem deseja, como eu desejo, não só interpretar de novo a História do Brasil, mas transformá-la. Para que ela seja, como deve ser, um instrumento de formação da consciência nacional, de identificação e integração nacional e social, um fator decisivo de progresso e desenvolvimento. A História, como ensinava Huizinga, tem sempre um valor potencial.

Quando cheguei de volta ao Brasil, em 1944, a Universidade acabada de criar, e especialmente sua Faculdade de Filosofia, era uma cidadela inexpugnável de conservadorismo, o mais rotineiro e arcaizante. Metodologia, pesquisa e historiografia eram totalmente desconhecidas. O ensino superior da História girava em torno das quatro disciplinas: História Antiga e Medieval, História Moderna e Contemporânea, História da América, e História do Brasil. Estávamos, como estamos ainda hoje, numa espécie de divisão da história universal baseada na idéia dos quatro impérios universais: Assíria, Pérsia, Macedônia e Roma.

Bem, tinha-se avançado um pouquinho, aceitava-se a concepção dos humanistas, de uma Antiguidade e uma Idade Média, e podia-se ver, como J. Huizinga, que se chegara ao esquema tripartido de Antiguidade, Idade Média e Época Moderna. E isto fora uma conquista do século XVIII [1]. A modernidade dos autores do programa universitário de História de 1939 estava na subdivisão da época moderna e contemporânea, aceitando — que excesso —, a bárbara História da América e do Brasil.

---

1. HUIZINGA, J. *El Concepto de la Historia y otros ensayos* México, Fondo de Cultura Económica, 1946. pp. 72-73.

16

E assim continuou até hoje, com uma outra pequena novidade, a Introdução à História e seu atual desdobramento, a Teoria da História. Não me refiro a um ou outro curso de Civilização Ibérica, de Paleografia, que demonstram apenas a falta de visão ou o despreparo dos responsáveis pela programação curricular. Venho repetindo desde a segunda edição da *Teoria da História do Brasil* que precisamos preparar o professorado e a juventude com uma história que mantenha viva a conexão com o presente. Uma história que não se limite à Europa, que dê relevo ao papel dos Estados Unidos, aos novos poderes mundiais como a União Soviética, que conheça a China e não desconheça o nascimento nacional africano desde 1960.

E não é só isto. Uma nova formação do professorado e, conseqüentemente, da juventude brasileira exige que seja em torno da História do Brasil que se centralize o ensino da História, e pode bem ser ao redor da história estadual ou local que a do Brasil ou a geral apareça e cresça.

Deste modo, o que quero frisar, especialmente, é que essas inovações, História Ibérica, História de Portugal etc., representam ou o sinal de um despreparo teórico e metodológico, ou a costumeira alienação que permite que a cadeira de Metodologia seja ensinada por especialistas estrangeiros, especialmente franceses.

Penso que a cadeira exige um grande conhecimento das fontes, da pesquisa, dos problemas da História do Brasil e serão estes os elementos instrutivos e preparatórios para a ampliação do conhecimento. É por isso que ela é a grande inovação surgida desde a criação das Faculdades de Filosofia, Ciências e Letras. E ainda assim devemos considerar que ela não chegou à equivalência disciplinar das outras, e só aos poucos se tem visto a grandeza didática e profissional de seu desdobramento: Teoria, Historiografia, Pesquisa.

Destas, só a primeira conseguiu um *status* igual à da Introdução, e somente, ao que me consta, na Universidade de São Paulo. As outras continuam irmãs pobres e desconhecidas. Ainda há dias disse-me uma estudante da Universidade de São Paulo que foi somente no curso de Teoria da História que ela ouviu falar e tratar de alguns de nossos historiadores.

O ensino da História do Brasil fez-se e faz-se sem historiografia brasileira, e a Introdução desconhece não só a historiografia como a pesquisa. É por essa razão que são raríssimas as Faculdades que estão realmente preparando novos pesquisadores, novos historiadores, e, digamos, novos bons professores de nível médio.

Estas reflexões têm o objetivo de mostrar que de 1939 a 1958 a metodologia e as demais especializações metodológicas foram simplesmente desconhecidas, e desde então seus resultados têm sido os mais positivos. Abra-se a *Revista de História* da Universidade de São Paulo e de outras Faculdades e ver-se-á a quantidade de levantamentos de arquivos locais, de pesquisas e publicação documental. Veja-se o crescimento do estudo da história local e estadual, estimulado pela nova disciplina; a defesa do patrimônio não só monumental, que foi essencialmente obra do Serviço do Patrimônio Histórico e Artístico Nacional, mas do documental, que resulta da maior atenção à pesquisa e às fontes. Índices, guias, monografias aparecidos ultimamente em escala maior que em qualquer época resultam da campanha pela criação da disciplina, e da luta pelo desenvolvimento da pesquisa e da defesa documental.

Infelizmente, não são só positivos os resultados: O Governo, que não fez a reforma do Arquivo Nacional, que não lhe deu autoridade para controlar a produção documental oficial, ou dividir os documentos ativos e inativos e dar-lhes o destino conveniente, que permite a divisibilidade dos depósitos, aumentando o custo de manutenção, e a destruição em massa, ordenada por funcionários despreparados, vem simplesmente mostrando que ainda não atingiu a uma consciência histórica moderna.

Escrevi na segunda edição de *A Pesquisa Histórica do Brasil* sobre a irrelevância do Arquivo Nacional, as deficiências oficiais na preservação documental, os equívocos sobre sigilo, sobre acesso, sobre microfilmagem que têm caracterizado os últimos governos. A única realização positiva foi a defesa do patrimônio bibliográfico, impedindo sua saída do país, feita durante a administração Costa e Silva.

A República não tem dado a mesma atenção que o Império aos estudos históricos, no mais amplo sentido. Não estimula a pesquisa nacional e no estrangeiro, não defende a documentação acumulada, pouco cuida dos documentos que produz, não valoriza os Arquivos, as Bibliotecas, os Museus e os Institutos Históricos.

Relembro o que escrevi em *A Pesquisa* sobre a relação íntima entre o desenvolvimento dos arquivos, a preservação documental, a pesquisa e a hora histórica criadora. A disciplina Introdução à História, na falta das outras, que seriam outros focos de energia combativa, continua a ser uma das poucas fontes de inspiração para a defesa de tantas aspirações dos historiadores.

Por isso recordo hoje, nesta caminhada, meus primeiros artigos de Historiografia e de Metodologia que iniciaram este combate. Vejo, com enorme alegria, que dos dois artigos iniciais "A Necessidade de Metodologia Histórica"[2] e "Novos Rumos da Metodologia Histórica"[3] chegamos a esta expansão nacional da disciplina, a este vasto número de cultivadores e aos seus tão positivos resultados.

2. *A História, as ciências sociais e vizinhas*

Meu curso de História do Brasil no Instituto Rio Branco, do Ministério das Relações Exteriores, em 1946, se iniciava com noções de Metodologia, de relações da História com as Ciências Sociais e de Historiografia. A matéria já era enorme, não comportava mais, e tanto a História e as Ciências Sociais, como a História da História bem poderiam constituir trabalhos autônomos.

2. *O Jornal*, 8 dez. 1946.
3. *O Jornal*, 22 dez. 1946.

Fiz depois *A Pesquisa Histórica no Brasil* [4], livro hoje totalmente renovado, mas não pude concluir a Historiografia Brasileira, em que venho sempre trabalhando. Esta já se desdobrou em três volumes, Historiografia Colonial, Historiografia Nacional e Historiografia e Ideologia. A História e as Ciências Sociais pus de lado, desde então, e só acrescento às pastas notas de leituras ou indicações bibliográficas para leitura posterior.

Há livros assim, postos de lado por motivos inexplicáveis. É o que aconteceu com os *Capítulos de História do Açúcar,* escritos desde 1948-1949; com a *História Diplomática do Brasil,* preparada desde 1958, inteiramente diferente das duas histórias publicadas até hoje; foi também o que aconteceu com as duas introduções preparadas para os cursos, a "Introdução à História Diplomática" e a "Introdução à História Econômica do Brasil", ambas, creio, valiosas para estudantes superiores, pela muita informação crítica, bibliográfica e de pesquisa que reuni.

Ninguém pode realmente cultivar seriamente a História se não souber, ao lado do método, da crítica, da orientação na pesquisa, da evolução da Historiografia, as relações, as contribuições, os auxílios que as várias Ciências Sociais podem prestar à História. São todas e não são poucas. Nos capítulos que então escrevi tratava das relações da História com a Geografia, a Antropologia, a Etnologia, a Lingüística, a Economia, a Sociologia, o Direito, a Política, a Psicologia a Literatura e a Arte, sem esquecer a Biografia e a Autobiografia.

Na *Teoria da História do Brasil,* nos capítulos sobre os vários gêneros de História, reuni alguma informação crítica que pode servir de orientação ao iniciante. Um historiador deve manter-se em dia com estas disciplinas, buscando tudo que possa servi-lo para melhor realizar suas tarefas históricas. Todas elas, embora mais novas que a História, constituem disciplinas organizadas, com formidáveis literaturas, em

4. 1.ª ed., Rio de Janeiro, Instituto Nacional do Livro, 1952; 2.ª ed., São Paulo, Companhia Editora Nacional, 1969. Brasiliana, Série Grande Formato.

livros e periódicos, que se multiplicam incessantemente; todas elas possuem conceitos, postulados, categorias, axiomas e vocabulários próprios, que nem sempre podem ser adotados, pois as Ciências Sociais, como mostrou Gunnar Myrdal, no seu *Value in Social Theory*[5], não são *wertfrei,* não são livres de valor, e digamos até mesmo de preconceitos.

Os historiadores podem dizer, com seu conhecimento da unicidade, particularidade e irreversibilidade, que nenhuma generalização sociológica é universalmente aplicável. O que um sociólogo pode fazer é chamar a atenção para algum aspecto da mudança cultural ou da organização social e com isto habilitar o historiador a fazer uma interpretação mais correta.

Sabemos que, de regra, uns pensam que cabe aos outros fornecer-lhes a matéria-prima com a qual a ciência humana mais qualificada produz uma análise mais científica. De regra é assim que nos vêem os sociólogos: cabe-nos fornecer-lhes os dados, para que eles, que possuem a teoria do homem em sociedade, formulem os conceitos teóricos. Nós pensamos que os resultados sociológicos nem sempre são bons, porque de regra usam de um jargão próprio, utilizam a História para ornamentar suas hipóteses, e seus resultados são tão científicos quanto os de qualquer outra disciplina humana.

Há o preconceito deles e de outros de que há uma hierarquia nas Ciências Sociais e que a Sociologia ocupa a mais alta posição, cabendo-lhes dar a interpretação definitiva, depois de usar como matéria-prima a História. Esta é vista como um quadro estático, bem estabelecido, com seus fatos apurados e definidos.

Parecem não saber que a História que conhecemos não é senão uma versão muito duvidosa, construída para satisfazer interesses de classes e grupos dominantes. E há ainda, e isso é mais curioso, cronistas, como o autor de uma vasta coleção mal escolhida e mal publicada de documentos de arquivo, apoiado em

5. Nova York, 1958.

21

depoimentos, que escreveu, num dos volumes, que a História é o fato e a Sociologia é a interpretação.

Os embaraços da interpretação histórica resultam das concepções filosóficas e teológicas, das teorias, das visões do mundo de cada um. Os historiadores sabem como podem lucrar com os avanços objetivos das Ciências Sociais. Depois de 1930, muito se desenvolveram as pesquisas e estudos sociais, econômicos e políticos, representando uma contribuição verdadeiramente extraordinária para a síntese-integrativa que cabe à História realizar, ainda que provisoriamente.

Deste modo os historiadores transformam as Ciências Sociais em auxiliares da interpretação histórica, como seria, atualmente, não só a Psicologia, mas a própria Psicanálise, que nos serve como uma categoria de compreensão histórica, instrumental, mas não causal [6].

Os historiadores precisam mais desta ou daquela disciplina quando se dedicam a campos específicos que exigem especialização. A Biografia, por exemplo, que é uma disciplina muito cultivada no Brasil, exige conhecimentos maiores de Psicologia. Phillip Guedella definiu-a como "uma região limitada ao norte pela história, ao sul pela ficção, a leste pelo obituário, e a oeste pelo tédio". Ela é muito cultivada no Brasil não somente pelo caráter personalista de nossa História, e por todos os motivos que assinalei na minha *Teoria,* mas porque é um gênero mais fácil que a História, menos especulativa, mais concreta exige uma cabeça menos reflexiva.

A Psicologia e até, se fosse possível, a Psicanálise nos auxiliam a avaliar a credibilidade da autobiografia, dos diários, das memórias e das cartas. O grande historiador inglês Lewis Namier, no seu livro tão fecundo na historiografia inglesa e universal, *The Structure of Politics at the Accession of George III* [7], baseou-se muito em diários, memórias e correspon-

---

6. BESANÇON, Alain. Psychoanalysis: auxiliary science on historical method. *Journal of Contemporary History.* 1968, v. 3. n.º 2, p. 159.

7. Londres, 2. ed., 1957.

dência pessoal, valorizando assim fontes usualmente suspeitadas pela crítica histórica. O próprio Sir Ivor Jenning mostrou, no seu *Cabinet Government*[8], um estudo padrão do sistema de gabinete na Grã-Bretanha, como as memórias e outros documentos pessoais podem ser bem empregados na análise da Constituição.

A bibliografia brasileira pode mostrar quanto eles são essenciais, e quanto são, muitas vezes, falíveis e irresponsáveis. Para a análise crítica de sua credibilidade a Psicologia é um instrumento indispensável. "Todo homem", dizia Dostoiévski, "tem suas reminiscências que não diz a qualquer um, mas somente aos seus amigos". Ele próprio tinha na cabeça lembranças que não revelaria nem mesmo aos seus amigos, somente a si mesmo, e em segredo. Há, porém, outras coisas que um homem tem medo de dizer mesmo a si próprio, e todo homem tem tais coisas no seu pensamento, concluía.

Nem a vida, nem a história são processos muito lógicos. Daí por que na história é mais importante compreender que explicar. A anedota que Michelet contava sobre Robespierre mostra-nos os perigos da racionalização excessiva. Anos depois da Revolução Francesa, um jovem perguntou ao velho Merlin de Thionville por que ele ajudara a condenar Robespierre. O velho ficou silencioso, mas parecia estar buscando as palavras. De repente, levantou-se e disse com um gesto violento: "Robespierre, Robespierre! Ah! se você tivesse visto seus olhos verdes, você certamente também o teria condenado"[9].

Johan Huizinga relembra esta historieta e comenta: "Seus olhos verdes! Que meio melhor de nos ensinar a verdade dos motivos históricos, de advertir-nos para que nos acautelemos de reduzir o homem, com todo seu ódio, fúria e ilusão a uma trouxa de impulsos políticos e econômicos. A historieta nos ensina enfaticamente que nós nunca sabemos que es-

8. 2. ed., Cambridge, 1951.
9. *Histoire de la Révolution Française*, 1897, v. VI, p. 97.

tranhos subterfúgios ou evasivas da natureza humana podem ser decisivos em muitos casos"[10].

3. História e lingüística

No pequeno capítulo que escrevi em 1946 sobre as relações da História com a Lingüística, um modesto esboço de questões de tanto interesse para uma e outra, mostrava a necessidade de familiarizar-se o historiador com a linguagem, os modismos de cada região e época, sob pena de cair em falsas interpretações. Estudos lingüísticos sobre o português do Brasil, sobre as línguas indígenas e africanas, estudos lexicográficos, têm-se desenvolvido muito e são hoje indispensáveis ao historiador e professor de História.

Para o historiador, um dos aspectos mais valiosos do estudo da Lingüística está na relação entre a língua e a sociedade, no passado, como no presente. Não existe apenas a diferença prosódica entre o português do Brasil e português de Portugal, evidente desde os primeiros anos pós-descoberta.

Há uma guerra de falares no Brasil como em Portugal, que distingue as classes das duas sociedades. Assim como não há uma paz cultural nas sociedades, não há uma paz lingüística. Antes, há uma guerra implacável, que exclui mutuamente grupos sociais, separados já pela estrutura de classe, pela educação, pela renda.

Qual a relação que existe entre a fala de um ator popular e um intelectual? Entre um cidadão inculto e um cultivado? Ambos falam português, mas isto é apenas uma parte mínima da verdade. A fala não está unindo, está dividindo a sociedade, está separando o pouco de comum que existe entre uma pequena minoria altamente cultivada e uma maioria brutalizada, conscientemente brutalizada para maior subjugação política.

É exatamente no campo que se convencionou chamar cultura de massa que a divisão se aprofunda

---

10. HUIZINGA, J. H. *Dutch Civilization in the 17th. Century and Other Essays*. Londres, Collins, 1968. p. 233.

e agrava a luta e separação. Em lugar de procurar homogeneizar as diferentes línguas e culturas, o rádio e a televisão promovem a barbarização, a vulgarização, a imbecilização das camadas mais pobres e médias da sociedade. Para isso usam, abusam e promovem uma linguagem que lhes é própria, transitória, tal qual a juventude que para fazer-se desentendida pela geração mais velha fabrica uma língua própria, de uso provisório.

A vulgaridade, a estupidez, o tédio são os nomes diferentes que se usam para a secessão lingüística, que se agrava no Brasil, mais ainda que a secessão entre o português do Brasil e o de Portugal.

A comercialização do rádio e da televisão — uma grosseira imitação americana de funestas conseqüências —, ameaçam provocar uma secessão lingüística no Brasil que, depois de tantos esforços seculares, conseguiu estabelecer sua unidade lingüística. Esta ameaça é tanto mais grave que a da germanização de certas áreas do Brasil do Sul, que Getúlio Vargas foi obrigado a enfrentar e conseguiu vencer. O perigo consiste na fragmentação do que ouvimos, que tanto aumenta a divisão da sociedade, já tão separada.

É uma ilusão pensar que a linguagem falada e ouvida por vários grupos sociais seja igual, embora seja a mesma língua. Nem a idéia da contestação, que é o motivo da barreira entre jovens, maduros e velhos, nem a idéia moral da degradação, que é o lamento culto sobre a cultura que está morrendo, explicam a invenção incessante dos novos usos lingüísticos, ou a língua reclusa, ou ainda pior a vulgaridade e baixeza que o rádio e a televisão promovem. A dramática divisão entre as falas das classes aumenta a alienação da sociedade, com a resignação das classes cultivadas, a promoção imbecilizadora das classes médias e o silêncio do proletariado.

A língua comum, o português, não é apenas uma barreira entre a fala de Portugal e do Brasil; ela está tornando também maior a divisão de classes nas sociedades dos dois países. Bernard Shaw disse que a Grã-Bretanha e os Estados Unidos eram dois países divididos por uma língua comum. O mesmo se pode dizer do português do Brasil e de Portugal.

Na verdade, a língua portuguesa existe num conjunto de ramos: o português de Portugal, do Brasil, de Angola, de Moçambique, de Macau.

A Lingüística está sempre integrada num quadro histórico-social. A expansão lingüística acompanha a expansão histórica. O português cresceu e se desenvolveu muito mais no século da expansão marítima que em todos os séculos subseqüentes. Se Camões usou de 5 a 6 mil palavras, segundo cálculo de Aurélio Buarque de Holanda, a língua portuguesa possuiria de 50 a 60 mil palavras, dez vezes mais o vocabulário que Camões usou.

A língua inglesa apresenta cálculos semelhantes. Shakespeare usou 29 066 diferentes palavras, segundo cálculo de Marvin Spivak [11]. W. B. Yeats usou 10 666 e Mathew Arnold 10 097 palavras. Isto equivaleria a quase um décimo das 340 000 palavras dicionarizadas no *Oxford English Dictionary*. Mas convém acentuar que esses dez por cento do vocabulário de Shakespeare representam noventa por cento das palavras usadas na literatura [12].

O historiador não pode esquecer que há uma ação e reação entre a história e a língua, e que esta, como um instrumento para o uso do homem, reflete o progresso e o recuo histórico.

A Lingüística descritiva vem fazendo valiosas contribuições, levantando problemas, dando nascimento a novas hipóteses e a novas sugestões analíticas. É evidente que os países americanos que contam com várias línguas indígenas, muitas não descritas ou mesmo desconhecidas, oferecem campo para estudos maiores.

No Brasil, onde até meados do século XVIII, a proporção entre as duas línguas mais faladas — a

11. *A Complete and Systematic Concordance to the Works of Shakespeare*, Hildersheim, Olms, 1968. 6 v.

12. Vide D. R. TALLENTIRE, The Mathematics of Style, *Times Literary Suplement*, 13 ago. 1971, p. 973.

geral e o português — era de três para um, a Linguística é uma disciplina que presta ao historiador serviços incomparáveis. Não vou relacionar aqui a tradição dos estudos das línguas indígenas e africanas, dos brasileirismos que datam dos primeiros séculos e até hoje são cultivados com grande proveito. Mas a Universidade pouco tem feito pelos estudos indígenas e africanos, e são raras as exceções, como a do Centro de Estudos Afro-Orientais da Universidade da Bahia.

O estudo sobre as línguas africanas da Bahia[13] vem revelando a predominância dos nagôs ou os iorubas, e da língua ioruba, a mais falada ao lado da portuguesa. Para a Professora Yeda Pessoa de Castro, "a língua popular da Bahia é provavelmente o falar brasileiro mais acentuadamente marcado por traços de influência africana, principalmente partindo da influência religiosa dos chamados cultos afro-brasileiros, ou candomblés, de origem jeje-nagô e congo-angola".

Assim como se sabe que foi por volta de 1758 que foi proibido o uso da língua geral, e que em São Paulo e no Amazonas esta era a língua dominante, sabe-se também que foi nesta mesma época que se obrigou os negros a falar somente o português. Ainda no século XIX alguns viajantes encontravam grupos negros falando sua língua no interior do Brasil.

Foi somente no fim do século XVIII que o Brasil deixou de ser não bilíngüe, mas tri ou multilíngüe. A luta entre os vários idiomas se desenvolveu durante várias gerações, e custou praticamente três séculos a vitória da língua dos conquistadores e vencedores.

Os idiomas vencidos se incorporam como um substrato no léxico vitorioso. A vitória do português dependeu de muitas circunstâncias: relação numérica, estado cultural, vitalidade dos grupos étnicos, supremacia militar e política. Como a massa popular tinha origem nestes grupos vencidos, é uma vitória extraordinária que o multilingüismo ou mesmo o bi-

13. PESSOA DE CASTRO, Yeda. As línguas africanas na Bahia. *A Tarde* (Salvador, Bahia), 11 maio 1968.

27

lingüismo não tenha tido permanência duradoura, como a História registra em casos semelhantes.

Deste modo, todo o espaço lingüístico foi, ao cabo de três séculos, dominado pelo português do Brasil [14]. Não é uma maravilha que o Brasil tenha mantido sua unidade lingüística diante de tantos riscos e perigos? Arnold Toynbee, o grande historiador, admirou-se da transformação da população de Anatólia, em poucos séculos, de cristã de língua grega, em muçulmana de língua turca. O uso da força pode violentar o processo histórico, e o Dr. Yusuf Hasan mostrou caso similar na fronteira de Dar-ul-Islan, onde a população do Norte do Sudão, cristãos que falavam hamítico, a língua dos etíopes, foi transfigurada em muçulmanos falando árabe [15].

Estes estudos lingüísticos-históricos não estão ainda bem desenvolvidos. Pouco sabemos da influência dos grupos regionais portugúeses na variação de pronúncia de grupos regionais brasileiros. Por que a fala de Manaus é igual à do Rio de Janciro? Por que a fala de certas regiões de Minas difere da do Rio, quando a influência dominante do grupo português é minhota, numa e noutras?

A língua, ou melhor, a fala está sempre mudando com a passagem do tempo; ela não muda em bloco, mas agora é um elemento isolado ou um grupo de elementos, amanhã é um outro. A língua é um fato social e histórico, mas é também político, porque a língua e a nacionalidade se condicionam mutuamente [16].

Aqui, pois, reproduziu-se fenômeno comparável ao da fragmentação românica, embora novo povo e novo Estado, ao adotar a língua vencedora, enfrentando outras, não criasse nova língua, como veio a acontecer com o latim e seus derivados.

Se Roma realizou a grande obra de submeter o Ocidente a um idioma, enquanto o Oriente permane-

---

14. Vide WALTER VON WARTBURG, *La Fragmentación Lingüística de la Romania*, Madri, 1952, pp. 188-189.
15. *The Arabs and the Sudan*, Londres, 1967.
16. Vide W. VON WARTBURG, *Problemas y Métodos de la Lingüística*, Madri, 1951, Cap. "Lengua y Nación", pp. 352-392.

cia fiel ao grego, e o germânico dominava além fronteiras, Portugal expandiu sua língua pelo Oriente, África e América, enriqueceu-a lexicamente, e formou várias línguas *crioulas,* os *criolos,* das ilhas de Cabo Verde, São Tomé e Príncipe, e os de Macau, os da Índia, de Málaca e Singapura.

O português foi, como mostrou David Lopes, a língua franca internacional do Oriente de uso corrente durante três séculos entre as populações marítimas de grande parte do Oriente. A língua franca — um português simplificado — indo-português e malaio-português — servia para as relações comerciais. "Essa língua", escreveu David Lopes, "que nascera no século XVI sobreviveu à tormenta do século XVII e só se extinguiu no princípio do século XIX com o advento da supremacia política e comercial da Inglaterra". E não morreu de todo, porque sobreviveu nos criolos do Ceilão, Málaca e Tegu [17].

Assim como o português enriqueceu seu vocábulo de inúmeras palavras asiáticas, africanas e americanas, assim também contribuiu para várias línguas asiáticas e africanas [18].

Ao lado deste aspecto histórico-lingüístico da expansão e predomínio da língua portuguesa, é importante observar que o português do Brasil, vitorioso nos meados do século XVIII, conviveu apenas com a língua geral, uma forma adaptada de tupi-guarani utilizada pelos colonos, afora as línguas dominantes em pequenos grupos, no total de 0,2% da população nacional atual, a hipótese mais otimista da sobrevivência da população indígena.

Na verdade, a destruição sistemática da população indígena pelos portugueses e brasileiros desde a descoberta até a ação do Marechal Rondon, não criou

17. LOPES, David. *A Expansão da Língua Portuguesa no Oriente entre os Séculos XVI, XVII e XVIII.* Barcelos, 1936, V e 26; BARBOSA, Jorge Moraes. *A Língua Portuguesa no Mundo.* Lisboa, 1969, pp. 107 e 103.
18. Vide JORGE MORAES BARBOSA, ob. cit., pp. 124-132, e também K. W. GUNAWARDENA, A New Netherlands in Ceylon, *The Ceylon Journal of Historical and Social Studies,* jul. 1959, pp. 202-243; e MARIUS F. VALKHOFF, *Studies in Portuguese and Creole. With special reference to South Africa,* Johannesburgo, 1966.

como em vários países da América o problema de línguas concorrentes, mantendo um bi ou multilingüismo duradouro, como o são, no primeiro caso, o Paraguai, com o espanhol e o guarani, e no segundo, a Bolívia, Peru, Equador, Guatemala e México, onde enormes populações desconhecem o espanhol e falam apenas as línguas indígenas [19].

Afora a população indígena, o Brasil possui populações bilíngües, especialmente italianos, espanhóis, alemães, sírios e libaneses, e japoneses, mas sem chegar a perturbar a unidade histórico-lingüística brasileira. Deste modo, nos quadros estatísticos internacionais não se tem considerado a quase igualdade do português com o espanhol, como língua amplamente falada, acima do francês e do alemão, ainda mais considerando o galego como pertencendo ao nosso grupo lingüístico.

O caráter nacional · brasileiro contém em si mesmo muitas faces, que a Lingüística histórica pode ajudar-nos a melhor compreender. A consciência da língua e da história comuns fortalece a comunidade nacional e ajuda a vencer as crises políticas. O mais importante fator de estabilidade nacional — somos uma nação definida, sem ameaças aparentes de dissolução — é a cultura cabocla, o resultado da fusão de elementos ibéricos, africanos e ameríndios, estes últimos trazidos pelos grupos indígenas assimilados à sociedade regional, conforme definição de Eduardo Galvão [20]. É esta cultura, é este grupo, embora o mais humilde, o verdadeiro substrato brasileiro.

Não é só nestes vários aspectos aqui rememorados e sintetizados que a Lingüística Histórica pode ajudar aos estudos históricos. Johan Huizinga, no seu consagrado ensaio sobre os "Problemas da História da Cultura" [21], nos advertia sobre a necessidade de empregarmos termos próprios e adequados, evitando a inflação de conceitos. Não possuímos, infelizmente, um vocabulário histórico que fixe rigo-

---

19. Vide *Anuário Indigenista*, Instituto Indigenista Interamericano, v. XXII, dez. 1962.

20. GALVÃO, Eduardo. *Estudos de Antropologia na Amazônia.* Manaus, 1967. p. 20.

21. *El Concepto de la Historia y Otros Ensayos*, pp. 77 e 81-85.

rosamente o conceito de palavras usadas pelos historiadores e que fixe tanto quanto possível noções fundamentais de ciência. Falta-nos um Dicionário Histórico, que ao lado dos fatos e nomes registre os conceitos, fixe termos próprios da nossa produção histórica.

Não falo deste *Dicionário de História do Brasil* (1970) preparado por amadores e editado pela Companhia Melhoramentos, uma obra que representa um retrocesso na Historiografia brasileira; não me refiro ao *Dicionário de Artes Plásticas* [22] de Roberto Pontual, que fixa os nomes, mas não se refere ao mais importante, os vocábulos conceituais, como, por exemplo, manuelino, isabelino, barroco, rococó, romântico, Renascentismo e outros. Refiro-me especialmente ao Centre International de Synthèse de Paris, que há anos planeja um vocabulário, contendo a terminologia histórica. As deliberações das reuniões foram publicadas periodicamente na *Revue de Synthèse Historique* [23], mas não houve um resultado final.

Somos, assim, obrigados a fazer pesquisas próprias para compreender certas palavras que mudaram de sentido com o correr do tempo. E muitas vezes saber quando nasceu uma palavra e seu caminho tortuoso até sua aceitação final. Quando ela vem carregada de sentido político é mais que nunca indispensável fixar-lhe o nascimento.

A palavra liberal

Quando preparei meu discurso de posse na Academia Brasileira de Letras [24], estudei o nascimento da palavra liberal, no sentido político, no dia seguinte ao golpe de Estado de Napoleão, isto é, 19 de outubro de 1799 até sua aceitação no Brasil em setembro de 1821. Sei que a pesquisa não foi completa, mas os elementos que possuo são muito mais amplos que os sumariados no referido Discurso.

22. Civilização Brasileira, 1969.
23. Ts. XLI e ss., 1926.
24. *O Liberalismo no Brasil*, Separata do v. 20 de *Discursos Acadêmicos*, Rio de Janeiro, s.d. [1972].

31

Muitas outras palavras de sentido político nasceram no fim do século XVIII, durante o período pré e revolucionário francês.

A palavra revolução

A palavra Revolução é um termo-chave de análise do comportamento de grupos sociais ao longo do processo histórico. Etimologicamente, ela sofreu uma grande evolução. Veio do baixo latim com o significado de retorno, revolver, voltar para trás[25]. Deste sentido, próprio do latim, ela passou para a Astronomia, revolução das estações, ciclos periódicos. Foi em 1748 que a palavra entrou no vocabulário político, introduzida por Montesquieu, com o sentido de uma mudança violenta do governo de um Estado.

A palavra passou a ter este sentido quarenta e um anos antes da tomada da Bastilha, e segundo o Dicionário de Oxford, a própria Revolução Americana foi inicialmente chamada de Guerra da Independência e só recebeu o nome de Revolução em 1789, data da queda da Bastilha, quatorze anos, portanto, depois de seu início em 1775, ou seis anos após a vitória sobre a Grã-Bretanha em 1783.

Os derivados e compostos nasceram durante a Revolução Francesa: revolucionário em 1789; revolucionar em 1794; contra-revolução e contra-revolucionário foram criadas por Danton, em 1790 e 1792.

O historiador não trata de Revolução em abstrato; a revolução para o historiador é sempre qualificada: revolução de 1817, de 1824, farroupilha, praieira, francesa, americana, russa, chinesa. O vocábulo tem sido usado sem adequação, qualificando golpes de Estado, quarteladas, e várias mudanças de grupos dirigentes por outros, sem conseqüências históricas[26].

25. BLOCH, Oscar & VON WARTBURG, Walter. *Dictionnaire Etymologique de la Langue Française*. Paris, 1932; *Webster's Third New International Dictionary*, 1966.

26. Nos Estados Unidos chama-se de revolução à eleição de Jefferson em 1800 (Revolução de 1800), e à eleição de Jackson (Revolução de 1828).

Em alguns países, as chamadas revoluções são freqüentes, noutros são raras. A América Latina, a Ásia, o Oriente Próximo e a África fazem parte do primeiro grupo, e o vocábulo aí designa apenas golpes de Estado. No segundo grupo são realmente revoluções. É o caso da Grã-Bretanha e dos Estados Unidos, que só conhecem duas revoluções [27]. Noutros, ainda, elas são mais comuns, mas o vocábulo é empregado em casos específicos, como a francesa de 1789, a russa de 1917 e a chinesa, iniciada em 1930 e vitoriosa em 1948.

Um ponto essencial é que a revolução tenha êxito, como observou Sartre [28], senão ela é logo denominada com qualificativos depreciativos, tais como motim, intentona, rebeldia, quartelada, revolta. Foi este o caso, por exemplo, das revoluções na França de 1830 e 1848. "Por que me chamais de rebelde?", pergunta o Sr. Rockstrong ao abade Jérôme Coignard. "Eu vos chamo rebelde, Sr. Rockstrong, porque não tivestes êxito. Só se é rebelde quando se é vencido. Os vitoriosos não são nunca rebeldes" [29].

Não é certo afirmar, como fez o historiador de revoluções Jacques L. Godechot, que o último terço do século XVIII e o começo do século XIX são caracterizados por revoluções em cadeia [30], pois vimos revoluções antes e depois, e a cadeia revolucionária continua no século XX.

Pode-se dizer sumariamente que para haver uma revolução e o historiador assim a denominar devem ser levados em conta três elementos essenciais: 1) a intenção definida de modificar a estrutura econômica, as chamadas relações de produção; 2) a intenção de

---

27. Na Grã-Bretanha, a revolução de 1649, que executou Carlos I e estabeleceu a autoridade absoluta de Cromwell, e a de 1688-1689, a chamada revolução gloriosa, que elevou ao trono Guilherme III de Orange. Nos Estados Unidos, a Revolução da Independência e sua guerra (1775-1783) e a Guerra Civil (1861-1865).

28. *Situations,* Paris, 1948. II, p. 301.

29. France, Anatole. *Les Opinions de M. Jérôme Coignard.* Paris, 1923. p. 172.

30. "Les Revolutions". In: *Histoire Universelle,* Paris, Pléiade, 1958. p. 345 e ss.

33

mudar as relações sociais de classes; 3) o êxito e a imediata execução dos dois primeiros objetivos [31].

No Brasil, a palavra não se emprega na Conjuração Mineira (1789), mas já se vê na Conjuração Baiana (1798), e circula com maior desembaraço em 1817. Na Conjuração Mineira usa-se freqüentemente Levante. Certa vez proferiu o Alferes estas palavras: "Ora eis aqui têm Vossas mercês todo este Povo açoutado por um só homem; e nós todos a chorarmos como negros — ai, ai, ai; e de três em três anos vem um, e leva um milhão; e os criados levam outro tanto, e como hão de passar os pobres filhos da América? Se fosse outra Nação já se tinham levantado; ao que respondeu o dito bacharel das Congonhas: Vossa Mercê fala assim em levante? Se fosse em Portugal, Deus nos livre, que tal se soubesse — ao que o dito Alferes respondeu cheio de paixão — não diga levantar; é restaurar, repetindo umas poucas vezes estas palavras" [32].

A palavra aparece algumas vezes em 1798, na Conjuração Baiana, é dicionarizada em 1789 por Antônio Morais da Silva e circula com mais desembaraço e freqüência em 1817, quando do movimento rebelde do Recife e Nordeste. Ela é mais comum à época da Independência, quando se começa a falar em Revolução Brasileira, como na obra de Francisco Sierra y Mariscal [33], e especialmente na de Silvestre Pinheiro Ferreira [34].

Desde então tem-se a impressão que se inicia a Revolução Brasileira, travada em todas as suas conseqüências sociais e econômicas na Independência, re-

31. Foi assim que procurei defini-la, excetuado o último elemento, nas *Aspirações Nacionais*, 4. ed., Civilização Brasileira, 1970, p. 12. Outro elemento importante é saber datar. A data de uma revolução é o dia de sua vitória, pois daí resultam todos os seus efeitos.

32. *Autos da Devassa da Inconfidência Mineira*. Rio de Janeiro, Ministério da Educação e Cultura, 1936. I, p. 104.

33. "Idéias Gerais sobre a Revolução do Brasil e suas conseqüências" (1823). In: *Anais da Biblioteca Nacional do Rio de Janeiro*, XLII-XLIII, pp. 49-81.

34. "Memórias e Cartas biográficas sobre a Revolução popular e seu ministério no Rio de Janeiro...". In: *Anais da Biblioteca Nacional*, II, pp. 247-314, e III, pp. 182-209; e Cartas sobre a Revolução do Brasil, *Revista do Instituto Histórico e Geográfico Brasileiro*, LI, pp. 239-377.

34

tomada em vários outros momentos, sempre refreada ou desviada, de tal modo que se pode dizer com toda precisão histórica, que no Brasil nunca a Revolução Brasileira foi vitoriosa, e sim a Contra-Revolução.

O próprio Código Criminal de 1830, o primeiro do Brasil, que deveria defini-la juridicamente, desconheceu a palavra ou evitou seu emprego talvez por imaginá-la impossível.

Os crimes contra a segurança interna do Império e pública tranqüilidade eram a conspiração, a rebelião, a sedição, a insurreição e a resistência, todos punidos com gradual rigor, o mais fortemente o da insurreição, um crime de escravos para obter pela força a liberdade.

Foi comum também, no emprego parlamentar e jornalístico, fazer-se a distinção entre a revolução, uma luta contra o Poder, feita por aqueles que social e economicamente eram iguais, e a rebelião, uma luta promovida por gente social e economicamente inferior. Se a Revolução, como um movimento de transformação social e econômica nunca foi vitoriosa no Brasil, existe como um processo histórico-nacional permanente, ora mais forte, ora mais fraco, mas que um dia se completará social e economicamente.

É neste sentido que se fala em Revolução Brasileira, uma idéia em andamento e na sua contradição, a Contra-Revolução, um acontecimento sempre vitorioso. A contra-revolução significa travar o processo revolucionário, atender gradualmente as reformas, que adiam ou evitam a revolução, e promover a conciliação, que se opera simultaneamente nas camadas dirigentes, ajustando seus interesses, e nas médias e inferiores, fazendo pequenas concessões que lhes permitam sobreviver.

A Contra-Revolução é um dos elementos mais característicos do enredo da História do Brasil, como acontece também com a Reforma e Conciliação, sobre as quais escrevi um estudo [35].

Outro aspecto dominante do processo histórico brasileiro é a vitória da Contra-Utopia. Capistrano de

---

35. *Conciliação e Reforma no Brasil. Um desafio histórico-cultural*, Rio de Janeiro, Civilização Brasileira, 1965.

35

Abreu, ao encerrar seus *Capítulos de História Colonial,* escrevia que um ou outro podia falar na possibilidade da independência futura, mas "não se inquiria, porém, o meio de conseguir tal independência vagamente conhecida, tão avessa à índole do povo a questões práticas concretas. Preferiam divagar sobre o que se faria depois de conquistá-la por um modo qualquer, por uma série de imprevistos, como afinal sucedeu. Sempre a mesma mandriice intelectual, de Bequimão e dos Mascates!" [36]

Foi e é mais fácil imaginar as utopias de após-vitória, que procurar ganhar esta para com ela realizar toda a criação utópica. Não vemos tudo isto, hoje, com a loteria esportiva? Quem não viu, na nossa história, o nascimento e morte de tantas utopias? Até mesmo as utopias mais populares e mais atuais (1956), como a da Viagem a São Saruê, do grande poeta popular Manoel Camilo, relevam os sonhos do povo:

> Tudo lá é bom e fácil
> não precisa se comprar
> não há fome e nem doença
> o povo vive a gozar
> tem tudo e não falta nada
> sem precisar trabalhar.

Não quero concluir estas reflexões sobre a palavra Revolução sem notar que ao lado dessa idéia de revolução como uma mudança radical política e social-econômica, existe a idéia de revolução econômica, sem mudança da posição social das classes, mas promovendo a expansão industrial, a riqueza do Estado, o poderio das classes industriais e comerciais.

É o que se chama a Revolução Industrial, que promoveu o predomínio britânico no mundo, e que se efetuou depois das duas únicas revoluções políticas na Grã-Bretanha, a que já nos referimos. A expressão, ao contrário do que geralmente se pensa, se originou na França, e foi uma historiadora americana quem encontrou pela primeira vez, nos começos do século

---

36. 4. ed., revista, anotada e prefaciada por José Honório Rodrigues, Rio de Janeiro, Sociedade Capistrano de Abreu, 1954, p. 337.

XIX, as duas palavras "révolution" e "industrie" ou "industrielle" ocorrendo em conjunção [37]. Daí se seguiu uma comparação entre o movimento revolucionário promovido pela indústria e a Revolução Francesa, e já em 1806 se escrevia que "cette révolution a été utile à l'industrie".

No fim do século XVIII e no começo do XIX, o paralelo com a Revolução Francesa se tornou comum e logo começou a se ver a formidável transformação que a indústria promovia. Foi um escritor francês quem pela primeira vez, em 1827, usou num par perfeito a idéia e a frase. Jérôme Adolphe Blanqui, na sua *Histoire de l'Economie Politique,* escreveu:

cependant, à peine éclose du cerveau de ces deux hommes de génie Watt et Arckwright la révolution industrielle se mit en possession de l'Angleterre [38].

Estudos como estes sobre o nascimento e desenvolvimento das palavras ajudam muito a compreensão da história. Há muito que fazer neste campo. Gostaria de fazer considerações similares sobre o uso das palavras Pátria e patriota, social, nacionalismo, liberalismo, democracia, todas nascidas durante e após a Revolução Francesa.

Outras, como inconfidência e fomento — a primeira mais usada que a segunda —, devem ser banidas do nosso vocabulário histórico-político, porque não escondem seu conteúdo colonialista.

A Conjuração Mineira não é uma inconfidência, é o sonho de uma pátria livre. Fomenta-se, ensinava Morais em 1813, a indústria de vassalos. Fomento era usado até ontem pelo governo português nos seus planos econômicos para as colônias, chamadas por eufemismo de províncias ultramarinas. Só a Lingüística Histórica pode libertar a História do uso das imprecisões vocabulares. E essa é uma grande contribuição.

37. BEZANSON, Anna. Early Use of the Term Industrial Revolution. *Quarterly Journal of Economics,* (1922), v. 36, p. 433 e ss. Citado por GEORGE N. CLARK, *The Idea of the Industrial Revolution,* Glasgow, 1953.

38. Apud G. N. CLARK, ob. cit., p. 10.

4. Reflexões finais

Todas estas considerações visam relembrar a estreita ligação da história e da vida. Toda História deve servir à Vida, deve ser compromisso, testemunho, como escrevi em *Vida e História*. Richard H. Tawney escreveu que o historiador dá uma aparência de inevitabilidade a uma ordem existente, levando para a proeminência a força vitoriosa e empurrando para o fundo da cena os que foram por ela engolidos.

Aí está a história escrita pelo historiador dos grupos dominantes, mas esta não é, em essência, a tarefa do historiador. Ele não deve subestimar a oposição, o inconformismo, a rebeldia, a heterodoxia. Os derrotados sempre influem no resultado, considerado o processo histórico a longo prazo. O próprio Napoleão, que foi grande e fez muitas vítimas, dizia em Santa Helena que sua grande máxima fora sempre, na política, como na guerra, que todo mal, ainda quando fora das regras, só é desculpável quando é absolutamente necessário; tudo o mais é crime.

Este pensamento filia-se a Maquiavel, quando, no *Príncipe*, justifica os crimes louváveis e necessários, com que todos os absolutismos em todas as épocas sufocaram as liberdades, as garantias do homem, desrespeitaram sua dignidade e oprimiram os sonhos do humanismo.

Tudo isto constitui máxima familiar ao historiador, mas na verdade não o tem sido. Na historiografia brasileira predomina a razão incontrastável do Estado, do vitorioso. É preciso que restabeleçamos o equilíbrio, ouvindo e incorporando vencedores e vencidos. O maior historiador clássico da língua portuguesa, aquele claro, limpo e honrado Diogo do Couto, escreveu o seu *O Soldado Prático* "com aquela liberdade e desengano de soldado veterano, que nem receia mal pelo que disser nem espera bens pelo que lisonjear" [39].

É o espírito da verdade, buscada sem temor; é a compreensão de que o objetivo da História é dar sen-

39. Ed. Rodrigues Lapa, Lisboa, Livraria Sá da Costa, 1937, p. 4.

38

tido ao passado; é conhecer e compreender não para contemplar um passado morto, mas para agir, para libertar consciências, para dar força às forças do progresso, para identificar e integrar o país todo com sua história e seu futuro, essa é toda a tarefa da História.

"Essas são as verdadeiras verdades, que as outras ornamentadas de retóricas, muitas vezes para afermosentar as palavras virá ũa pessoa embicar nelas. ... As verdades faladas por interesses já o não são, e em pôlas falar não quero nenhum galardão, porque o maior da vida é dizê-las", nos ensinou o Mestre Diogo do Couto [40].

---

40. Ob. cit., p. 43.

2. AS PRIMEIRAS BOLSAS. A BOLSA DE VALORES E A OBRA DE JOSEPH DE LA VEGA *

A historiografia econômica sobre o capital e as finanças nos começos da época moderna é vasta e valiosa. Dois livros, sobretudo, se distinguem sobre os demais, e são justamente considerados como clássicos. O primeiro é de Richard Ehrenberg *Das Zeitalter der Fugger* [1], somente traduzido para o inglês em 1928 [2] e

---

* Conferência proferida no Conselho Técnico da Confederação Nacional do Comércio, em julho de 1971. Publicada pela primeira vez na *Carta Mensal* do mesmo Conselho, dez. 1971, n.º 201.

1. EHRENBERG, Richard. *Das Zeitalter der Fugger. Geldkapital und Kreditverkehr im 16. Jahrhundert.* Berlim, 1896.

2. *Capital and Finance in the Age of Renaissance. A Study of the Fuggers and their Connections,* Londres, 1928.

41

em 1955 para o francês [3]. A obra estuda o capital monetário, o crédito público no fim da Idade Média, o papel de Jacob Fugger, o grande capitalista do Sul da Alemanha que financiou parte dos empreendimentos portugueses na navegação, outros capitalistas alemães, florentinos e toscanos, como os Affaitadi, também importantes nos descobrimentos e no comércio hispano-português. Examina as bolsas internacionais, especialmente de Antuérpia e Lyon no século XVI, as transações financeiras dos mercados internacionais do século XVI, e finalmente inicia os estudos sobre o desenvolvimento da dívida nacional, e sobre as bolsas de ações iniciadas em Amsterdã e logo em seguida em Paris e Londres.

Tratava-se de um livro essencial, que examinava uma época importante da história econômica mundial. Seu ponto principal era a crescente exigência de capital para objetivos de guerra, no fim da Idade Média, que fora dominada pelo princípio aristotélico adotado por São Tomás de Aquino de que *pecunia pecuniam non parere potest* (o dinheiro não pode gerar o dinheiro). Apesar da sua novidade, de sua vasta erudição, a obra nunca foi traduzida completamente. Ela gerou toda uma literatura sobre os Fugger e a sua época, em inglês, alemão e francês.

O segundo livro importante pela sua significação teórica, pela vastidão de sua pesquisa e pela sua elaboração metódica é o de Eli F. Heckscher sobre o *Mercantilismo,* publicado em sueco em 1931 e logo traduzido em várias línguas [4]. É uma história da organização e das idéias econômicas desde o fim da Idade Média até a criação da sociedade liberal, o exame de uma fase da história da política econômica, aquela que separa a Idade Média do período liberal.

Heckscher estuda o comércio exterior que preparou o caminho para as forças que haviam de destruir a economia medieval das cidades, com a aparição das sociedades de capital. As sociedades de comandita existentes na época medieval são substituídas pelos pro-

---

3. *Le Siècle des Fuggers,* Paris, 1955.
4. 1. ed., alemã, 1932; 1. ed., inglesa, 1935; 1. ed., espanhola, 1943. Servimo-nos desta última.

tótipos das sociedades modernas; a associação de capitalistas unidos para colaborarem ativamente, que recebeu o nome de *societas,* e o outro tipo, a companhia, palavra formada de *cum et panis,* isto é, os que comem o mesmo pão, os que convivem numa comunidade de vida e de pão.

Ehrenberg, em 1898, e Heckscher, em 1931, trouxeram aos estudos de história econômica uma contribuição fundamental, não tanto pelo exame do capitalismo moderno, que teve e tem outros analistas, mas, sobretudo, pela riqueza de informação objetiva sobre a fase do desmoronamento do sistema medieval e a eclosão do capitalismo. Eles mostram a fase anterior à descoberta da América (1492) e do caminho da Índia (1498), quando a transformação se acentuou de tal forma quantitativa, que pode parecer e é para outros uma mudança qualitativa. As descobertas criaram novos problemas e novos campos de atividade; as viagens tornaram-se maiores e mais perigosas; exigiram-se grandes capitais e sua escassez aumentou, cresceram as possibilidades de grandes lucros, desmentiram-se as teses sobre a esterilidade do dinheiro.

Quando, em 25 de abril de 1499, o barco de Vasco da Gama entrou no porto de Lisboa, trazendo as especiarias da Índia; quando, em junho de 1501, os primeiros carregamentos importantes chegaram ao estuário do Tejo, e quando, em 24 de agosto de 1501, o primeiro navio carregado de pimenta e canela ancorou em Antuérpia, iniciou-se uma grande transformação econômica, e estabeleceu-se o monopólio de especiarias do eixo Lisboa-Antuérpia. Do mesmo modo, quando, em 1501, se recebeu o primeiro ouro da América, vindo de Cuba e Costa Rica, e a prata do Peru e México, provocando o que o historiador americano Earl J. Hamilton chamou a Revolução dos Preços, com tremendas conseqüências inflacionárias sobre a Europa [5], novo reforço se junta à grande revolução econômica do século XVI. Deste modo muitas instituições se transformam completamente, como é o caso da Bolsa, ou novas sociedades econômicas se criaram como as gran-

5. *American Treasure and the Price Revolution in Spain, 1501-1650,* Harvard Univ. Press, 1934.

des companhias de navegação, características do mercantilismo do século XVII.

1. As primeiras bolsas: Antuérpia

A Bolsa existia, como mostrou Ehrenberg, tanto em Bruges, como em Antuérpia, e nesta sobretudo se efetuavam operações sobre as especiarias. A de Bruges foi a primeira que teve esse nome, mas não era uma bolsa no sentido moderno, pois era usada especialmente para operar com dinheiro e letras; todo o comércio de mercadorias realizava-se nas casas e armazéns onde elas eram depositadas. Em Antuérpia, na segunda metade do século XV, havia uma bolsa de mercadores. Quando começou o grande surto do comércio marítimo, o Conselho da cidade de Antuérpia construiu o edifício da Bolsa com o expresso propósito de favorecer o comércio. Uma instituição como esta, diz Ehrenberg, erigida pelas autoridades com esta finalidade, era uma inovação importante. E mais importante ainda foi o que ela significou para todo o comércio de Antuérpia. O novo edifício de 1531, que causava a admiração dos contemporâneos, era, como escreveu J. A. Goris num admirável estudo [6], o centro da vida comercial de Antuérpia. Nele se fizera esta inscrição dedicatória, bem expressiva de seus fins: *in usum negotiatorum cuiuscumque nationis ac linguae urbisque adeo suae ornamentum* (para uso dos negócios de todas as nações e todas as línguas do mundo e ornamento divino).

Nesta contribuição exemplar para a história dos começos do capitalismo moderno, Goris examina o papel das três colônias de mercadores, os judeus portugueses, os espanhóis e os italianos que tanta influência tiveram no desabrochar do capitalismo e da própria reforma religiosa. As duas primeiras, as mais importantes, provindas da península devido à perseguição religiosa, gozaram, desde o começo, de privilégios especiais, tais como o das imunidades. Mesmo antes da perseguição em Portugal (1492 Espanha, 1496 Por-

6. *Étude sur les Colonies Marchands Méridionales (portugais, espagnols, italiens) à Anvers de 1488 à 1567*, Lovaina, 1925.

tugal) já havia uma colônia da nação portuguesa (*Natio portucalensis*), composta também de judeus, que se expandiu desde que engrossaram suas fileiras os perseguidos de Portugal. Mas em Antuérpia não permitiu a justiça que se mesclassem os negócios com a religião.

Antuérpia, escreveu Henri Pirenne, se engrandeceu com as descobertas portuguesas e espanholas e se tornou, a partir do século XVI, o entreposto do tráfico mundial. A influência comercial que lhe coube entre 1520 e 1580 nunca pertenceu a nenhuma outra cidade. Nenhum porto até aquela época exerceu uma supremacia tão exclusiva, uma atração tão irresistível e ofereceu um caráter tão cosmopolita. Aí falavam-se todas as línguas e ela se tornou "a terra comum de todas as nações" [7].

Na Bolsa, como uma espécie de colmeia, se comprimiam milhares de pessoas, das mais diversas origens e línguas. O horário era curto, das 11 horas a pouco depois do meio-dia, mas a pedido dos portugueses se decidiu abri-la às 10 horas, havendo também uma sessão às 6 horas da tarde. A descrição minuciosa e seca de seus usos e costumes das nove formas de venda e compra [8] encontra-se em Goris.

A Bolsa de Antuérpia tem caráter extremamente especulativo, e são as especiarias das Índias Orientais os principais artigos de especulação. O preço da pimenta tem um valor regulador. Será deficiente ou superabundante a colheita das especiarias? O carregamento chegará a seu destino, ou o navio se afundará, ou será atacado? Não se trata mais de dias ou semanas, quando o comércio se fazia pelo Mediterrâneo. O navio que parte de Lisboa para ir ao Oriente e voltar carregado de especiarias gasta dois anos. A história

---

7. PIRENNE, Henri. *Les Anciennes Democraties des Pays-Bas*. Paris, 1910. p. 251.

8. A primeira, a dinheiro; a 2.ª a termo; a 3.ª *vil baratto*, fórmula italiana de troca de mercadoria por mercadoria, com três espécies: o barato simples, o composto e o com o tempo; a 4.ª parte em dinheiro e parte a termo; a 5.ª, parte em dinheiro contante e parte *robbe*; a 6.ª, parte *robbe* e parte *termine*, isto é, parte em dinheiro corrente e parte em mercadoria ou vice-versa, com o dinheiro a termo; a 7.ª a assinação de um crédito (por escritura notarial); a 8.ª e a 9.ª são pagamento por assinação combinados, parte em dinheiro, parte a termo e parte em mercadorias.

trágico-marítima que Bernardo Gomes de Brito publicou [9], as várias relações de naufrágios da literatura portuguesa [10] mostram o caráter incerto da operação e a necessidade de confiar nas vendas futuras.

Todas essas especulações influem no jogo comercial e nas consciências e dão grande importância aos enormes reservatórios de capitais localizados em Antuérpia e Amsterdã e onde predominam os banqueiros Fugger e Welser [11].

Não é aqui o momento apropriado para mostrar os escrúpulos que assaltaram as consciências dos mercadores luso-espanhóis no trato dos negócios que o capitalismo criava, na questão da usura, dos juros, da fertilidade ou esterilidade do dinheiro, do empréstimo, enfim, de todas as relações entre a moral e a economia. Não era esse o caso dos judeus, que formavam a grande maioria das colônias portuguesa e espanhola de Antuérpia. A pimenta que regulava a especulação bolsista do século XVI em Antuérpia era um monopólio do Rei de Portugal que vendia as cargas a grandes grupos econômicos que obtinham, assim, um monopólio de segunda mão. Eles muitas vezes compravam as cargas ainda no mar, emprestavam ao Rei de Portugal, que sempre necessitava de grandes somas adiantadas e repagavam-se aumentando o preço. Eram capazes de regular o preço de acordo com seu próprio interesse em Antuérpia, onde dispunham de grande volume de especiarias, e pelo menos até a chegada de nova frota, que modificava novamente o preço.

Os dois fatores, o interesse dos grandes grupos econômicos e o volume da importação, determinavam na bolsa de Antuérpia o preço da pimenta. Esta especiaria agia, então, como um termômetro da temperatura da bolsa. Havia em Antuérpia um agente do Rei de Portugal que dirigia os negócios e os interesses reais.

9. *História Trágico-Marítima*, Lisboa, 1735-1736, 2. v.

10. Vide também edições em inglês de CHARLES R. BOXER, *The Tragic History of the Sea, 1589-1622*, The Hakluyt Society, 1957, e *Further Selections from the Tragic History of the Sea, 1559-1565*, The Hakluyt Society, 1967.

11. Vide também JACOB STRIEDER, *Jacob Fugger der Reiche*, Leipzig, 1926; trad. em inglês, *Jacob Fugger the rich merchant and banker of Augsburg, 1459-1525*, Nova York, 1931; e LEON SCHICK, *Jacob Fugger*, Paris, 1957.

A dívida em Antuérpia do Rei de Portugal no fim de 1543 era estimada por seu agente João Rabêlo em dois milhões de cruzados,. uma soma inacreditável, comenta Ehrenberg, porque grande parte era devida a pagamentos adiantados de contratos de pimenta. Frei Luís de Sousa reconhece que a dívida real dobrava em quatro anos devido aos juros, pois pagavam 12 a 16% ao ano [12].

A Bolsa de Antuérpia fazia grandes transações financeiras, e não só o Rei de Portugal nela buscava dinheiro emprestado, mas também o Rei da Inglaterra e o Governo da Holanda. Fugger tomava emprestado a 8% ao ano e emprestava ao Rei da Inglaterra a 13,5% e ao Rei de Portugal a 11%. A importância de Antuérpia como mercado monetário iria em breve ser superada pela Bolsa de Amsterdã, que inovaria com especulações diferentes.

2. A Bolsa de Lyon

A Bolsa de Lyon, que teve também sua importância nesta mesma época, agiu, como a de Antuérpia, como um centro de especulação sobre mercadorias, dinheiro e câmbio. O desenvolvimento das duas bolsas internacionais do século XVI, a de Antuérpia e a de Lyon, revela, a despeito de traços comuns, algumas claras diferenças. Em primeiro lugar, ambas devem muito a suas respectivas situações geográficas e, em segundo lugar, aos seus dirigentes, que favoreceram seu desenvolvimento pela concessão de largos privilégios. Se Lyon foi um produto desta política, em Antuérpia o desenvolvimento do comércio nacional foi o fator mais importante e Bruges não pôde competir com Antuérpia pelos frutos das grandes descobertas marítimas.

As três bolsas internacionais do século XVI são conseqüência da concentração local do comércio, de circunstâncias externas do mercado monetário (caso de paxás que investiam nos empréstimos reais de Lyon),

---

12. EHRENBERG. Ob. cit., 268 e FREI LUÍS DE SOUSA, *Anais de D. João III*, Lisboa, 1938, ed. de Rodrigues Lapa, v. II, pp. 265-268 e 275.

de grandes operações financeiras, de poderosas concentrações de negócios [13], gozando para isso de completa liberdade comercial, e valendo sua opinião como um crédito financeiro e público [14].

As primeiras bolsas ajudaram as transações financeiras dos mercados, mas ainda não tinham o poder de atrair elas próprias o capital difundido pelo mundo. Este capital era emprestado aos Príncipes e Reis e em parte existia nos cofres de numerosas cidades. A necessidade de grandes massas de capital crescia rapidamente e é no século XVII que a Bolsa de Amsterdã vai servir a estes objetivos. A fase portuguesa pré-capitalista havia passado. Durara menos que um século, por motivos hoje muito estudados e que fogem a esta exposição. Ludwig Dehio, o grande historiador alemão, escreveu no seu livro *Gleichgewicht oder Hegemonie* [15] que a glória legendária de Portugal foi tão rápida como um meteoro.

3. *Amsterdã, capital comercial e financeira do mundo*

A situação mundial era outra, e outras eram as potências disputando o poder mundial. Portugal e Espanha tinham podido conservar parte de seu Império, mas tinham perdido muito, ganho pela Holanda e especialmente pela Inglaterra. O poder mundial moderno foi sempre disputado no Oriente e Portugal não era mais nem sequer o senhor do mar Índico. Amsterdã substituíra Antuérpia como sede do capital financeiro; as próprias colônias judaicas fugiam de Antuérpia, temerosas da intolerância religiosa agora nela estabelecida e buscavam a tolerância da Holanda libertada. Os Países

13. Exemplo: Gaspar Schetz, em 1552, em Antuérpia, era o primeiro agente financeiro da Corte de Bruxelas e um dos sócios de Martim Afonso de Sousa na fundação do primeiro engenho no Brasil, na capitania de S. Vicente. Vide FRANCISCO ADOLFO DE VARNHAGEN, *História Geral do Brasil*, v. I, pp. 204 e 227-228, e "Os Schetz na Capitania de S. Vicente", *Publicação do Arquivo Nacional*, v. XIV, pp. 5-31.

14. Daí a chamada *ditte de borsa* (do latim *dica, dicta,* de *dicere*), uma promessa comercial de pagamento, uma obrigação ou assinatura ou marca comercial válida perante a lei, em resumo, um emprestador digno de crédito. Vide EHERENBERG, ob. cit., pp. 307-319.

15. KREFELD, 1948, p. 47.

48

Baixos tornaram-se no século XVII a nação mais comercial, a mais invejada, admirada e odiada. Ao contrário de Portugal, da Espanha e da própria França, não é o Estado que explora diretamente o comércio marítimo e a colonização.

Pensa Heckscher que o característico do desenvolvimento das empresas dos Países Baixos foi a capacidade dos holandeses de resolverem seus problemas comerciais com menos organização e com organização mais simples que a de outros povos, cujo comércio e navegação não podiam comparar-se nem de longe com as daquele país. Nos Países Baixos existia uma multidão de sociedades ordinárias de comércio e de agrupamentos de armadores. Não faltaram sociedades de capital, desde o começo organismos puramente privados, e o campo de ação das grandes agrupações apoiadas publicamente se achava também rigorosamente circunscrito. O fato de o comércio holandês ter podido se desenvolver amplamente por meio da iniciativa privada se relacionava com as condições específicas dos holandeses. O comerciante holandês pode ser considerado como o tipo burguês por antonomásia [16].

A formação e o desenvolvimento das grandes companhias de comércio, a das Índias Orientais de 1602 e a das Índias Ocidentais (1621) têm sido amplamente estudados, e despertado a atenção dos estudiosos brasileiros pelas implicações que envolvem com Portugal no Oriente e com o Brasil na invasão e ocupação da Bahia (1624-1625) e do Nordeste (1630-1654). É uma literatura imensa que em parte estudei na minha *Historiografia e Bibliografia do Domínio Holandês no Brasil* [17]. As obras de Jacques Le Moine de L'Espine, de Pierre Daniels Huet e especialmente de Jacques Accarias de Serionne e de Elias Luzak [18] mostram a importância do comércio, da expansão marítima e da preponderância holandesas no século XVII.

16. Heckscher. Ob. cit., pp. 333-335.
17. Rio de Janeiro, 1. ed., 1949, 2. ed., a sair pelo Instituto Nacional do Livro.
18. Registrados na *Historiografia*, n. 140-144.

4. A Bolsa de Valores em Amsterdã

A diferença essencial entre a Bolsa de Amsterdã e as de Antuérpia, Bruges e Lyon consiste especialmente em que não são operações sobre mercadorias, nem transações financeiras, especialmente governamentais, que dominam seu negócio. Pela primeira vez os objetos negociados na bolsa são ações, tal como na época atual. O preço regulador não é mais a pimenta, mas o êxito das companhias comerciais, primeiro as Orientais e logo as Ocidentais.

O caráter especulativo destas empresas e as características de sua organização tiveram, portanto, grande importância quanto às origens e desenvolvimento da Bolsa e do comércio de valores. Não era só o caráter especulativo que podia fazer valorizar ou declinar suas ações. Muitas vezes a pirataria tinha efeitos extraordinários. Quando Piet Heyn, na noite de 7 para 8 de setembro de 1628, apreendeu a frota de prata no porto de Matanzas em Cuba, estimada em setenta e sete mil libras de prata ou aproximadamente oito milhões de florins, milhares de pérolas, 2 milhões de couros e quantidades substanciais de seda, almíscar, âmbar e muitas outras raridades, a Companhia das Índias Ocidentais viu suas ações subirem fantasticamente de valor. A presa produziu mais de doze milhões de florins, os acionistas receberam um dividendo de 75%, o príncipe de Orange dez por cento, ou sejam 700 mil florins, os diretores 1%, ou 7 000 florins, tanto quanto Piet Heyn, que se tornou o homem mais popular de seu país.

Desde os princípios as ações das duas grandes Companhias foram vendidas e a Bolsa foi atraída para o seu círculo. As Bolsas e as Companhias foram sempre da maior importância umas para as outras e os títulos sempre foram comprados a termo. Como as Companhias eram divididas em sua administração em seis câmaras, e a mais importante era a de Amsterdã (4/9 do total) a especulação se concentrou nesta cidade e os maiores especuladores afluíam diariamente à Bolsa.

Por isso Ehrenberg acha que a técnica peculiar da moderna companhia e da negociação de ações deve seu desenvolvimento à especulação em Amsterdã. As bolsas do século XVI, escreve Ehrenberg, mostraram sua importância ao negociar o crédito, especialmente o crédito público. A nova Bolsa que se desenvolveu em Amsterdã teve o poder de atrair capital não para o crédito público, não para o Estado, mas para o negócio privado. Eis aí a diferença essencial [19].

5. A contribuição judaica

Geralmente se pensa logo que há uma relação decisiva entre os judeus e a formação do capitalismo, que Werner Sombart tentou revelar e que foi combatida por Hermann Wätjen e Henri Hauser [20]. Ninguém imagina a pequena contribuição judaica à formação da Companhia das Índias Ocidentais [21], nem crê na relativa insignificância judaica na própria Holanda.

Em 1650, no auge do seu poder, Amsterdã possuía dos seus 115 000 habitantes, apenas 3 000 judeus, e nunca faltou quem falasse da riqueza judaica que teria possuído 25% das ações da Companhia das Índias Ocidentais, ou de um ou outro judeu rico como Jorge Homem Pinto — marrano, senhor de engenho no Brasil —, um dos maiores devedores da Companhia das Índias Ocidentais [22].

Naquela época, pelos meados do século XVII, a judiaria aschkenazim (de origem alemã e polonesa, especialmente) constituía a metade da população judaica no mundo, e a outra metade era sefárdica. Esta era a de origem peninsular, luso-espanhola, falando o ladino, enriquecida, ilustrada, discriminatória, proibindo o cruzamento não só com os gentios e cristãos, como ainda hoje nos ortodoxos das duas linhas, mas mesmo com os judeus aschkenazim, considerados de origem inferior. Em 1850, os grupos sefárdicos constituíam 1/5 do todo e hoje constituem apenas 8%, deixando para os aschkenazim mais de 90% [23].

19. EHRENBERG. Ob. cit., pp. 359 e 377-378.
20. Vide JOSÉ HONÓRIO RODRIGUES, Historiografia e Bibliografia, ob. cit., pp. 20, 36 e 375-377.
21. DOS 7 milhões de florins do capital da Companhia, somente 36 000 pertenciam a 18 judeus; cf. ARNOLD WIZNITZER, Jews in Colonial Brazil, Nova York, 1960, pp. 48 e 183.
22. WIZNITZER. Ob. cit., p. 68.
23. BARON, Salo W. A Social and Religions History of the Jews. Nova York, 1937, v. II, pp. 166, 180.

A contribuição sefárdica deve medir-se também pela sua obra ideológica, como se vê em Spinoza, em Isaac de Pinto e em Joseph de la Vega, o autor da *Confusión de Confusiones*.

6. Confusión de confusiones

Joseph Penso de la Vega era filho de Isaac Penso, que nascera na pequena localidade de Espejo, em Córdoba. Perseguido pela Inquisição, fugiu para Antuérpia, Middelburgo e depois Amsterdã. Penso foi banqueiro e financista, e teve quatro filhos e seis filhas; os quatro homens foram todos comerciantes. Foi o segundo filho Joseph, nascido em 1650, que se tornou escritor e a ele se deve esta obra fundamental para a história da bolsa. Isaac Penso era descendente dos Passariño, outro marrano espanhol, mas abandonara o apelido, e o filho não usava o nome todo, Joseph Penso de la Vega Passariño, mas ora o nome paterno, ora o materno: Joseph de la Vega ou Joseph Felix Penso. Além de sua língua, o espanhol, conhecia bem o hebreu, era familiarizado com a literatura clássica e foi membro e secretário da Academia dos Floridos, uma associação literária sefárdica. Foi educado por mestres como Isaac Aboab da Fonseca, que esteve no Brasil e foi o primeiro Rabi da América, e Moisés de Rafael Aguilar, o segundo Rabi do Brasil e da América. Residiu sempre em Amsterdã, onde morreu no ano 5453 do calendário judaico, ou seja 1693.

Sombart conheceu e louvou sua obra, a primeira que tratou das operações da bolsa. Ele escreveu seis novelas, orações fúnebres e gratulatórias, e discursos acadêmicos. O importante, o que ficou, é a *Confusión de Confusiones. Dialogos Curiosos entre um filosopho agudo, um Mercader discreto y un accionista erudito,* publicada em Amsterdã, em 1688. A extrema raridade da edição original, da qual só se conheciam quatro exemplares (Biblioteca Real de Haia, Biblioteca da Sinagoga da Comunidade Portuguesa — Israelita de Amsterdã, Biblioteca da Universidade de Göttingen e Biblioteca da Universidade de Aken), fez com que o Arquivo Econômico Histórico Holandês, sociedade fundada em 1914, com sede em Haia, decidisse empreender a sua tradução em holandês e sua publicação nas duas línguas.

O benemérito esforço dessa sociedade erudita se consubstanciou na edição bilíngüe da obra de Joseph de la Vega, com uma magnífica introdução do Dr. M. F. J. Smith e tradução do Dr. G. J. Geers (Haia, Martinus Nijhoff, 1939).

Na introdução à tradução holandesa, o Dr. Smith explica que o motivo do empreendimento está em que este livro não só é a primeira obra que descreve inteiramente a Bolsa de Amsterdã no século XVII como, ao que até agora se conhece, é a primeira que faz uma descrição circunstanciada dos processos, manipulações e maquinações bolsistas que ali se empregaram.

Além do ponto de vista histórico, o livro apresenta também a maior importância do ponto de vista econômico, pois nos dá a conhecer a técnica bolsista já muitíssimo desenvolvida naquela época.

No prólogo de sua obra, Joseph de la Vega diz que três motivos teve o seu engenho para tecer estes Diálogos que espera granjeiem o título de curiosos: "El primero entretener el ocio, con algun deleyte que no desdore lo modesto. El segundo, descrivir (para los que no lo exercitan) un negocio que es el mas real, y útil que se conoce oy en la Europa. Y el tercero, pintar con el pinzel de la verdad las estratagemas con que lo tratan los tahures que lo desdoran, para que a unos sirva de delicia, a otros de advertencia, y a muchos de escarmiento".

Analisando estes motivos, o introdutor da edição holandesa diz que possivelmente eles não foram os únicos que levaram o autor a escrever sua obra. Isso se depreende do fato dele ter escrito em espanhol que, de modo geral, não era compreendido por seus concidadãos cristãos e que, assim, não poderiam lê-la. Parece claro que ele pretendeu dirigir-se a um grupo restrito de pessoas, às quais quis transmitir um conhecimento real do negócio.

Em Amsterdã, grande número de judeus se ocupava com o comércio das ações e para muitos deles esse negócio era como um livro aberto, e se Joseph de

53

la Vega quisesse dirigir-se aos cristãos ter-se-ia servido do holandês. O Dr. M. F. J. Smith levanta então a hipótese de que o intuito do autor foi esclarecer seus patrícios no exterior e observa que justamente ao tempo do aparecimento da *Confusión de Confusiones* haviam ido para Londres tantos judeus da Holanda que sua colônia era ali conhecida como a dos "Judeus de Amsterdã". Dela faziam parte dois irmãos de Joseph de la Vega, a saber David e Raphael Penso. É também digno de nota que justamente no ano da publicação do livro, em 1688, Macaulay registre, em sua *História da Inglaterra,* que a maior parte dos negócios de ações caiu nas mãos dos judeus. E em Londres assinala-se, até hoje, um sistema que lembra fortemente aquele que se empregou em Amsterdã no século XVII.

É assim mais que provável, segundo o Dr. Smith, que o livro de Joseph de la Vega tivesse influído no mercado a termo londrino. Em uma monografia publicada em 1934 sobre o Banco de Amsterdã, antes, portanto, da edição holandesa da *Confusión de Confusiones,* J. G. van Dillen, louvando-se em trabalho anterior de M. F. J. Smith, publicado em 1919, dizia: "No que concerne às ações, o sistema de negociá-las para o futuro parece ter sido introduzido na Bolsa de Londres pelos fins do século XVII, por judeus portugueses, de Amsterdã". Admitiu, assim, a tese antes esboçada por Smith, a que ele veio depois dar novos e mais poderosos argumentos [24].

Mas ouçamos o próprio Joseph de la Vega. No primeiro diálogo, o Acionista diz ao Filósofo e ao Mercador que eles nada sabem, pois não têm conhecimento de um negócio enigmático que é o mais real e o mais falso que tem a Europa, o mais nobre e o mais infame que conhece o mundo, o mais fino e o mais grosseiro que exerce o orbe: mapa de ciências e epítome de enredos, pedra de toque dos atentos e pedra de túmulo dos atrevidos. E às perguntas ansiosas dos outros dois sobre tão enigmático negócio, o Acionista diz que se trata das ações, que são partes do capital de uma Companhia que os negociantes holandeses formaram no ano

24. VAN DILLEN, J. G. "The Bank of Amsterdam". In: *History of the Principal Public Banks,* Haia, 1934, p. 107.

54

de 1602 e que cuidam dela três classes de pessoas: uns como príncipes, outros como mercadores e os últimos como jogadores. A cada parte ou porção deram o nome de *ação,* pela ação que tinha no avanço de quem negocia.

Os primeiros vivem como príncipes da renda, gozando cada ano a repartição das ações que têm em sua conta, seja deixadas por seus antecessores, seja compradas com seu dinheiro. A estes pouco importa que as ações valham mais ou menos, porque não sendo seu intento vendê-las mas apenas ir recebendo o fruto — pois este tesouro se assemelha a uma árvore que produz cada ano seus frutos —, o fato de valerem muito só lhes serve de gosto imaginário, considerando (como acontece na realidade) que no caso de quererem vendê--las podem obter por elas aquele alto preço.

Os segundos, como mercadores, ou compram uma partida (que são 500 libras) e mandam-na transportar para a sua conta (por serem de opinião que elas valerão mais com a volta de navios da Índia ou com a paz que volte a imperar na Europa), tornando a vendê-la quando seu preço aumenta, se acertam em seu cálculo, ou compram com dinheiro de contado e receosos das novidades ou mudanças tornam a vendê-la no mesmo instante, a prazo longo (caso em que se costuma dar mais por ela), contentando-se com o lucro que lhes granjeia o desembolso, sem querer contrapor o maior adiantamento ao maior perigo, mas ganhar pouco e ganhar seguramente.

Os últimos, como jogadores, procuram fazer-se terceiros de seus aumentos, inventando umas rodas em que almejaram estabelecer as de suas fortunas. Estes compram uma ou vinte partidas, que se chamam um Regimento, e chegando o dia vinte do mês (que é o tempo em que devem recebê-las) não têm mais que três modos de desincumbir-se: tornar a vendê-las pelo que valem, com perda ou lucro do que custaram, empenhá-las em mãos dos que podem fornecer-lhe 4/5 do seu valor sobre as mesmas (o que fazem sem o menor descrédito os mais ricos), ou, ainda, mandam colocá-las em sua conta, pagando-as em banco, o que não podem fazer senão os muitos poderosos, de vez que um Regimento custa hoje mais de cem mil ducados.

55

Chega, assim, o prazo, e faltando-lhes a possibilidade de recebê-las ou empenhá-las, são obrigados a vendê-las. Os que estão ao par do jogo conhecem essa precisão e abatem no preço, a fim de conseguir comprar por menos. E como esse gênero é árvore e os hebreus lhe chamam forca, vendo-se afogados com as partidas e enforcados pelo dinheiro, procuram que pendam desse tronco como Absalão e que morram como Adão por essa árvore.

Ainda nesse diálogo primeiro o Acionista chama atenção dos seus interlocutores para as chamadas "opções", que são uns prêmios ou quantidades que se dão para assegurar as partidas ou conquistar os adiantamentos, os quais servem de velas para navegar felizes nas bonanças e de âncoras para navegar seguros nas tormentas.

Explica o Acionista que as ações estão presentemente ao preço de 580 florins, por exemplo, mas que lhe parece que pela volta dos navios da Índia e por outras circunstâncias favoráveis elas irão muito mais alto. Não se dispõe, porém, a comprar partidas efetivas, mas chega-se aos que dizem que tomam essas opções e pergunta-lhes quanto querem para ficarem obrigados a entregar-lhe cada partida a 600, até tal prazo. Ajustado o prêmio, a transação se efetua e o que sobe de 600 representa lucro, e o que baixa não lhe serve de ânsia para o juízo, nem de inquietude para a honra, nem de sobressalto para o sossego. Se chegando pouco mais ou menos a 600, ele muda de opinião e acha que não é tudo tão favorável como julgava, vende as partidas sem perigo, porque tudo que baixa é lucro. E como o que recebeu a dinheiro está obrigado a entregar-lhe as partidas ao preço combinado, ainda que elas subam mais do que isso, o que comprou a termo não pode sentir outra perda que a da opção nem chorar outro castigo que o do prêmio. O próprio modo do negócio pode fazer-se (girando ao contrário) se se pensa que as ações vão baixar, dando-se então prêmios, não pela entrega mas pelo recebimento e, confiando na sorte, comprando no intervalo sobre elas.

No segundo diálogo, o Acionista ensina aos seus interlocutores que as ações têm três estímulos para subir e outros três para baixar: o estado da Índia, a disposição da Europa e o jogo dos acionistas. O acionista arguto desvela-se em ter correspondências na Índia, a fim de que lhe possam avisar por meio da Inglaterra ou de qualquer outra via se ali se goza da tranqüilidade desejada, se estão adiantados os empreendimentos da Companhia, se foram favoráveis os negócios que ela realizou no Japão, na Pérsia e na China, quantos navios saem para a pátria, se trazem grande carga e se vêm com muita especiaria, a fim de, por meio dessas informações, saberem se devem comprar ou vender. Mas nada disso evita, por vezes, grandes acidentes, por terem adotado os jogadores certas máximas que, se não fossem tão repetidas, não deixariam de ser discretas.

A primeira é a de que em matéria de ações não se deve dar conselho a ninguém porque onde está encantado o acerto mal pode luzir airoso o conselho.

A segunda é que não há ganhar e arrepender-se, porque uma enguia desliza quando menos se espera, e é prudente gozar o que se pode, sem esperar estabilidades ocasionais ou constâncias da Fortuna.

A terceira é que os adiantamentos dos acionistas são tesouros de duendes, porque ora são carbúnculos, ora carvões, ora diamantes, ora pedras, ora lágrimas da aurora, ora lágrimas.

A quarta é que aquele que deseja enriquecer nesse negócio precisa ter paciência e dinheiro, porque como há tão pouca firmeza nos preços e menor fundamento nas novidades, aquele que sabe tolerar os golpes sem logo pasmar dos contrastes, sendo como os leões que respondem aos trovões com rugidos e não como a corça que em face deles fica absorta, é preciso que esperando vença e que tendo dinheiro para esperar ganhe.

Essas mesmas alterações obrigam muitos a serem ridículos, governando-se uns por sonhos, outros por agouros, uns por ilusões, aqueles por caprichos e inúmeros por quimeras.

No terceiro diálogo descreve os negócios das ações realizados numa praça onde está o palácio, a que os flamengos chamavam "Dam" (dique) e o autor denomina "Damo", e na Bolsa. Na primeira de dez às doze e na segunda de doze às duas. A Bolsa é uma pequena praça rodeada de pilares e chama-se assim já por encerrarem-se nela os mercadores como em uma bolsa, já pelas diligências que cada um faz de aí encher a sua.

Os que vivem como príncipes das rendas conservam-se também no negócio com a gravidade de príncipes, limitando-se a dar suas ordens aos corretores; dos que negociam como mercadores, alguns há que ao dar suas ordens aos corretores se assemelham à classe dos príncipes, considerando indecente freqüentar as rodas e molestar-se com os empurrões, os ultrajes e os gritos, e para escusar-se de descomposturas fogem dos circos. Porém, há outros que assistem continuamente aos congressos (como fazem os jogadores), levados pelo desejo de não pagar corretagem, pelo gozo de dar palmadinhas, que uns recebem a contragosto e outros dão com prazer, para conseguirem dos corretores, que sempre os estão vendo, mais meio por cento, para conhecer como está disposto o jogo, se há muitos compradores e vendedores e procurar penetrar seus intentos, com o que se julgam tão destros no ofício que pensam ninguém agirá melhor do que eles.

Há também três modos de comprar e vender essas ações dos acionistas. O primeiro é ir à suntuosa casa que tem a Companhia e mandar passar a partida para sua conta, pagando-a logo. O segundo consiste no reencontro, comprando uma pessoa sobre o dia 20 e vendendo sobre o dia 25. O terceiro é a prazo longo, para o mês que se assinala, em cujos dias 20 e 25 se deviam entregar as ações e liquidar os adiantamentos. Para estas últimas partidas enchem os corretores uns contratos que se vendem impressos, com as cláusulas e condições que são as ordinárias do negócio, e como estão em branco os nomes, meses, dias e preços, não há mais que encher os espaços em branco, ficando todos os detalhes assentados para que não haja dúvida sobre o que se conclui nem dissenção sobre o que se concorda.

Quando se zangam dois corretores (a quem os italianos chamam *sensali,* que significa "mosquitos" porque zumbem e picam), ao ajustar uma partida, são mais desenvoltas as vozes, mais penetrantes as injúrias, mais ridículas as palmadas. E quando eles querem dizer que foi uma pessoa de muita segurança que lhes deu a ordem, apregoam "que é um homem como uma torre" e que tem "tanto de nariz". Diz o Acionista que não compreende como se introduziu essa frase, mas que sendo o nariz o que distingue um homem de outro (e por isso os hebreus intitulam de uma mesma maneira à cara e ao nariz, por ser este que forma aquela), vozeia o corretor que o seu homem tem um grande nariz para significar que ele é um grande homem. Pergunta outro "se é homem de vida e morte", afirma outro que "é o primeiro homem do mundo", ou que "é o pilar da Bolsa".

Há alguns corretores que são colocados pelo magistrado, a que chamam jurados, pelo juramento que fazem de não negociar por sua conta. São limitados a certo número, que não pode ser dilatado senão em ocasião de morte ou de algum favor bem assinalado, que só pode suceder muito raras vezes. E há outros a que chamam de zangões, por entenderem os primeiros que estes lhes usurpam o seu mel. Mas aqui é tão geral o trato e tão geral o negócio, que apesar de haver inúmeros corretores todos ganham e todos vivem, sem que precisem ser salteadores que comem para matar, nem caçadores que matam para comer.

Alguns mancebos reconheceram ser muito extenso o jogo das ações ordinárias (também chamadas "grossas" ou "grandes") e procuraram estabelecer um jogo mais moderado de ações, com o título de "pequenas", em que cada ponto que baixa ou que sobe não vale mais que um "ducaton" [25]. E assim foram instituídas, no ano de 1683, as "ações de ducaton", para cujo efeito, fundamento e clareza, elegeram um homem que, com o título de caixeiro geral, anotasse todas as partidas que se comprassem ou vendessem em um livro, sem outro contrato que o da palavra, nem outra obrigação que a do testemunho. Paga-se a essa pessoa uma placa [26] por parte, de cada partida que escreve, e que não assenta antes de perguntar aos contratantes

---

25. Moeda de prata francesa, valendo cerca de três florins.
26. Moeda antiga dos Países Baixos que circulava nos demais domínios espanhóis e valia a quarta parte de um real de prata velha.

se estão conformes. Negocia-se poucas vezes por prazo maior do que um mês. E aumentou tanto nestes cinco anos — o autor escreve em 1688 — tal emprego, que é raro o sexo que não o exercita, sem exceção de velhos, meninos e mulheres. Assim, pelo caminho que se visou minorar o perigo, veio a tornar-se mais comum o dano, pois logo chegou a tal excesso essa ocupação que se negociaram Regimentos ou vinte partidas como se fossem insignificâncias.

A causa de enredarem-se quase todos em tão imensa quantidade é a ambição de comprarem algumas partidas das ações grandes para vendê-las em pequenas (por valerem no princípio do mês mais estas que aquelas).

No quarto diálogo, o Acionista diz que vai revelar o mais especulativo dos enredos e o mais intrincado desses labirintos. E conta que enquanto as ações da Companhia das Índias Orientais são vendidas a 370, as da Companhia das Índias Ocidentais, que havia sido fundada em 1621 e que explorara o comércio do Brasil durante o domínio holandês, não valiam mais que 75. E desvenda então a seus interlocutores mil estratagemas e astúcias que são empregados na Bolsa para se conseguir melhor êxito, descendo aos mais variados detalhes. Poucos são os corretores desinteressados que recebendo uma grande ordem se limitam realmente a executá-la como receberam e a ganhar apenas a corretagem, ganhando menos, mas sendo mais limpo e mais seguro o que ganham. Outros pretendem granjear opulências, guardando as partidas a seu risco e realizando especulações por sua própria conta antes de executar a ordem que receberam. A propósito dos processos que vão pela Bolsa, o Acionista lembra então as palavras de Jeremias: "Guarde-se cada um de seu companheiro, não confie ninguém em seu irmão, porque não há irmão que não engane, nem companheiro que não enrede".

Joseph de la Vega versado nos clássicos sempre citados, escreve que se Plínio lia comendo e caminhando, é muito raro o acionista que não fale em ações caminhando e comendo. O dinheiro é o sangue e a vida dos mortais (*pecuniae sunt sanguinis et vita morta-*

libus) e os hebreus chamam do mesmo modo ao dinheiro e ao sangue. Da concepção de São Tomás de que o dinheiro não paria o dinheiro, para esta de que o dinheiro é tudo, ia um mundo de diferença. As palavras descritivas do Diálogo Terceiro (p. 102) são definitivas: "Terrível afã! inexplicável agonia! incomparável solicitude! Se discorrem são as ações o tema; se caminham são as ações o incentivo; se param, são as ações o freio; se miram, são as ações o objeto; se conceituam, são as ações o assunto; se comem, são as ações o regalo; se pensam, são as ações o sujeito; se estudam, são as ações o ponto; se sonham, são as ações os fantasmas; se enfermam, são as ações os delírios e se morrem, são as ações os cuidados". [27]

---

27. *Confusion de Confusiones van Joseph de la Vega*. Herdruk van den Spaansche Tekst met Mederlandsche Vertaling. Introdução do Dr. M. F. J. Smith e tradução do Dr. G. J. Geers. Haia, M. Nijhoff, 1939.

3. HOLANDA E PORTUGAL. UM PARALELO ENTRE DOIS MUNDOS *

Em 1948, em companhia do professor americano Engel Sluiter, o maior estudioso da história da expansão holandesa no mundo, seguia eu de trem para Petrópolis, a fim de visitar a cidade e o Museu Imperial, quando um senhor brasileiro e nordestino iniciou conosco uma conversa, perguntando, de repente: "Quem acham os senhores que seria o Brasil se tivesse sido colonizado pelos holandeses?" E antes mesmo que respondêssemos ou tentássemos mostrar a dificuldade da questão, ele dissertou extensamente sobre os males da

---

* Publicado primeiramente na revista *Manchete* (Rio de Janeiro), 31 jan. 1970.

63

colonização portuguesa e os imaginários resultados da colonização holandesa no Nordeste.

O Professor Sluiter, muito surpreendido, acreditou a princípio que fosse esta uma questão crítica que preocupasse brasileiros cultos. Fiz-lhe ver que não era assim, mas havia, certamente, uma reflexão sobre os efeitos permanentes da colonização portuguesa, sempre associada ao estádio de subdesenvolvimento do país, em contradição com as suas imensas possibilidades.

É comum atribuir-se a causas externas todo o mal do nosso destino histórico, sem reparar nas ruindades próprias, menos do povo, que da liderança, à qual coube, em sucessivas gerações (cinco e meia depois da Independência, sem contar as nove e meia do período colonial), as decisões capitais. Nem o colonialismo, nem o imperialismo podem ser desvinculados dos insucessos da minoria influente que pôde liquidar o primeiro antes do tempo consentido, como o fez a liderança norte-americana, e não pôde vencer o segundo, como o conseguiram outras nações neste século. Os fatores externos contam sempre para a permanência de seus efeitos com a colaboração interna.

Arnold Toynbee mostrou que a queda do Império Romano não foi fruto exclusivo das invasões, mas efeito também da ação do proletariado interno e da vitória do Cristianismo. O colonalismo é sempre parecido nos seus efeitos primários e secundários, não importa o adjetivo que o qualifique. O colonialismo e o imperialismo inglês, por exemplo, só adquiriram aspectos mais iluminados muito recentemente, ao perceber o fim do seu predomínio.

Se o colonialismo português ou o holandês seria melhor ou pior para o Brasil é historicamente uma questão inútil e ociosa. Primeiro, porque isto significa compor uma ucronia, isto é, uma utopia dos tempos passados. Teríamos que escrever uma história não como aconteceu, mas como poderia ter acontecido. Com isto, entraríamos no reino das suposições, imaginando possíveis conseqüências, séries de calamidades ou felicidades, que se derivariam de um pseudofato. Teríamos que escrever não a história da civilização brasileira, tal como foi, mas tal como poderia ter sido. Se por exemplo, os gregos tivessem perdido dos persas a

64

batalha de Salamina, não haveria civilização ocidental. E a história seria outra. Conjeturar sobre esta outra história é pura fantasia, que não cabe ao historiador.

No caso concreto, a história do império colonial português e holandês, algumas observações concretas e não hipotéticas, comparativas e não imaginativas podem e merecem ser feitas. O primeiro começou um século antes do segundo (séculos XVI e XVII), e ambos sobreviveram até hoje, quer como impérios coloniais, quer como efeitos de sua ação tri-secular. O português manteve até a pouco, embora em luta aberta que lhe consumia 40% do orçamento, grandes territórios africanos, enquanto o holandês tem vida simbólica nas pequenas ilhas da América. Ao primeiro coube abrir a fronteira da expansão mundial e dar, assim, possibilidade de desenvolvimento ao sistema capitalista, que desde então se tornou dominante no Ocidente, e foi construído com a subjugação colonial da Ásia, América Latina e a África.

Os portugueses construíram seu Império desde 27 de maio de 1498, quando Vasco da Gama chegou a Calecute; mas seu domínio do Oriente, que significou até hoje o poder mundial, só se manteve até por volta de 1600. Foi um Império que nasceu triste e pobre. Desde a Idade Média, Portugal foi triste e pobre e assim ficou até hoje. O Império não aproveitou senão a um pequeno grupo privilegiado no país, e aos outros, especialmente à Inglaterra. A partir de 1595, os holandeses iniciaram a luta pelo controle do Oriente; estabeleceram-se em Jacarta em 1619; arrebataram Málaca em 1641; dominaram o Ceilão em 1654. Depois disto a queda do império português foi rápida. Sobravam apenas, nos meados do século XVII, Goa (incorporada à Índia em 1961), as ilhotas de Damão e Diu, Macao, conservada por interesse chinês, Timor, sempre contestado, e Bombaim, cedido em 1665 como dote para o casamento da princesa portuguesa com o Rei da Inglaterra.

Toda aquela grande estrutura que Afonso de Albuquerque havia construído ruíra. Sobravam, na África, Angola e Moçambique, conservados com o favor da aliança britânica, e na América, o Brasil. É por isso

65

que o grande historiador alemão Ludwig Dehio escreveu que a glória legendária de Portugal foi tão fugaz como um meteoro. Enquanto isto, estabelecidos em Java, os holandeses monopolizavam o comércio e mantinham a influência política holandesa. Os holandeses controlavam as costas do Ceilão, e alguns trechos da Índia peninsular, como Cochim e Negapatão, Málaca, e dominavam o comércio da Malaia. Na Indonésia, construíram um império baseado no monopólio comercial com a China e o Japão. E, o que se esquece sempre, fundavam no extremo-sul da África a cidade do Cabo (6 de abril de 1652), primeiro descoberta pelos portugueses, e que vai dar origem à atual União Sul-Africana, embora esta tenha sido ocupada duas vezes pelos britânicos (1802 e 1806).

Com a grande expansão dos boers (*boeren,* em holandês, ou seja, fazendeiro, com o plural em *en* e não em *s,* como fizeram os ingleses), iniciada em 1836, foi possível a criação de duas repúblicas independentes: A República do Transvaal ou a República Sul-Africana (1852), e a República de Orange (1854). As guerras anglo-boers de 1880-1881 e de 1899-1902 liquidaram com as duas repúblicas que, reunidas às duas britânicas, a do Cabo (de origem holandesa) e a de Natal, formaram um Estado ligado à comunidade britânica e dela separado em 1961.

Assim como os portugueses perderam várias possessões ao longo do primeiro século de expansão, os holandeses fundaram Nova Amsterdã (atual Nova Iorque) em 1624, no mesmo ano em que dominavam a cidade do Salvador, na Bahia, a primeira perdida em 1664, e a segunda em 1625. Os quarenta anos do estabelecimento holandês em Nova Iorque comparam-se aos trinta em Recife, ambos expandindo-se pelas regiões circunvizinhas. As conquistas holandesas na África foram perdidas como as brasileiras, em plena luta nas três guerras anglo-holandesas (1652-1654, 1665-1667, 1672-1674).

O que restou dos dois impérios sucessivos construídos com um século de diferença, embora em conflito durante a fase comum? Portugal mantinha, afora as pequenas possessões asiáticas a que nos referimos, o Brasil, na América (1500-1822), Angola, Guiné e

Moçambique, na África, enquanto a Holanda permanecia com a Indonésia, na Ásia (1618-1945), as quatro ilhas da América (Curaçao, Aruba, Bonaire e St. Maarten), e o Suriname. Os 322 anos de domínio português no Brasil e os 327 anos de domínio holandês na Indonésia se equivalem e, se não foi tão longa e contínua a posse da África do Sul, é indiscutível que é nela e não na Indonésia que a marca holandesa é comparável ao cunho português no Brasil.

Quando se fala em termos comparativos na colonização portuguesa e holandesa, os exemplos são sempre Brasil e a Indonésia, quando me parece que a comparação apropriada deve ser feita entre o Brasil e a União Sul-Africana, e entre Java e Angola. Os trinta anos holandeses no Brasil são pouco para servir de base de confronto aos 322 de colonização portuguesa: o Brasil foi um empreendimento colonizador, como o foi a União Sul-Africana, e menos a Indonésia, explorada principalmente em termos comerciais; Angola e Moçambique são um fracasso português maior que a Indonésia, apesar dos esforços dos últimos anos; se a União Sul-Africana recebeu emigrantes franceses huguenotes (protestantes calvinistas), e alemães também protestantes, a diferença com o Brasil estaria apenas em que aqui os poucos chegados nos primeiros séculos foram perseguidos e expulsos, e os colonos europeus não portugueses, católicos ou protestantes, que vieram a partir do começo do século XIX, só recentemente começam a influir, se não na vida econômica, pelo menos na política.

Aqui, como lá, houve um movimento equivalente, a grande expansão bandeirante e o grande *trek,* de ampliação da fronteira. A diferença não consiste apenas no tempo em que se efetuaram, no Brasil em pleno século XVII, e na União Sul-Africana, como também nos Estados Unidos, em pleno século XIX. A divergência substancial que marca a personalidade básica luso-brasileira e a afrikaner está em que o bandeirante era um mestiço, enquanto que os *trekkers* eram brancos puros, odiando os hotentotes e xosas, os negros que tiveram de enfrentar para vencer a luta pelo domínio territorial.

O bandeirante Domingos Jorge Velho, por exemplo, nem português falava, e vivia com mulher e sete concubinas. Foi com ele, com outros como ele, que se aprendeu a viver sem ódio e preconceito racial, e se fortificou a convivência racial. O *trekker* é uma raça de senhores, que aceitando a versão calvinista do capítulo IX, 25, do Gênese — a maldição pronunciada por Noé contra Canaã —, julgava seu dever vencer os negros descendentes de Canaã e sujeitá-los. Isto marca a diferença das duas personalidades básicas do brasileiro e do afrikaner.

Se no Brasil a vitória da língua portuguesa, em face da multidão de línguas indígenas e negras, foi uma obra de dois séculos, pois até os meados do século XVIII falava-se predominantemente tupi em São Paulo e no Amazonas, foi somente na União Sul-Africana que os holandeses conseguiram impor uma forma alterada de sua língua, o afrikaans. Provavelmente esta é resultado da interação entre o holandês dos colonos brancos com a língua dos hotentotes, e, por estranho que pareça, com um português crioulo, falado por escravos negros vindos das áreas portuguesas.

A língua portuguesa foi, muito mais que a colonização portuguesa, uma grande vitória. Desde os estudos de David Lopes sabe-se que durante três séculos o português foi uma língua de uso corrente nas populações marítimas do Oriente. A formação de vários crioulos na Índia, no Ceilão, no Negapatão, no Cochim, em Bombaim, na Málaca, mostra a força da língua, que se imporia, provavelmente, caso tivesse tido a oportunidade que, perdida, teve o holandês, e que, consolidada, manteve o inglês.

Alexander Hamilton, estadista e um dos maiores pensadores políticos dos Estados Unidos, nas viagens que empreendeu ao Oriente em 1727, observou que em dez mil asiáticos não havia um que falasse inglês, mas havia muitos que falavam uma forma de português. Os vestígios do português nos chamados crioulos permaneceram vivos no Oriente, incorporando-se ao afrikaans dos holandeses da África do Sul e participaram da formação da própria língua falada no Suriname.

O Professor K. W. Gunawardena, num estudo sobre os holandeses no Ceilão, mostrou os vestígios da língua portuguesa naquela região e lembrou as palavras escritas em 1659 pelo governador-geral das Índias Orientais Holandesas, Johan Maetsuyker: "A língua portuguesa é uma língua mais fácil de falar e mais fácil de aprender", e aconselhava, a seguir, que se impedisse os escravos de falar o português [1].

O próprio malaio da cidade do Cabo, que influiu na formação do afrikaans, trazidos de Java, Sumatra, e da Península de Málaca, estava repleto de português alterado. E se não fora a vitória britânica e a imposição do inglês, qual teria sido o destino da língua portuguesa, somada aos mais de 90 milhões de brasileiros, afora os 10 milhões de Portugal, todos unidos pela mesma língua, aprendida pelo povo, apesar das insuficiências da educação oficial portuguesa e brasileira? [2]

Nunca errou tanto um poeta, como Olavo Bilac, no seu famoso soneto "Língua Portuguesa".

> Última flor do Lácio, inculta e bela,
> És, a um tempo, esplendor e sepultura.

Para concluir, evitando tratar dos aspectos políticos antigos e atuais do colonialismo português e holandês, é necessário, apenas, lembrar mais duas questões. Primeiro, dos frutos de ambos restam, libertados e autônomos, a União Sul-Africana, o Brasil e a Indonésia, e só agora livres da metrópole, Angola, Guiné e Moçambique, e o Suriname e prisioneiras as ilhas da América.

Se formos medir economicamente, a União Sul-Africana é de todos o mais forte, com dois terços de todo o ouro do Ocidente nela produzido e com cem milhões de libras esterlinas de investimento. É um país desenvolvido, com um poder militar efetivo, que repousa numa base industrial, com uma expansão econômica que se acentua desde 1961. Como os austra-

---

1. A New Netherlands' in Ceylon: Dutch attempts to found a colony during the first quarter century of their power in Ceylon, *The Ceylon Journal of Historical and Social Sciences*, jul. 1959, 203-244. Veja também MARIUS F. VALKHOFF, *Studies in Portuguese and Creole, with special reference to South Africa*, Johannesburgo, Witwatersrand University Press, 1966, e JORGE MORAIS-BARBOSA, *A Língua Portuguesa no Mundo*, Lisboa, Agência-Geral do Ultramar, 1969.

2. Isso sem contarmos com os mais de dois milhões de galegos da Galícia e dois milhões espalhados pela América que pertencem ao grupo cultural lingüístico brasileiro-português.

69

lianos, os sul-africanos, em base concentrada, no caso o ouro, realizaram entre 1946 e 1963 um aumento na renda real *per capita* de 47%. O crescimento anual do produto bruto nacional é de 5,5 por cento, e é de 28 por cento a contribuição da manufatura. Ela se coloca acima do Brasil, de Portugal, ambos no mesmo grupo, segundo estimativas das Nações Unidas, e acima da Indonésia, igualada à Bolívia, em termos de América Latina. Se há nesta vitória influência de sua ligação com o capital inglês, o fato é que são os afrikaners, descendentes de holandeses, os que comandam o país.

Do ponto de vista moral, é a União Sul-Africana a mais detestada nação do mundo pela prática extremada do racismo, e a criação da política do *baaskaap,* isto é, da relação superior do senhor com o escravo, do europeu com o não-europeu, do branco com o negro. O *apartheid* tem sido um escândalo mundial. Ele impõe os lugares reservados, separa, aparta, expressão que, tal como no português, se liga ao gado, pois assim como este é tratado o negro.

No Brasil, tivemos preconceitos, discriminações durante largo tempo contra negros, índios e judeus, mais por imposição oficial que por sentimento popular. Mas desde 1773 já se tornara proibido distinguir entre cristãos velhos e novos, estes os marranos, os judeus sefárdicos de origem portuguesa. E construímos, por obra do povo, da mestiçagem, apesar das exceções, um modelo de convivência racial e religiosa. É uma grande vitória, que vale muitas vitórias econômicas.

Se os portugueses falharam em Angola e Moçambique, onde são insignificantes os índices de mestiçagem e de uso da língua portuguesa, não se pode negar que as virtudes que possuímos, no sentido humano, constituem partes essenciais da personalidade básica luso-brasileira. E é com ela, acrescida de novas feições, desenvolvida por novos traços, que esperamos ser mais do que somos. E o mais importante, somos o que somos e nosso grande dever é preservar essa personalidade, conservá-la e desenvolvê-la. Se cedermos nossa personalidade, nada poderemos dar ao mundo.

4. DE TIRADENTES À INDEPENDÊNCIA *

Da execução de Tiradentes, aos 21 de abril de 1792, à Indepedência, aos 7 de setembro de 1822, decorreram apenas trinta anos, uma única geração. Não quero dizer que tenha sido obra de uma só geração, mas que o processo revolucionário se acelerou, e que o sacrifício, a paixão, o martírio não são nunca inúteis. Eles recriam ainda mais rapidamente o que a repressão destrói.

O povo brasileiro, que viveu sempre sofreado, contido, subjugado, por "três séculos capado e recapado, sangrado e ressangrado", como escreveu Capistrano de

---

* Conferência pronunciada em Ponte Nova e em Belo Horizonte, em 4 e 5 de junho de 1972. Inédita.

71

Abreu, teve mais êxito nestes trinta anos que nos três séculos que ensangüentaram o solo brasileiro.

Se levarmos em conta que desde o começo, com a Inquisição, qualquer palavrinha, por mais inocente que fosse, podia ser deturpada e ter conseqüências gravíssimas, e que o Estado português era extremamente severo, aterrador e punidor, podemos bem avaliar a bravura, o destemor que era necessário para afrontar tal governo. Bastava uma assuada para que logo uma devassa se abrisse, com perspectivas de grave punição, apontada no terrível Código Filipino [1].

O inglês Arthur William Costigan, que viveu em Portugal, escreveu em 1779, dez anos antes da Conjuração Mineira, que "quanto à sua natureza, o governo [português] pode ser considerado como o mais despótico de todos os que dirigem os reinos da Europa, e julgo que vos disse numa das minhas cartas que a lei aqui estabelecida é geralmente uma palavra vazia de sentido, a não ser quando as suas cláusulas são postas em execução por ordens especiais do soberano. Mas, em geral, as ordens dadas tendem a anular os meios de segurança e de proteção que a lei igualmente deve dar a todos os súditos".

Costigan mostrava-se surpreendido com o "incrível grau de ignorância em que foram educados os soberanos portugueses, e o grau ainda mais extraordinário de incapacidade que tão bem distinguiu a família reinante de Bragança" [2].

Diante de um governo assim tão despótico e de soberanos tão ignorantes e incapazes, revoltar-se exigia maior grau ainda de bravura. A bela província da Lusitânia enlanguesce em silêncio de opressão e morte, escrevia o mesmo autor [3]. E novamente se pode imaginar o rigor da tirania que sofriam os colonos, vassalos de segunda classe.

Martinho de Melo e Castro, Ministro da Marinha e Ultramar, escrevia na "Instrução para o Visconde de

---

1. O caso da assuada, 10 de agosto de 1717, está referido nos *Documentos Históricos da Biblioteca Nacional*, Rio de Janeiro, v. XCVII, p. 130.

2. W. COSTIGAN, Arthur. *Cartas de Portugal, 1778-1779*. Lisboa, s.d., v. II, pp. 128-129.

3. Ob. cit., p. 131.

Barbacena, Luís Antonio Furtado de Mendonça" (1788, 11 de julho — 9 agosto 1797), que "entre todos os povos de que se compõem as diferentes capitanias do Brasil, nenhuns (*sic*) talvez custaram mais a sujeitar e reduzir à devida obediência e submissão de vassalos ao seu soberano, como foram os de Minas Gerais. Os primeiros habitantes daquela capitania foram uns aventureiros da capitania de São Paulo, que penetraram os matos e sertões, com o fim de descobrirem minas de ouro", conta o Ministro, acrescentando que logo vieram outros aventureiros do Rio de Janeiro e de diversas partes e houve contendas e lutas, e surgiram régulos, e foi difícil submetê-los, especialmente aos mais poderosos, os magnatas, como então era comum chamar-se aos mais ricos [4].

Custou muito esforço, muita tropa, muita reação, muita opressão, muito rigor, dominar e subjugar os mineiros. Contando os vários levantes negros, os ataques indígenas, as lutas dos paulistas contra a pretendida predominância dos portugueses, a história de Minas, desde seu começo, nos fins do século XVII, é uma história mais sangrenta do que se tem contado.

As Minas eram habitadas por gente intratável, diz um documento de 1720, em contínuo movimento, inconstante nos costumes, e nelas os dias nunca amanhecem serenos. "O ar é um nublado perpétuo, tudo é frio naquele país, menos o vício, que está ardendo sempre. Eu, contudo, reparando com mais atenção na antiga e continuada sucessão de perturbações, que nelas se vêem, acrescentarei, que a terra padece, que evapora tumultos, a água escala motins, o ouro toca desaforos, destilam liberdades os ares, vomitam insolências as nuvens, influem desordens os astros, o clima é tumba de paz, e berço da rebelião, a natureza anda inquieta consigo e amotinada lá por dentro, é como no inferno".

Apesar do estilo gongórico do "Discurso Histórico-Político sobre a sublevação que nas Minas houve

---

4. "Instruções para o Visconde de Barbacena, Luís Antonio Furtado de Mendonça". 29 de janeiro de 1788. *Anuário do Museu da Inconfidência*. Ouro Preto, 1953, II. pp. 118-154.

no ano de 1720"[5], ele revela a inquietação permanente dos primeiros anos das Minas, as lutas sem cessar, que ensangüentam seu solo até o martírio de Joaquim José da Silva Xavier, que se tornou o símbolo de todas as aspirações libertárias do nosso povo, tantas vezes reduzido na história ao mais completo silêncio e apatia.

O "Discurso" insiste na tese de que "os motins são naturais nas Minas, e que é propriedade e virtude do ouro tornar inquietos e buliçosos os ânimos dos que habitam as terras, onde ele se cria", e que é notório que a primeira criação dos mineiros "foi de homens brutos e facinorosos, que para o serem lhes bastava ou ser Paulistas, ou tratar com eles". O "Discurso" é uma versão portuguesa-colonialista dos mineiros, de sua obra, de sua desenfreada paixão pela liberdade.

Por isso e só por isso os mineiros possuem aqueles mesmos vícios que São Paulo viu nos romanos; eles estão cheios de luxúrias, cobiças, malícias e murmurações; são execrandos, ignominiosos, soberbos, arrogantes, inventores de todo os males, e desobedientes. A causa dos motins se deve buscar, segundo o "Discurso", na natureza, no clima e no caráter do povo.

Nenhuma palavra sobre a opressão do governo, sobre a espoliação colonial, sobre o abuso de taxação, sobre a dureza e a severidade com que se cobrou o direito real. Naturalmente se lembrava o autor do "Discurso", tal qual o Ministro Martinho de Melo e Castro, das sucessivas revoltas desde os Emboabas (1708-1709), as insurreições negras, as sedições, os motins, as conspirações que Diogo de Vasconcelos estudou na sua *História Antiga das Minas Gerais*[6].

A sedição de Pitangui em 1720, comandada por Domingos Rodrigues do Prado, que o Conde de Assumar não conseguiu apanhar e cortar-lhe a cabeça sem nenhum processo legal, como desejou[7], coincide com a de Vila Rica, na qual Filipe dos Santos, "famoso amotinador, sagaz, astuto e sábio em todo o dano", segundo a versão oficial do "Discurso", morre supliciado, a primeira doação de vida à liberdade mineira.

5. *A Revolta de 1720 em Vila Rica. Discurso Histórico-Político*, Ouro Preto, 1898. p. 8.
6. Rio de Janeiro, 1948, 2 v., especialmente o segundo.
7. *Revista do Arquivo Público Mineiro*, XXIV, 1933, v. II, pp. 630 e 637.

Quando Tiradentes aparece na cena histórica, havia sido precedido por outros bravos, que não se conformavam com a espoliação colonial. Ele não é singular no sentido de que já se estabelecera uma espécie de tradição revolucionária mineira.

1. *Colônia de colônia*

"A capitania de Minas", escrevia Martinho nas mesmas Instruções ao Barbacena, "é uma colônia portuguesa vantajosamente situada", a qual "em tempo de paz fertiliza com o seu ouro os campos e terras com que a natureza dotou a capitania de Minas em nosso benefício".

É nessa qualidade de colônia que ela deve servir à metrópole. O tempo colonial que o Brasil serviu a Portugal foi por demais duradouro, e foi ele, a longo prazo, o principal responsável pelo subdesenvolvimento posterior. É um tempo desordenado, extenso, alienado. E o pior é que o Brasil era colônia formal de uma colônia informal da Grã-Bretanha.

Escrevia Étienne François, duque de Choiseul (1719-1785), Ministro dos Negócios Estrangeiros (1758-1770), que Portugal deve ser encarado, como colônia inglesa, e só neste sentido é nosso inimigo [8].

E assim fora realmente desde o Tratado assinado com Cromwell, em 1654, quatorze anos depois de libertado Portugal da Espanha, e não como geralmente se pensa, desde o Tratado de Comércio de 1703, negociado por John Methuen. O Tratado de 1654 criou um sistema de controle que fez de Portugal um escravo da Inglaterra e habilitou esta a absorver as riquezas que a descoberta do ouro e dos diamantes produziram e todo este capital passou quase diretamente para ela [9].

Desde então Portugal tornou-se um satélite da Inglaterra e o Tratado negociado por Methuen foi mais uma etapa na dependência portuguesa. Não foi só por ter assegurado o mercado português para os tecidos

---

8. CHRISTELOW, Allan. Economic Background of the Anglo-Spanish War of 1762. *The Journal of Modern History*. mar. 1946. p. 27.
9. O Tratado de 1654 em JOSÉ DE ALMADA, *A Aliança Inglesa. Subsídios para o seu estudo*, Lisboa, 1946, p. 31.

ingleses e dado um tratamento de nação favorecida aos vinhos portugueses, nem por ter atraído Portugal para a Grande Aliança na Guerra da Sucessão Espanhola que Methuem firmou o predomínio inglês em Portugal. Embora não tenham conseguido o privilégio do comércio direto com o Brasil, os mercadores ingleses tiveram sua grande parte, a parte do leão, recebendo o ouro brasileiro em troca dos seus produtos [10].

2. A situação econômica. O comércio anglo-luso-brasileiro

Não foi só o ouro o laço entre os ingleses e a colônia, e a colônia da colônia. Os comerciantes ingleses tornaram-se os grandes senhores de todo o comércio metropolitano e colonial [11]. E foi essa expansão inglesa no século XVIII a causa primeira da Revolução Industrial, como têm reconhecido vários historiadores ingleses e recentemente o demonstrou H. Fischer, em seu livro The Portugal Trade [12].

Durante todo o século XVIII, de 1700 a 1760, Portugal e o Brasil tiveram uma grande importância para o comércio e a economia britânicas. Fischer mostra a estrutura e a evolução da economia atlântica no século XVIII do ponto de vista inglês, e reconhece que a principal significação do desenvolvimento brasileiro para a expansão comercial britânica vai até 1760, quando se inicia a decadência mineira. A queda do rendimento do quinto de 1751 a 1771 corresponde ao declínio do comércio anglo-brasileiro, de grande proveito porque baseado no ouro.

Desde 1780 houve uma reanimação do comércio português baseado nas relações com a Ásia e na reexportação do algodão brasileiro para a Inglaterra. A

10. FRANCIS, A. D. The Methuens and Portugal. Cambridge University Press, 1966.
11. "Súplica à Rainha para que conceda a prorrogação que pede a Companhia do Pará e não a extinga nem a de Pernambuco, com vasta exposição dos motivos e alegando que o comércio do Reino se acha quase todo em poder das nações estrangeiras" (s.d., 1777?), em Apontamentos Vários sobre a Companhia do Grão-Pará e Maranhão. Coleção de Cópias do Arquivo Ultramarino do Instituto Histórico e Geográfico Brasileiro, 1-1-8, f. 43.
12. Londres, 1971.

demanda do algodão brasileiro favoreceu novamente a Grã-Bretanha, trazendo o comércio brasileiro para a órbita dos grupos econômicos das fábricas de Lancashire, que eram as mais expansionistas.

Estas relações anglo-brasileiras diretas, que Portugal nunca permitira nos Tratados, mas que a vida impusera, eram consideradas descaminhos e contrabandos. Ao justificar o Alvará de 5 de janeiro de 1785, que extinguia no Brasil todas as fábricas e manufaturas de ouro, prata, sedas, algodão, linho, lã, Martinho de Melo e Castro escreve que os corsários da Grã-Bretanha e da França transformaram seus navios de guerra em navios de comércio e buscavam os portos do Brasil, "convidados pelas riquezas e fácil acesso deles, e pelo auxílio e cooperação dos seus habitantes, dispostos e propensos aos referidos contrabandos".

Acusava o Ministro os navios americanos, holandeses, e até mesmo os brasileiros da Bahia e de Pernambuco de fazerem um comércio de contrabando, ilegal, comércio direto e livre. Dizia, ainda, que o cônsul inglês em uma memória recente afirmara haver doze navios ingleses, o menor de quinhentas a seiscentas toneladas, com artilharia proporcionada e quarenta e cinco homens de equipagem, que iam anualmente ao Brasil carregados de manufaturas britânicas.

Os próprios comerciantes brasileiros, acrescentava o documento, ao remeterem seus açúcares a Lisboa ordenavam que não mandassem de retorno fazenda da Europa (Inglaterra) e só moeda corrente, e que havia um plano para o estabelecimento de uma sociedade para o comércio imediato, direto, organizado entre a Inglaterra e o Brasil que deixaria de lucro de trinta a cinqüenta por cento, abatidos todos os riscos. Se, somado a tudo isso, se permitisse a existência de indústrias e artes, como vinham se estabelecendo não só nas vilas e cidades dos portos, mas no interior, particularmente em Minas Gerais, "ficarão os ditos habitantes totalmente indepedentes da sua capital dominante; é por conseqüência indispensável abolir do Estado do Brasil as ditas fábricas e manufaturas" [13].

---

13. Documentos oficiais inéditos relativos ao Alvará de 5 de janeiro de 1785, que extinguiu no Brasil todas as fábricas e manufaturas do ouro, prata, sedas, algodão, linho, lã, *Revista do*

Esta liberdade comercial não era só com a Europa, especialmente a Inglaterra, mas se fazia também com a África, *com a total exclusão de Portugal,* como procuramos mostrar no nosso livro *Brasil e África. Outro Horizonte* [14].

A liberdade comercial, a exclusão de Portugal, significava o rompimento com o pacto colonial. O comércio anglo-luso-brasileiro entre 1700 e 1770 tinha, como concluiu Fischer, contribuído para o desenvolvimento da economia britânica. Sem o crescimento deste comércio, sem a expansão da produção do ouro mineiro, com o qual muitas coisas se transformaram, o avanço comercial, financeiro e industrial inglês teria sido vagoroso.

O livro de Fischer apóia a tese de que, embora o crescimento do comércio exterior não tenha precipitado diretamente a Revolução Industrial, sua contribuição não foi menos notável em ajudar a preparar a economia para o arranque e em sustentar o progresso das atividades comerciais e financeiras [15].

3 . A situação internacional

Não se deve esquecer, ao tentar compreender o movimento libertário nacional, que desde então, quando o comércio se libertara por si mesmo, as idéias políticas, vindas especialmente da Revolução Americana e dos Enciclopedistas Franceses, começavam a gerar seus efeitos. 1789 é o ano da Revolução Francesa, que concentra toda a atenção da Europa. Nos Estados Unidos fora eleito George Washington (30 de abril). Portugal tem as mãos livres para fazer o que quiser no Brasil.

A chegada das notícias do Brasil coincidem com as novas da França, com o crescente tumulto francês. A reunião dos Estados Gerais é de 5 de maio, a marcha revolucionária dos Estados Gerais com a Assem-

Instituto Histórico e Geográfico Brasileiro, 2. ed., Rio de Janeiro, 1870. t. X, pp. 213-240.

14. Rio de Janeiro, 2. ed., 1964, 2 v. Vide v. 1, pp. 27-30.

15. *The Portugal Trade.* Ob. cit., p. 139.

bléia Constituinte é de 20 de junho, e a tomada da Bastilha ocorre em 14 de julho. Aqui, o Visconde de Barbacena sabe da conspiração desde antes de 25 de março; a primeira denúncia oficial é assinada aos 11 de abril, e a Devassa se inicia aos 15 de junho.

Em 19 de setembro de 1789, somente quatro meses depois da prisão dos principais conspiradores de Minas Gerais, e seis meses antes da primeira resposta oficial de Melo e Castro à carta de Barbacena, de 11 de julho de 1789, o ministro inglês em Portugal, Robert Walpole, escrevia ao Duque de Leeds que havia notícias de distúrbios no Brasil. A informação era relativa a uma resistência no interior do país, nas Minas. Em outubro novamente informava que pelos últimos navios sabia-se ter havido descontentamento local, sem os excessos que a princípio diziam [16].

As notícias da França dominavam o interesse real, oficial e público, e o governo imediatamente proibiu qualquer informação sobre a Revolução Francesa. Sobre a Conspiração Mineira ninguém soube de nada desde 1789 até hoje, pois a historiografia portuguesa se recusa a tratar do assunto, com exceção do heterodoxo Oliveira Martins. Este, em seu *O Brasil e as Colônias Portuguesas* [17], escreveu que "o governo reprimiu, sufocou barbaramente a sedição; mas desistiu das 700 arrobas de ouro e aboliu o estanco do sal". Tanto a péssima *História de Portugal* de Fortunato de Almeida, como a *História de Portugal* dirigida por Damião Peres, desconhecem a matéria [18].

Desde dezembro de 1788, o Primeiro-Ministro era José Seabra da Silva, antigo protegido de Pombal, que caído da graça cultivou Frei Inácio, confessor da Rainha, enlouquecida em 1792. O Ministro do Exterior era Luís Pinto de Sousa Coutinho (mais tarde Visconde de Balsemão), e o de Marinha e Ultramar, a que estavam afetos os negócios do Brasil, era o já referido

16. Robert Walpole ao Duque de Leeds, 19 set. 1789. Public Records Office, Foreign Office, 63/12, citado por KENNETH R. MAXWELL, "Conflicts and Conspirancies: Brazil and Portugal, 1750-1808", tese de doutoramento.

17. Lisboa, 1880, p. 105.

18. ALMEIDA, Fortunato de. *História de Portugal*. Coimbra, 1927. t. V. & PERES, Damião. *História de Portugal*. Barcelos, 1934. t. VI.

Martinho de Melo e Castro, cuja correspondência amesquinha a conjuração e os conjurados, e faz dos seus motivos um juízo deprimente [19].

A velha política portuguesa do segredo, e de ocultar tudo ao povo, a quem sempre se temeu e se desprezou, foi seguida com o maior rigor, e de nada soube o povo. O depoimento que prestou em Lisboa o Tenente-Coronel da tropa auxiliar de Minas Gerais, Simão Pires Sardinha, natural de Serro Frio, proprietário do bacamarte com que foi encontrado o Alferes ao ser preso, não deve ter ultrapassado os limites de um grupo muito reduzido de gente oficial e uns poucos conhecidos do Tenente-Coronel. Nem era assunto que atraísse a atenção de muita gente, preocupados todos com a Revolução Francesa [20].

A escalada crescente da violência na França entre 1789 e 1792, período da prisão e condenação final dos conspiradores mineiros, não só desviou a atenção dos acontecimentos no Brasil, como afetou e endureceu ainda mais o espírito dos que julgaram e decidiram o destino final de todos os conjurados. Luís Pinto pretendeu conseguir uma aliança com Londres e Madri, receoso de uma subversão geral, mas a Inglaterra e a Espanha, segundo os próprios historiadores portugueses, faziam pouco caso das propostas lusitanas, o que causou grande irritação em Portugal.

A série de humilhações, as exigências francesas, a invasão francesa, o domínio inglês, a situação singular de passar a ser politicamente colônia do Brasil, com a fuga da Corte, e ser militar e economicamente colônia inglesa, tudo isso foge cronologicamente à matéria, mas serve substancialmente para mostrar quanto

19. Carta do Ministro Martinho de Melo e Castro ao Visconde de Barbacena, comunicando o recebimento da devassa de Minas Gerais. Lisboa, 29 de setembro de 1790, em "Correspondência do Visconde de Barbacena", *Anuário do Museu da Inconfidência*, Ouro Preto, 1953, II, pp. 93-107.

20. "Autos de perguntas indiciais feitas a Simão Pires Sardinha, Lisboa, 13 de agosto de 1790". *Anuário do Museu da Inconfidência*, Ouro Preto, 1953, II, pp. 109-113. As perguntas foram feitas a pedido do Visconde de Barbacena, por achar ser ele "uma das pessoas de quem se pode desconfiar ... não só pelo seu caráter, e principalmente por ser um dos dois de quem tu muito desconfiavas". Carta do Visconde de Barbacena ao Vice-Rei Luiz de Vasconcelos e Sousa. 3 de julho de 1789, ob. cit., p. 62.

o despotismo de 1789 a 1792 e a severidade contra os brasileiros não marcaram senão o começo da decadência portuguesa, que nem a rebelião de 1820 conseguiu evitar, senão agravar, pois provocou, em reação, a liberdade nacional definitiva de 1822.

A conspiração mineira foi planejada e formulada sem conhecimento da Revolução Francesa, mas é lógico que a França e seus escritores viviam no pensamento dos pré-revolucionários mineiros de 1789.

4. *A situação econômica mineira: 1780-1789*

Se a população de Minas Gerais era superior a trezentas mil pessoas, gente branca, negra e parda, com predomínio numérico da segunda, da riqueza da primeira e do engenho artístico e musical, habilidades artesanais na última, se ao lado da economia da mineração em decadência convivia a cultura e fabrico do açúcar e tinha havido uma volta à agricultura, se havia uma crescente fabricação de tecidos ordinários, teares e tecelagem grossa e barata para escravos e gente pobre, na verdade a capitania não estava entre as primeiras na economia da colônia em conjunto.

"A [natureza] desta capitania é diferente da de todas as demais. Ela não é, propriamente dita, nem agrícola, nem comerciante". O objetivo da metrópole era buscar mais ouro, favorecer o aumento das minas que promoviam, segundo D. Rodrigo José de Meneses e Castro (1780-1783) a felicidade não só de Portugal, como do mundo inteiro, esquecido da própria capitania e do Brasil, que não tiravam proveito do dificultoso trabalho.

Era estranho, achava esse mesmo governador, que tendo tanto ferro, indispensável a toda qualidade de trabalho, fossem obrigados a comprá-lo, pagando avultadas somas aos suecos, aos hamburgueses e biscainhos, e por isso propunha que se estabelecesse uma fábrica; queria, ainda, que se permitisse o estabelecimento de "engenhos de açúcar, em que a cachaça é o principal objeto que se procura extrair", ...pois "é be-

81

bida da primeira necessidade para os escravos que andam metidos n'água todo o dia e que com este socorro resistem a tão grande trabalho, vivem mais sãos, e mais largo tempo; sendo experiência certa, que o Senhor que a não dá aos seus experimenta neles maior mortandade, que aquele que por este modo os anima e fortifica".

O governador estava muito animado e cheio de propostas "para vivificar estas cadavéricas Minas", correios, empréstimos, novos impostos, equilibrando melhor a contribuição do mineiro e do lavrador, a transferência da Casa da Moeda do Rio de Janeiro para Minas Gerais, e o melhor controle dos extravios, especialmente o ouro em pó.

"A experiência tem mostrado em toda parte, que os possuidores dos fundos de terra são mais ligados à sociedade, e mais obedientes às leis que os negociantes; porque uns temem perder o patrimônio que os faz viver, e os outros depois que há letras de câmbio são habitantes do Universo". Seu objetivo é substituir a circulação do ouro em pó pela moeda, e em última hipótese pelo dinheiro em papel [21].

Esta Exposição, escrita em 1780 e dirigida a D. Martinho de Melo e Castro, nos permite comparar a situação econômica da capitania aqui retratada com o quadro com que a representa o próprio Ministro dez anos mais tarde, ao responder ao ofício do Visconde de Barbacena — nome amaldiçoado na história do Brasil, que devia ser rejeitado pela cidade que o relembra —, remetendo cópia dos autos da devassa de Minas Gerais [22].

Ao enumerar as providências que deviam ser tomadas, escrevia, insensível aos apelos mineiros, cren-

---

21. Exposição do Governador D. Rodrigo José de Meneses sobre o estado de decadência da capitania de Minas Gerais e meios de remediá-la. *Revista do Arquivo Público Mineiro*, Ano 2, fasc. 2, abr.-jun. 1897, pp. 311-325.

22. Ofício do Visconde de Barbacena ao Ministro Martinho de Melo e Castro remetendo cópia dos autos da devassa de Minas Gerais, 10 de fevereiro de 1970, em "Correspondência do Visconde de Barbacena", *Anuário do Museu da Inconfidência*, ob. cit., II, pp.79-82, e Carta do Ministro Martinho de Melo e Castro ao Visconde de Barbacena, comunicando o recebimento da devassa de Minas Gerais. Lisboa, 29 de setembro de 1790. ob. cit., t. cit., pp. 94-107.

do haver mais roubo que declínio, com a imperturbável indiferença dos servidores da espoliação, que "enquanto enfim a administração for regida com os descuidos e negligências, e com os enormíssimos abusos ...não é de admirar que apareçam enormidades como a de se estar devendo à Real Fazenda mais de quinze milhões e ter-se visto não só acumular-se esta grande dívida, mas aumentar-se anualmente cada vez mais e ver-se igualmente e no mesmo tempo com igual sossego e indiferença diminuir da mesma sorte o direito senhorial do Quinto, até se reduzir a quarenta e duas arrobas, ou ainda a menos, em que presentemente se acha, devendo ser de cem o seu anual rendimento, sem haver quem olhasse para essa mina e pondo esse governo em situação que dentro de breve tempo sua renda anual talvez nem chegue para a ordinária despesa da Capitania, principalmente acrescendo a do Regimento com que S. M. manda fortificar a guarnição dessa capital".

Lembra que o Alvará de 3 de dezembro de 1750, que se achava em toda a sua força e vigor, determinara a derrama no caso de falência da contribuição do Quinto, devendo o governador a fazer observar. Declara que S. M. não desaprovara ter ele mandado suspender a derrama, pois faltando completar o Quinto cinqüenta e oito arrobas de ouro, ou trezentos e cinqüenta e seis contos e trezentos e cinqüenta e dois mil réis, ela era na realidade excessiva, para se lançar de uma só vez sobre esses habitantes. Mas não esquece de advertir "que quanto maior é a soma em que monta o lançamento da dita derrama, tanto maior é o descaminho e extravio que se faz ao Direito Senhorial do Quinto".

A providência da derrama não teve somente por objeto reintegrar a Real Fazenda das faltas que houvesse na contribuição do Quinto, mas foi igualmente estabelecida para evitar que houvesse as ditas faltas ou os extravios e descaminhos que são a causa deles, porque os habitantes de Minas, obrigados a pagar por derrama o que faltasse no Quinto, não deixarão de se abster dos extravios do Ouro. E frio, calculista, impiedoso, duro explorador, ele termina escrevendo que "nesta inteligência ainda que foi muito prudente que V. S. mandasse suspender o lançamento da derrama em atenção ao grave incômodo que a quantia em que ela montava causaria a esses habitantes, não era menos prudente, mas antes muito necessário, que no mesmo tempo se procurasse outro expediente para que a Real Fazenda fosse indenizada ou ficasse segura da mesma em que montava a derrama".

Era assim o homem que representava os interesses reais e colonialistas no Brasil, e tenha quem quiser ter, diante disso, por saudosismo ou tradicionalismo, uma visão rósea dos benefícios da colonização portuguesa. Sei apenas que não é esta a melhor tradição mineira, e um de seus melhores historiadores, Joaquim Felício dos Santos, não poupou sua censura à espoliação desmedida do colonialismo lusitano, que agora está na moda, nas altas rodas, louvar, e pior, afrontar-nos a todos os brasileiros, transformando a nossa festa nacional na exaltação portuguesa e colonialista.

Não é inessencial acentuar, para a compreensão da pré-revolução da independência, que a sociedade mineira era essencialmente urbana, e todo o desenvolvimento econômico atendia às necessidades da solicitação urbana. Ela não tem nada a ver com aquela sociedade de Senhores e Escravos, de Sobrados e Mucambos, que se pretendeu fosse generalizada no Brasil. Nem era uma sociedade patriarcal, mas uma sociedade composta de magnatas, palavra muito referida nos documentos da época, gente livre, pobre e escravos.

O próprio Ministro, aó analisar a devassa, escreveu "que alguns habitantes dessa capitania da classe daqueles que pelo seu estado, empregos e cabedais se consideravam e eram reputados dos mais distintos dela, intentaram fazer um levante". Eram uns poucos, dez ou doze, dizia ele, que procuram auxílio, tiveram promessas e na hora ficaram reduzidos a nada. Ele mesmo lembra a carta-delação de Joaquim Silvério, que dizia achar tratada e ajustada uma ampla conjuração e sublevação pela maior parte das pessoas *consideráveis* desta capitania.

5. A conspiração do Xavier, o Tiradentes

Nas "Instruções do Marquês de Barbacena" (1788), dadas por Martinho de Melo e Castro, a que já nos referimos, falava este último que "todos ou a maior parte dos régulos e levantados motores das precedentes desordens, se achavam em Minas Gerais à sombra do perdão geral, que haviam obtido, e entre eles, o maior de todos, Manuel Nunes Viana", o chefe dos emboabas.

Melo e Castro via sem nenhuma descontinuidade o movimento rebelde e inconformista mineiro de 1708 a 1789, sempre conduzido pela classe mais poderosa. Para Martinho, há, assim, uma sociedade de classe, bem distinta em Minas, um grupo pequeno, dominante, rico, e uma multidão de escravos sem nada, terra, direitos, liberdade. No meio havia uma pequena classe média, brancos, artífices, oficiais, alguns padres, e muitos artistas mulatos.

Tiradentes fazia parte deste último grupo. Quando a ele se referiu, Martinho de Melo e Castro recrimina que se tivesse permitido que os primeiros conjurados trabalhassem "livremente sem o menor obstáculo ou receio durante quatro ou cinco meses para atrair gente ao seu partido, e deixando correr com o mesmo fim e com a mais desenfreada soltura o Alferes da Cavalaria de Minas Joaquim José da Silva Xavier a clamar pelas casas de Vila Rica; pelas ruas, estradas e estalagens do caminho do Rio de Janeiro, e por aquela capital, proferindo em toda a parte as mais sediciosas imposturas dirigidas a sublevar os povos sem haver quem o contivesse".

Desde então, a carta é de 29 de setembro de 1790, e a sentença final de 20 de abril de 1792, Tiradentes está condenado, pois sobre ele recai toda a odiosidade dos serviçais de D. João VI, o rei assassino, que mandou matar todos os patriotas pré-Independência, e que teria feito o mesmo com José Bonifácio, caso o apanhasse em 1823, quando a caminho do exílio, como tentaram. Pois, apesar disso, uma historiografia alienada insiste em afirmar sua bondade e seu amor ao Brasil. O crime de Tiradentes desde então é odioso, inaudito; ele é um louco furioso.

Não é a conspiração em si, nem os protagonistas e deuteragonistas que me interessam neste ensaio. Eles têm sido estudados com excelente documentação e boa bibliografia e nós tivemos a oportunidade de escrever este ano, na sua data, que é nossa e é brasileira, um artigo sobre a paixão, a morte e a ressurreição do Alferes, cada dia mais querido de todos os brasileiros [23].

É interessante tentar compreender como a Historiografia vem evoluindo na análise da conjuração e de sua figura mais simbólica.

6. A Conjuração e a Historiografia

A versão dos *Autos da Devassa da Inconfidência Mineira* [24] é a da polícia e da justiça coloniais. Seu crédito é suspeito, sua elucidação fideindigna. A malícia, a perversão, o aulicismo deformam seu valor, mas é um documento que deve ser lido, analisado, criticado. A repressão desfigura tudo, mas no fundo das coisas há muitas palavras, muitos pensamentos que nos ajudam a compreender o sentido da conjuração, o final da compressão colonial.

Sabemos que os relatos espontâneos, livres de coerção, merecem maior credibilidade que os interrogatórios, nos casos de processos, devassas e inquéritos obtidos pela tortura e pelo terror. O interrogatório da repressão representa sempre o resultado do conflito entre o que o indivíduo sabe e o que tendem a fazê-lo saber pelas próprias perguntas. Ele é quase sempre auto-incriminatório. Não se pode renunciar a eles, mas é necessário muita cautela, muito espírito crítico para a aceitação de partes das confissões assim obtidas, ou para a elaboração de uma versão interpretativa livre.

Outra variante oficial desfiguradora, tendenciosa, controvertida, é a Carta de Martinho de Melo e Castro ao Visconde de Barbacena, de 29 de setembro de 1790 [25]. Nela se constrói uma visão completamente de-

---

23. Tiradentes. Paixão e Morte. *Jornal do Brasil*, 22 abr. de 1972. Reproduzido a seguir.
24. Rio de Janeiro, 1936-1938. 7 v.
25. *Anuário do Museu da Inconfidência*, II, pp. 93-107.

turpada, amesquinhadora, deprimente, aviltante da Conjuração. Ele vilipendia tudo, as odiosas circunstâncias, o inaudito acontecimento, o número reduzido das pessoas, a gabolice de todos, que ao final estavam "os conjurados sós, e desamparados de todo auxílio ou esperanças dele, e só acompanhados e oprimidos de confusão, e do opróbrio de sua abominável perfídia; o Tenente-Coronel Francisco Paula Freire de Andrade não tinha o seu regimento e por inerte se fazia indigno; na hora da luta, a frieza é geral, fica só o Alferes, louco e furioso; a carga principal é contra Gonzaga, o audaz Desembargador, que teve com o Governador uma conversação cavilosa, insolente, sediciosa; um réu astuto que fez tudo para se figurar inocente, que usou sempre de duplicidade, fazendo o governador pensar "que para defenderem e sustentarem a sua independência, tinham não só a superior vantagem da sua situação, mas de sua Riqueza. E esta é também a linguagem, e máximas adotadas por esses habitantes, ou pelos magnatas que os dirigem, quando convém aos seus fins incutir terror aos que governam, para que eles informando a Corte, esta também se intimide, e que o receio e o temor a obriguem a convir quanto de lá lhe requererem, ou propuserem seja ou não em prejuízo do Real Patrimônio".

A duplicidade consistia em "antes representar a capitania de Minas como um país opulento, em estado de sacudir o domínio de Portugal, e de sustentar a sua independência pela sua vantajosa situação e a sua riqueza; o representa agora como o mais miserável, e os seus povos e habitantes reduzidos à maior indigência, e na maior parte falidos, dignos por conseqüência da real comiseração, para lhes perdoar todas as dívidas. E estas também são as frases, e o sistema desses habitantes ou de seus magnatas".

E conclui que o fim que tiveram os conjurados "foi conseguirem por este sedicioso meio o dito perdão da derrama e dívidas". Evitando-se a derrama não se completariam as cem arrobas de ouro, tendo sido pagos apenas 42, ficariam devendo as 58; e a dívida fiscal pelas falências do Quinto atingindo a nove milhões, e mais seis pertencentes aos rendimentos dos contratos não seria exigida. A conjuração é dos magnatas, da plutocracia mineira, dos mais ricos, dos que não querem pagar suas dívidas.

São todos eles, o desembargador Gonzaga, o advogado Cláudio, "que por suas próprias mãos expiou o seu crime, o clero, os militares, uns monstros que merecem castigos exemplares" [26].

Esta versão oficial, nascida no primeiro momento, sustenta basicamente três teses: 1) a Conspiração existiu, tinha um plano e um objetivo, e não foi simplesmente um madriice intelectual, como pensou Capistrano de Abreu; 2) ela é obra dos magnatas, da plutocracia mineira, da classe mais rica; 3) o povo não participou, mas caso não fosse atalhada na sua evolução ele teria tomado parte.

A primeira proposição se prova nos próprios documentos da época, ainda quando fizéssemos os descontos necessários dos excessos provocados pelos áulicos. O Visconde de Barbacena, que reinvidicou para si a glória do serviço de ter descoberto e desfeito a trama, escreveu: "Reconheço que toda a aparência do negócio é extravagante, mas por isso é que te disse desde o princípio que o tinha achado muito próprio e proporcionado às cabeças que o dirigiam", e pede logo que se tirem de Minas e do Brasil as cabeças do motim [27].

Para o Visconde, se o país não esteve diante da sua ruína ou perdição — um exagero que a bajulação

26. Vide a Carta do Visconde de Barbacena, dirigida ao Vice-Rei Luiz de Vasconcelos e Sousa, relatando a denúncia dada verbalmente por Joaquim Silvério dos Reis da existência de uma conjuração em Minas, com infromações sobre os principais implicados no movimento. 25 de março de 1789, em "Correspondência do Visconde de Barbacena", *Anuário do Museu da Inconfidência*, II, pp. 41-47; Carta do Visconde de Barbacena ao Vice-Rei Luiz de Vasconcelos e Sousa, 11 de maio de 1789, ob. cit., pp. 51-55; Carta do Visconde de Barbacena ao Vice-Rei Luiz de Vasconcelos e Sousa, ob. cit., pp. 57-58; Ofício do Visconde de Barbacena a Martinho de Melo e Castro enviando informações sobre a conjuração em Minas, indicando os principais implicados no movimento e comunicando o andamento das providências tomadas. Vila Rica, 11 de junho de 1789. Ob. cit., pp. 63-73. Ofício do Visconde de Barbacena ao Ministro Martinho de Melo, remetendo cópia dos autos da devassa de Minas Gerais. Vila Rica, 10 de fevereiro de 1790, ob. cit., pp. 79-82; e Carta do Ministro Martinho de Melo e Castro ao Visconde de Barbacena, comunicando o recebimento da devassa de Minas Gerais, Lisboa, 29 de setembro de 1790, ob. cit., pp. 93-107.

27. Carta do Visconde de Barbacena, de 11 de maio de 1789. Ob. cit., pp. 54 e 55.

justifica —, esteve diante de um "grande perigo com que lhe ameaçou o sacrílego atrevimento de alguns perversos homens; ele tinha a glória de anunciar a completa vitória diante do infame sistema" [28].

A segunda tese já foi aqui registrada. Desde o começo Barbacena, Luís de Vasconcelos e Sousa, e Martinho de Melo e Castro atribuem aos magnatas, aos poderosos, às classes socialmente consideradas o intento da sublevação, amesquinhando-os ao interpretar, como Melo e Castro, que os movia o interesse de desobrigar-se das dívidas. São as pessoas de maior representação, todas devedoras do fisco, são os poderosos e magnatas do país que tramaram "uma forte e ampla conjuração", escrevia o Visconde de Barbacena na primeira carta ao Vice-Rei [29].

O terceiro ponto é que o povo, "ainda submisso e incontaminado", logo teria aderido ao movimento [30]. Quando ele considera a dificuldade de prender essas poucas pessoas consideráveis, e segurá-las depois, é porque teme que tenham séquito e que "quaisquer sessenta ou setenta homens de pé rapado, como chamam por cá, os pudesem soltar com o auxílio do Povo, que ordinariamente ama a novidade, e talvez o levariam ao seu partido até com o entusiasmo de acudir aos seus libertadores" [31].

O Alferes, que não fazia parte do grupo poderoso, e sem disfarce e segredo fazia sua pregação pelas ruas, pelas estradas e pelos caminhos, acreditava contar com o povo e com a tropa do Regimento, na maioria composta de brasileiros.

O Visconde de Barbacena, consciente disso, temia o povo e pedia tropa portuguesa fiel. "E sobretudo te asseguro que se as ditas providências não forem eficazes, será infalível a desordem mais ano menos ano pela liberdade e má criação em que está este Povo" [32].

28. Carta do Visconde de Barbacena, de 11 de junho de 1789. Ob. cit.
29. 25 de março de 1789, ob. cit., pp. 41 e 43; a referência aos magnatas aparece em toda a Correspondência do Visconde de Barbacena.
30. Referência na Carta do Visconde, ob. cit., p. 70.
31. Carta do Visconde citada, ob. cit., p. 44.
32. Carta do Visconde, ob. cit., p. 55.

Logo que chegou a Vila Rica a notícia da prisão do Alferes, "já cada um se lembrava de lhe ter ouvido alguma coisa, o que mostra bem o estado de corrupção em que está a capitania" [33]. Quando ele indica os cabeças, escreve "que essas são as pessoas que figuram até agora neste negócio, e se comprometiam nele, mas o número, principalmente dos convidados e espectadores, deve ser muito maior" [34]. Mais adiante confirma seu receio de que seja maior o número de aderentes. "Não obstante o conceito que faço do estado do Povo e da capitania em geral, não afirmo que estejam descobertos todos os sujeitos corrompidos, ou ao menos que não hajam ainda alguns muito dispostos a semelhante corrupção, porém este mal solapado já não é de recear presentemente no meu conceito, senão na capitania do Rio de Janeiro, porque não sei que até agora se tenha dado nele contra todos os indícios e probabilidade" [35].

Para a corrupção pelas idéias concorriam os ajustes de estudantes, os bacharéis brasileiros de Coimbra e outras Universidades, ao voltarem à sua Pátria, "especialmente depois que se julgam instruídos nos Direitos públicos e das gentes, nos interesses da Europa, e no conhecimento das produções da natureza" [36].

Morto o Alferes em 1972, desterrados os outros cabeças, oprimido o povo, fiscalizadas as Minas com o maior rigor e severidade, fez-se tudo para que caísse no esquecimento o sacrifício dos conspiradores de 1789. Basta lembrar que Diogo Pereira Ribeiro de Vasconcelos, autor da "Breve Descrição Geográfica, Física e Política da Capitania de Minas Gerais" [37], propositadamente retirou Cláudio Manuel da Costa da lista das "pessoas célebres da Capitania" [38].

O fato é que o futuro cronista foi interrogado na Devassa, e deve ter sofrido um grande susto, que o acovardou tanto que, em 1806, ao escrever sua "Breve

33. Id. id., p. 57.
34. Ob. cit., p. 67.
35. Ob. cit., pp. 81-82.
36. Ob. cit., pp. 68-69.
37. Várias vezes editada. Vide sobre as edições, José Honório Rodrigues, *Teoria da História do Brasil*, 3. ed., São Paulo, Companhia Editora Nacional, 1969, pp. 401-402.
38. É este o famoso Cap. 12 da sua obra, publicado na *Revista do Arquivo Público Mineiro*, Ano I, fasc. III, pp. 443-452.

Descrição", ainda devia ter na memória o depoimento de 1789 [39].

A revisão histórica da Conjuração Mineira era agora possível, apesar de permanecer no poder a figura principal, D. João, que regendo desde 1792, só aceitara o título de Príncipe Regente em 1799. O Visconde de Barbacena governara até 1797, e Martinho de Melo e Castro fora substituído.

Robert Southey, que escreveu a primeira história moderna do Brasil [40], não teve maiores conhecimentos para poder bem analisar o sentido da conspiração. Ele censura como um ultraje à humanidade a forma da punição ao Tiradentes, seu corpo esquartejado e exposto, e considera bárbaras as leis portuguesas da época, embora nenhuma dúvida pudesse haver quanto à natureza e alcance do intento [41].

O primeiro historiador brasileiro que julgou a conjuração foi Francisco Adolfo de Varnhagen, e já tivemos de mostrar que na primeira edição chamara Tiradentes de insignificante e indiscreto, condenara o movimento e louvara a piedade da Rainha D. Maria [42]. Na segunda edição retira o trecho depreciativo, continua a condenar o movimento, com apreciações ineptas, e reconhece que "o martírio do patíbulo conferiu ao Alferes Silva Xavier ... a glória toda de semelhante aspiração prematura em favor da independência do Brasil" [43].

A primeira manifestação historiográfica de simpatia parece ter sido a de Joaquim Felício dos Santos, ao escrever nas suas *Memórias do Distrito Diamantino* [44] que "não há mineiro que ignore a história da nossa gloriosa tentativa de independência de 1789; por isso, e por não pertencer ao quadro dessa narração, dispensamo-nos de narrá-la". Se ele se dispensava de narrá-

---

39. *Autos da Devassa da Inconfidência Mineira*, Rio de Janeiro, 1936, v. II, pp. 201-204.
40. 1. ed., Londres, 1810-1819. 3 v. Tradução brasileira, Rio de Janeiro, 1862, 6 v.
41. Ob. cit., ed. brasileira, pp. 291-303.
42. *História Geral do Brasil*, Rio de Janeiro, 1857, v. 2, pp. 278-279.
43. *História Geral do Brasil*, 2. ed., Viena, 1877. Sobre a comparação da opinião de Varnhagen, ver JOSÉ HONÓRIO RODRIGUES, *História e Historiografia*, Petrópolis, Vozes, 1970, p. 131.
44. Rio de Janeiro, 1868, p. 197.

ia, não se eximia de desnudar toda a exploração do sistema colonial em Minas Gerais, o excesso do fisco, a severidade da administração portuguesa, como Portugal sugava o Brasil, como o Distrito Diamantino era colônia de uma colônia, e nem deixava de pôr em relevo o papel da maçonaria. Tiradentes veio da Bahia, escreveu ele, pedreiro livre, e os mineros eram gente revoltosa, tal como vimos observado pelos vários governos [45].

A *História da Conjuração Mineira* escrita por Joaquim Norberto de Sousa e Silva [46] tem muitos méritos. Foi a primeira obra orgânica sobre o movimento, a primeira baseada em pesquisas metódicas, na consulta aos Autos da Devassa e outros documentos, desfez o caráter mitológico do acontecimento e deu-lhe um aspecto histórico, isto é, crítico, reflexivo, analítico. Nem a conjuração era uma invenção do governo colonial para derrubar a influência de alguns brasileiros ilustres, nem era a mesquinharia a que a reduzira em poucas páginas o grande e áulico Varnhagen. Mas, ao final, Joaquim Norberto chamava a conjuração de um drama lúgubre e infausto.

"Não foi a conjuração mineira uma tentativa que malogrou-se; jamais passou de uma idéia generosa quanto à essência, e mesquinha quanto à forma." Mas ele julgava que, se era sublime o pensamento da independência, era um erro "instituir uma, duas ou quando muito três províncias em república, desanexando-as desse todo que deve permanecer unido e constituir um forte e poderoso império". Escreveu, ainda, que Tiradentes quando foi executado não era mais o homem que fora preso [47].

"Morrera o Tiradentes não como um grande patriota, com os olhos cravados no povo, tendo nos lábios os sagrados nomes da pátria e da liberdade, e na alma o orgulho com que um homem político encara a morte como um triunfo, convertendo a ignomínia em apoteose, mas como um cristão, preparado há muito

45. SANTOS, Felício dos. Ob. cit., pp. 164, 201, 207, 231.
46. Rio de Janeiro, 1873.
47. Ob. cit., Rio de Janeiro, 1848, v. 1, p. 9; v. 2, p. 223.

pelos sacerdotes com a coragem do contrito, e a convicção de ter ofendido os direitos da realeza"[48].

Como resumiu muito bem Lúcio dos Santos, Norberto de Sousa queria dizer: "Prenderam um patriota, executaram um frade"[49].

O primeiro historiador brasileiro e o primeiro historiador da Conjuração eram ambos homens do Instituto Histórico e Geográfico Brasileiro, educados no aulicismo bragantino, que a instituição sempre cultivou.

Quando Capistrano de Abreu examinou a obra de Varnhagen, fez-lhe esta crítica enérgica e merecida: "Os pródromos da nossa emancipação política, os ensaios de afirmação nacional que por vezes percorriam as fibras populares, encontraram-no severo e até prevenido. Para ele, a conjuração mineira é uma cabeçada e um conluio... Juiz de Tiradentes e Gonzaga, ele não teria hesitado em assinar a mesma sentença que o desembargador Diniz e seus colegas"[50].

Alguns anos depois, em 1903, Capistrano de Abreu comentou a correspondência de Joaquim Silvério dos Reis, em que este se queixa das várias tentativas de morte que sofreu, de cutiladas que lhe davam, perseguido sempre por inimigos, ultrajado nas ruas, temeroso de emboscadas de mascarados, de viver em abatimento e avisando que se casara e pedindo que ele e seu sogro, o Coronel Luís Alves de Freitas Belo pudessem seguir para o Reino. Por esse casamento, veio Joaquim Silvério a ser tio por afinidade do futuro Duque de Caxias[51].

Noutra carta vangloria-se Silvério da glória de ter sido o primeiro, pronto e fiel denunciante da conjuração[52]. Pois bem, Capistrano afirma que, salvo o casamento, tudo o mais era provavelmente gabolice e

48. Ob. cit., p. 211.
49. SANTOS, Lúcio José dos. *A Inconfidência Mineira.* Papel de *Tiradentes na Inconfidência Mineira.* São Paulo, 1927. p. 569.
50. Necrológio de Francisco Adolfo de Varnhagen. *Jornal do Comércio,* 16 e 20 dez. 1878; republicado na *História Geral do Brasil* de F. A. DE VARNHAGEN, I, pp. 502-508.
51. Carta dirigida a Martinho de Melo e Castro, de 15 de março de 1781, em "Correspondência de várias autoridades", *Revista do Instituto Histórico e Geográfico Brasileiro,* t. 65, 1.ª parte, pp. 241-245.
52. Carta de 27 de julho de 1792, ob. cit., pp. 252-254.

93

que ele fora apenas um entre os denunciantes (três, mas sem dúvida fora o denunciante principal), e só para não se confundir na chusma alegava estas coisas; e como de todos foi o que mais proveito colheu, a história o tem salientado de modo injusto.

"Não será para estranhar que algum jovem nortista, intrigado pelas honras prestadas a Tiradentes em detrimento dos Mascates e dos republicanos de 17, se proponha a provar que Silvério foi um benemérito, porque a conjuração mineira nunca adquiriu uma arma, nem passou de conversas ociosas; queria a desmembração do Brasil e não sua unidade, avançava um movimento destinado a falhar, miseravelmente, sem o abalo simultâneo das colônias espanholas, etc., etc. Já não se fez coisa semelhante com Calabar? [53]"

Realmente, não conheço, em toda a obra de Capistrano de Abreu, que tanto aprecio, disparate maior, pela falta de lógica, pela incoerência, pelo ressentimento da comparação com 1817 e, pior ainda, com os Mascates.

O que aconteceu entre 1878 e 1903, quando escreveu este desacerto, ou ainda 1906, quando publica os *Capítulos de História Colonial,* sem nenhuma menção à conjuração mineira? Parece que ele teria se convencido de que a Conjuração não tivera realmente a importância que começavam a atribuir-lhe. São do fim do século passado a criação dos clubes Tiradentes (1882) e a primeira comemoração do 98° aniversário da execução do Alferes (1890).

Numa carta escrita a Mário de Alencar, Capistrano de Abreu pergunta: "Por que, tendo estudado o depoimento de Tiradentes e a sentença da alçada, sou obrigado a repetir a versão corrente e a colocá-la no Panteão? Nunca escrevi sobre ele; nos *Capítulos,* dada a escala, não entrou porque não cabia; tenho emitido opinião em conversa: é tão fácil derrubar o que não é granito. Que mal veio dela? [54]"

53. "Notícias atrazadas" publicadas em "A Notícia de 16-17 de novembro de 1903", em *Ensaios e Estudos. 3.ª Série,* Rio de Janeiro, 1938, pp. 184-185.
54. "Carta a Mario de Alencar de 9 de setembro de 1915" em *Correspondência de Capistrano de Abreu,* edição organizada e prefaciada por JOSÉ HONÓRIO RODRIGUES, Rio de Janeiro, 1954, v. 1, p. 241.

Em 1954, no ensaio "Capistrano de Abreu e a Historiografia Brasileira"[55], tentei compreender a posição do grande mestre. Disse que ele não valorizara o movimento, especialmente diante da importância que começavam a lhe atribuir, e, como ele mesmo afirmara, não entrara nos *Capítulos* não só porque não cabia, dadas as proporções da obra — uma síntese —, como porque ele não escrevia uma história das idéias e dos movimentos ideológicos.

A Conjuração, sustentei, não fora um fato, um acontecimento; fora um pensamento quase sem ação, e, assim, pertencia à história das idéias formadoras da consciência nacional. Capistrano jamais fora subjetivista, no sentido de considerar a história não como o que realmente aconteceu, mas o que uma minoria intelectual pensou ou sentiu, e eu compreendia a exclusão.

Mas, realmente, eu parecia estar em dúvida quando dizia que o bom historiador deve colocar-se em simpática comunhão com o espírito dos atores e autores do drama, reconstituir o processo do pensamento, penetrar os motivos que ditaram a ação. Hesitando novamente, escrevia que aquilo que só esteve no espírito dos homens e veio a influí-los mais tarde, como exemplo e virtude para reaver força na força dos grandes homens, pertencia à outra história, ou, pelo menos, não cabia àquela que ele concluía no período colonial.

Deste modo, entre aceitação e recuo, comentava a decisão de Capistrano. O suplício de Tiradentes, continuava, não é só um ato físico, mas um ato simbólico. É a expressão de um grande caráter, é dos primeiros protestos da mentalidade republicana brasileira em face dos desmandos da metrópole. Mas para o realismo histórico — lá vinha o recuo —, que se agarra com todas as forças ao mundo, à realidade da história, a sublevação realmente não acontecera.

O historiador de 1906, dizia eu, não podia contentar-se com pensamentos conscientes que não che-

---

55. *Correspondência* cit., v. 1, XLVIII-XLIX, reproduzido em *História e Historiadores*, São Paulo, 1965, pp. 44-46.

garam a agir, que não se transformaram em ação, ou cuja ação, de tão tênue, não afetou o povo. Este era o ponto capital da objeção de Capistrano de Abreu: a Conjuração foi uma conspiração, cujo pensamento foi violado e que não aconteceu, não pôde acontecer. Escrevendo uma síntese de três séculos, ela fora um dos cortes escolhidos [56].

Hoje não teria tanta hesitação. Continuo a manter incontida a mesma admiração pelo grande historiador, mas acho que sua omissão significou um equívoco de compreensão histórica. A tarefa essencial e mais difícil do historiador é a seleção, que significa um julgamento; nós não acreditamos, como Ranke, que os fatos da história são somente aqueles que realmente aconteceram. É certo que o conhecimento e a compreensão não devem concluir-se pela negação, mas pela ação. A história é mais ação que contemplação. Este era o ponto de vista dominante de Capistrano de Abreu, influenciado por um certo anti-intelectualismo histórico. Mas um historiador progressista está consciente da multiplicidade das forças, e sabe hoje que a nossa história não deve ser vista somente como o resultado do consenso do povo, mas também do conflito, factual ou de ideais.

Sabe, sobretudo, que o fato histórico é aquele que é eficaz, isto é, que produz ou produzirá efeitos, como procurei mostrar na minha *A Pesquisa Histórica no Brasil* [57]. Felizmente, para acabar esse equívoco, a obra de Lúcio José dos Santos foi uma contribuição definitiva aos estudos sobre a Conjuração Mineira. Dele escreveu, com inteira razão Rodolfo Garcia, que "superiormente documentado, pode-se dizer que esgota a matéria" [58].

Lúcio José dos Santos conclui sua obra escrevendo que "a conjuração mineira não foi um movimento vago e impreciso, sem importância histórica, sem nenhum elemento de êxito. Essa tentativa as-

---

56. Na minha introdução à 4. ed. dos *Capítulos de História Colonial*, Rio de Janeiro, 1954, fiz um resumo desta mesma tentativa de compreensão da atitude de Capistrano de Abreu.

57. São Paulo, Companhia Editora Nacional, 1969.

58. PORTO SEGURO, Visconde de. *História Geral do Brasil*. 3. ed. integral, t. IV, p. 419.

sumiu uma forma perfeitamente definida, teve um objetivo preciso e exeqüível, possuiu elementos capazes de conduzi-la a realizações práticas".

Depois dele outros estudiosos têm produzido estudos monográficos valiosos, como o de José Afonso Mendonça de Azevedo [59], e Herculano Gomes Matias [60].

Para finalizar, não devemos esquecer que a Conjuração Mineira, especialmente o martírio de Tiradentes, foi um ato repleto de conseqüências históricas. Ele iniciava a cadeia nacionalista da liberdade, da independência, do combate à espoliação colonial. Foi uma semente que frutificou e produziu cedo seus resultados. Em 1794, a conspiração no Rio de Janeiro, também sem ação, mas com presos, ao todo dez, recolhidos na fortaleza da Conceição, seqüestrados seus livros e papéis, revelou mais uma vez o temor do governo colonial diante de um plano de sedição; em 1798, D. Rodrigo de Sousa Coutinho determinava a mais estrita vigilância contra os princípios jacobinos no Brasil, pois sabia haver gente infectada dos abomináveis princípios franceses e ordenava não houvesse nenhuma frouxidão [61].

Afora levantes negros de reivindicações sociais durante a fase, neste mesmo ano de 1798 houve mais de um levante nas minas do Rio das Contas e Jacobina [62]. Mas o mais importante foi a devassa em Salvador, em 1798, contra a rebelião e levantamento projetados, que envolviam a princípio mais de duzentas pessoas, e que visavam estabelecer a República, o governo democrático, a igualdade e abundância, e acabar com a diferença de cor branca, preta e parda. Acusadas 49 pessoas, na sua grande maioria gente simples, alfaiates, pardos, de procedimento sedicioso

59. "Documentos do Arquivo da Casa dos Contos". In: *Anais da Biblioteca Nacional do Rio de Janeiro*, 65.
60. "Inconfidência e Inconfidentes". In: *Anais do Congresso Comemorativo do Bicentenário da Transferência da sede do governo do Brasil da cidade do Salvador para o Rio de Janeiro, 1963.* Rio de Janeiro, Instituto Histórico e Geográfico Brasileiro, 1967, v. III, pp. 229-298.
61. Vigilância do governo português contra os princípios jacobinos no Brasil. *Revista do Instituto Histórico e Geográfico Brasileiro*, 59, parte 1, pp. 406-412.
62. BARROS, F. Borges de. *À Margem da História*. Bahia 1918.

libertino, de francesias, foram quatro condenados, como Tiradentes, ao suplício da forca e ao esquartejamento [63].

Com raríssimas exceções, esta gente era mais modesta que Tiradentes e sempre se tentou ocultar ou diminuir o movimento, que faz parte da cadeia de conflitos pela liberdade do Brasil.

Em 1799, o chanceler do Rio de Janeiro (presidente do Tribunal da Relação), ao condenar um réu que os juízes julgavam inocente, disse: "A pátria não tem crimes, mas é uma desgraça o ter nascido no Brasil" [64]. Em Minas, era o governador advertido de que os vassalos eram todos portugueses e igualmente aptos para qualquer emprego em qualquer parte dos seus domínios, mas exemplificava com um vassalo nascido na Beira, que poderia ocupar cargos em Minas Gerais. Pode-se concluir que eram todos iguais, mas os portugueses eram mais iguais. . .

A revolução pernambucana de 1817 [65], que tomou o poder durante dois meses e meio, fez a primeira Constituição brasileira, defendeu a República, a liberdade, os direitos e garantias individuais, foi o movimento pré-Independência mais importante de todos, porque foi um ideal realizado de fato. O sacrifício de nove patriotas, a condenação e prisão de 317 pessoas só liberadas em 1821, mostra o que representou 1817 para o Brasil.

Desde 1792 até 1821, um homem, muito louvado pela historiografia oficial e áulica, esteve sempre na chefia do governo. D. João, príncipe, príncipe re-

63. Um dos condenados à morte conseguiu convertê-la em degredo, e outro fugiu; sete foram condenados a açoites públicos e ao degredo; um deles, o professor Francisco Moniz Barreto d'Aragão, conseguiu ver reduzida a pena a um ano de prisão; três foram degradados, dois condenados a açoites públicos, um matou-se, e 14 foram absolvidos. Vide "A Inconfidência Baiana de 1798. Devassa e Seqüestros". In: *Anais da Biblioteca Nacional*, v. 43, 44 e 45, e Afonso Rui, *A Primeira Revolução Social Brasileira, 1798*, São Paulo, 1942.

64. Distinção entre vassalos europeus e vassalos americanos. *Revista do Instituto Histórico e Geográfico Brasileiro*, 1.ª parte, p. 236.

65. Sobre a revolução pernambucana de 1817 vide os *Documentos Históricos da Biblioteca Nacional*, v. CI-CIX, Rio de Janeiro, 1953-1955, e Francisco Muniz Tavares, *História da Revolução de Pernambuco de 1817*, 1. ed., Pernambuco, 1840, e outras edições.

gente e Rei, foi a figura mais nefasta ao movimento progressista e independente brasileiro. Foi ele o travador principal do movimento libertador e sua saída significa a remoção do principal obstáculo. A importância de Tiradentes consiste em ter dado o movimento de partida sempre travado por este Rei fujão, covarde e inepto.

O povo brasileiro, que não conhece nenhuma revolução vitoriosa, nem a da Independência, cujos efeitos revolucionários foram travados por D. Pedro I, e só conhece as contra-revoluções vitoriosas, sabe o que deve a tantos patriotas que deram a sua vida em benefício da liberdade, da igualdade, do progresso, da unidade do Brasil.

5. PAIXÃO E MORTE DE TIRADENTES *

Quando, no dia 18 de abril de 1792 se soube do acórdão do Tribunal da Relação condenando os onze réus da Conjuração Mineira à pena capital, a cidade do Rio de Janeiro oferecia um espetáculo de força e segurança feito para desagravar os direitos da soberania portuguesa. Que audácia desta gente, pensar em liberdade para o Brasil, afrontar o poder colonial, querer acabar com a espoliação do país! Eram ao todo trinta réus, três falecidos durante o processo, dos quais o mais notório era o poeta Cláudio Manuel da Costa, que se suicidou ou foi suicidado, o único

* Publicado primeiramente no *Jornal do Brasil* de 22 de abril de 1972, caderno B.

101

dos três cuja memória, e a dos seus filhos e netos, a sentença declarou infame; oito foram absolvidos, e dois condenados a açoites públicos. Sobravam dezessete, onze condenados neste dia, e seis mantidos em suas prisões, porque, tendo apelado, aguardavam a decisão, tomada somente aos 9 de maio de 1792, e entre eles estava o poeta Tomás Antônio Gonzaga.

Por toda parte havia guardas, e se reforçara a guarda da cadeia, armada de bala e pólvora. O povo estava aterrado. A nossa cidade, diz uma memória da época, ia ser teatro de uma terrível e exemplar execução. Os grandes castigos têm uma certa força, mas abatem o ânimo mesmo dos inocentes. A compaixão, de que só estão isentos os que não são humanos, fazia por outra parte os seus efeitos. Todos padeciam o padecimento próximo daqueles réus.

"Posso dizer", lê-se naquela memória, "que a cidade, sem discrepar de seus deveres políticos, não pôde esconder de todo a opressão que sentia. Muita gente se retirou ao campo, muitas famílias sentindo-se sem valor fizeram o mesmo, outras tomaram cautelas contra as notícias que corriam. Nestes dois dias [18 e 19] diminuiu-se sensivelmente a comunicação, as ruas não foram freqüentadas, e a consternação parece que se pintava em todos os objetos".

Assim demonstrava o povo carioca sua solidariedade, sua compreensão, sua identificação com aqueles brasileiros que davam suas vidas pela pátria, enfrentando o absolutismo colonial português, a opressão portuguesa, a espoliação portuguesa.

Desde a terça-feira, 17 de abril, haviam sido os onze réus transferidos dos segredos (lugares escondidos onde estavam guardados) para a cadeia localizada onde hoje se ergue o antigo edifício da Câmara dos Deputados. Em uma de suas salas, chamada o Oratório, apareceram algemados, assistidos pelos franciscanos do Convento de Santo Antônio.

O julgamento final pelo Tribunal se iniciara na quarta-feira 18 de abril, às oito horas da manhã, sob a presidência do Vice-Rei, Conde de Resende, e terminara às duas e meia da quinta-feira 19 de abril. Lavrado o acórdão, que traz a primeira data, foram os réus intimados a ouvi-lo, com solene aparato, gastando-se na leitura de hora e meia a duas horas (ele ocupa 52 páginas impressas dos *Autos da Devassa da Inconfidência Mineira*).

Conta a memória já referida que estes homens, confessados e confortados pelos franciscanos, não deixaram escapar nenhuma palavra que não significasse conformidade. Nesta não creio eu, não só porque nela mesmo se escreve que eles todos estavam gemendo, e que tudo concorria para aumentar o horror, como porque outra testemunha, o Frei Pennaforte, escreveu que como tinham estado três anos incomunicáveis, era neles mais violento o desejo de falar que a paixão que tal sentença cravara em seus corações. "Nesta liberdade de falarem e se acusarem mutuamente estiveram quatro horas, mas quando pelas onze horas lhes lançaram aos pés pesados grilhões, e grossas correntes atadas e colares de ferro, que se iam prender nas grades das janelas... abateram-se-lhes os espíritos e principiaram a militar mais apaixonadamente sobre a sua infeliz sorte". Os cronistas da época são todos servis e tentam ensinar a obediência e a lealdade aos vassalos. Eles queriam formar, como disse Tiradentes, um povo de bananas.

No dia seguinte comutava-se a pena de morte de todos, exceto a do menor, o mais humilde, o mais modesto, o mais bravo, o mais apaixonado pelo Brasil, o mais brasileiro.

Só, o simples alferes, o mais fraca-roupa (como se dizia dele à época, significando o homem de pouco valor ou de pouco talento), soube que ele era indigno da piedade de D. João, o mesmo que vai ensangüentar suas mãos com o sangue dos patriotas de 1817, e que ele devia assim morrer de morte natural para sempre na forca.

1. O julgamento

Duas devassas se haviam realizado: uma em Minas Gerais, ordenada pelo governador, Visconde de Barbacena, e outra no Rio, determinada por um Vice-Rei, D. Luís de Vasconcelos e Sousa, e concluída por outro, o Conde de Resende. Da primeira, iniciada aos 15 de junho de 1789, até o segundo acórdão, que determina sua punição capital, aos 20 de abril, ou ainda à que degrada os outros réus aos 9 de maio, passaram-se quase três anos. Ouviram-se setenta e oito testemunhas. A Rainha Dona Maria, enlouquecida, fora substituída desde 10 de fevereiro de 1792 por D. João, que só assumiu o título em 1799. D. João é, assim, o responsável pela crueldade da pena imposta ao Tiradentes.

Este suportou onze interrogatórios e acareações, sempre sereno, tranqüilo, consciente, convicto, sem acusar ninguém, responsabilizando-se, ao final, pelos seus atos. Era um homem sem medo, como não foram muitos na História do Brasil.

Os outros 10 réus foram condenados ao degredo na África, bem como os 8 encabeçados por Tomás Antônio Gonzaga, julgados no acórdão que rejeitou os segundos embargos, aos 9 de maio. Coube ao carioca José de Oliveira Fagundes, advogado de partido da Santa Casa da Misericórdia, defender os réus. Ele desempenhou muito bem seu papel, lutou pela sorte de todos, opôs embargos, e sua memória é digna e limpa, como padrão do advogado brasileiro.

A corrupção salvou alguns. João Rodrigues Macedo, um dos maiores magnatas, teve sua culpa esquecida, pela proteção oficial do governador; o Dr. José de Sá Bittencourt e Accioli conseguiu seu livramento à custa de duas arrobas de ouro.

N meio dos vivos transportes de alegria daqueles cuja vida estava salva, conta Frei Pennaforte que só o Tiradentes estava ligado de mãos e pés, pois fora declarado sedutor, e testemunhava esta metamorfose; "mas tão coraçudo como contrito", dizia que agora morreria feliz, pois sempre pedira que fizessem dele só a vítima da lei. "Este homem", escreveu o Frade, surpreendido diante de tanta bravura, despreendimento e humanidade, "foi um daqueles indivíduos da espécie humana que põem em espanto a mesma natureza. Entusiasta, ... empreendedor com o fogo de um D. Quixote, habilidoso com um desinteresse filosófico, afouto e destemido sem prudências às vezes, e outras temeroso ao ruído da decaída de uma folha", tinha um coração bem formado.

2. A morte

A justiça colonial mandava que "com baraço e pregão seja levado pelas ruas públicas desta Cidade ao lugar da forca, e nela morra morte natural (cruelmente) para sempre e que separada a cabeça do corpo seja levada a Vila Rica (Ouro Preto), onde será conservada em poste alto junto ao lugar da sua habitação, até que o tempo a consuma; que o seu corpo seja dividido em quartos, e pregados em iguais postes pela estrada de Minas nos lugares mais públicos, principalmente no da Varginha e Cebolas (Paraíba do Sul); que a casa da sua habitação seja arrazada e salgada, e no meio de suas ruínas levantado um padrão em que se conserve para a posteridade a memória de tão abominável Réu e delito e que ficando infame para seus filhos e netos lhe sejam confiscados seus bens para a Coroa e Câmara Real".

O crime de Tiradentes, segundo a lei da época (Código Filipino, livro IV, Título VI), era de lesa-majestade: quer dizer "traição cometida contra a pessoa do Rei, ou seu Real Estado, que é tão grave e abominável crime, e que os antigos sabedores tanto estranharam, que o compararam à lepra; porque assim como esta enfermidade enche todo o corpo, sem nunca mais se poder curar, e empece ainda aos descendentes de quem a tem e aos que com ele conversam, pelo que é apartado da comunicação da gente; assim o erro da traição condena o que a comete, e empece e infama os que de sua linha descendem posto que não tenham culpa".

Era devido a essa concepção do crime e dos seus efeitos que a sentença exigia a punição exemplar, a execução aparatosa, o esquartejamento e exposição, a destruição da casa e salga do terreno, para que ficasse maldito e estéril. A execução era um ato fúnebre, que havia de ser feito com toda a solenidade. A forca

105

elevadíssima fora erguida no Campo de São Domingos. (Este, segundo uns, estendia-se da rua da Alfândega aos morros da Conceição e Livramento; segundo outros, localizava-se entre as ruas Visconde de Rio Branco e Constituição, onde existe a Escola Tiradentes; e ainda outros — a corrente mais forte — a situam no Terreiro da Polé, no local onde se ergue a ex-Câmara dos Deputados). Ali toda a tropa da cidade (seis regimentos e duas companhias de cavalaria) estava postada em forma triangular, deixando a praça vazia. Havia tropa bordando toda a rua da Cadeia (Assembléia). O esquadrão de cavalaria abria a procissão e se colocava na retaguarda da mesma. Era toda tropa portuguesa chegada recentemente, em face da desconfiança para com os oficiais e soldados brasileiros.

Pelas onze horas da manhã, sol ardente, entrou pela praça vazia o Tiradentes, vestido na alva dos penitentes, de mãos atadas e baraço ao pescoço, seguindo-se o clero, a irmandade e os religiosos, que o rodeavam, repetindo os salmos próprios para estas ocasiões, os ministros da Justiça e os irmãos da Misericórdia.

Causava admiração, escreve o Frade Raimundo Pennaforte, a constância do réu, o valor, a intrepidez e a pressa com que caminhava. "Ligeiramente subiu os degraus e sem levantar os olhos, que sempre conservou pregados no cruxifixo sem estremecimento algum, deu lugar ao carrasco para preparar o que era necessário e por três vezes pediu que abreviasse a execução. O guardião do convento de Santo Antônio rezou o credo e logo a seguir viu-se consumado o ato, suspenso de uma das traves da forca o corpo de Tiradentes. Havia muito povo, as janelas das casas estavam cheias de mulherio, e era grande a compaixão de todos pela infelicidade do Tiradentes".

Seguiu-se a pregação do Frade Pennaforte, escolhendo por tema as palavras do Eclesiástico: "Nem ainda no teu pensamento amaldiçoes ao Rei". Acabada a fala, mandou o brigadeiro que comandava as tropas ler um discurso diante dos soldados. Dirigido aos "amados camaradas, magnates e povos destes Estados", engrandecia a benevolência da Rainha, a louca, que isentara todos, salvo o "malvado cabeça" e terminava pedindo perpétua fidelidade. Os soldados, ensaiados, deram-lhe três vivas.

3. As festas do servilismo

Era grande a compaixão de todos pelo sacrifício do Alferes. A bajulação da Câmara da cidade, como a de Vila Rica e outras, determinou que se pusessem luminárias nas três noites seguintes e se mandasse rezar uma missa de ação de graças, na qual um carmelita, Fernando Pinto, fez uma oração sobre três pontos, dados pelo juiz chanceler que julgara os réus: rendeu graças a Deus pelo benefício da descoberta da conjuração, e pela não contaminação da cidade do Rio de Janeiro "do contágio da infame conjuração", e exortou o povo a manter a fidelidade, o amor e a lealdade devidos à Soberana. Para eles, nunca se vira tanta clemência. O jogo da verdade consistia na deformação desta.

Cortada a cabeça, esquartejado o corpo, soldados do Regimento do Extremoz levaram em salmoura aquela para ser fincada na praça principal de Vila Rica e os quartos para serem colocados em Cebolas, Varginha, Borda da Mata e Bandeirinhas.

O Alferes era figura popular no caminho novo para Minas Gerais, pois em todos os pousos atendia ao povo, com suas habilidades de dentista, seus conhecimentos médicos, agrícolas e minerais. Era amigo de todos, fazendeiros, mineradores, vendeiros, roceiros, donos de albergues. Pode-se assim compreender por que foi nesse caminho onde ele tanto propagara suas idéias que colocaram os seus restos, e pode-se também imaginar o sentimento de profundo pesar dos que viram passar despedaçado o corpo daquele homem popular, amigo, consciente, idealista, apaixonado pela sua terra.

4. O homem

Fora a paixão que o levara à morte. Tiradentes era mineiro de São João del Rei (não de São José, hoje Tiradentes), e era o terceiro dos cinco filhos de Domingos da Silva Santos e Antônia da Encarnação Xavier. Sua família era da classe média e sua instrução, superior à comum da sua época.

Não se sabe se era louro ou moreno. Lúcio dos Santos sugere que não tendo ele senão uma avó materna brasileira, não devia ser moreno, esquecendo-se de que há portugueses morenos. Nos depoimentos dos conjurados, com evidente intuito de depreciá-lo, Tiradentes aparece algumas vezes como desagradável e até mesmo como repulsivo. Alvarenga Peixoto, no seu depoimento, diz que ele era "um oficial feio e espantado". Segundo o conjurado Padre Manoel Rodrigues da Costa, o Xavier, como era tratado por todos, era um rapaz simpático e sua presença sempre agradável.

Não entrou moço para a carreira militar, ocupando como alferes o mais baixo posto na hierarquia do oficialato, no Regimento dos Dragões. Fazia um pouco de tudo, tirava e punha dentes, concebera um projeto de abastecimento de águas no Rio. Era um homem inteligente, ativo e enérgico. Ficara solteiro, embora tivesse uma filha natural.

Quando Tiradentes foi preso, aos 41 anos de idade, já tinha seus cabelos embranquecidos, conforme depoimento do Tenente-Coronel Basílio de Brito Malheiro Lago, um dos três denunciantes.

5. A paixão

Homem animoso, de gênio ardentíssimo, cheio de aflição pela situação de Minas, e consciente da espoliação colonial, Tiradentes entregou-se com paixão à causa da liberdade nacional. Na denúncia ao Visconde de Barbacena, conta Joaquim Silvério dos Reis, o traidor, que ele andava com um mapa da população do Rio de Janeiro (400 000 habitantes), e quando o mostrava, dizia aflito: "Ora aqui tem todo este povo açoutado por um só homem, e nós a chorarmos como negros, ai, ai, ai, e de três em três anos, vem um e levam um milhão, e os criados levam outro tanto e como hão de passar os pobres filhos da América. Se fosse outra nação já se tinha levantado. A isto disse um moço das Congonhas, vosmecê fala assim em levante. Se fosse em Portugal Deus nos livre que tal se soubesse, ao que o Tiradentes respondeu cheio de paixão: Não diga levantar, é restaurar, e repetiu umas poucas vezes estas palavras, que eu mesmo ouvi". Restaurar era renovar, reformar, dar novas forças.

Alferes Tiradentes era o primeiro cabeça da rebelião, dizia Domingos de Abreu Vieira, e ele e "Alvarenga Peixoto e o Tenente-Coronel Francisco de Paula Freire de Andrade haviam de ser os heróis da ação, pois defendiam sua Pátria; os mazombos bem valiam e sabiam governar; e que produzindo a sua terra tantos haveres, eles existiam sempre pobres, por lhe tirarem tudo para fora, que por isso se arrojavam a resgatá-la e pô-la em liberdade".

"Este país de Minas Gerais", dizia o Alferes tentando converter o Tenente José Antônio de Melo, do seu Regimento, "era riquíssimo, mas tudo quanto produzia levavam para fora sem nele ficar cousa alguma de tanto ouro que nele se extrai; que os quintos não deviam também sair, e que os ofícios se deviam dar aos filhos destas Minas para dotes de suas filhas e para sustentação de suas famílias. Que havia pouco se tinha despedido deste país um General carregado de dinheiro e que aí vinha outro fazer o mesmo".

A consciência da espoliação é tão lúcida, que em todas as conversas com que procurava aliciar seus colegas de farda a argumentação é sempre a de que tudo era tirado de Minas e os pobres filhos da América viviam famintos.

O Padre Manuel Rodrigues da Costa conta que o Alferes Tiradentes queixava-se amargamente dos governadores das Minas, que se achavam assoladas, e que já se faziam intoleráveis seus despotismos. Este país podia ser um Império e se achasse quem o aju-

109

dasse havia de pô-lo livre da sujeição da Europa. "Ah! que se fossem todos de meu ânimo! o Brasil seria dos Brasileiros."

O exemplo era sempre o dos Estados Unidos, a América Inglesa, que se havia libertado da exploração colonial. Seu sonho era encontrar homens que não fossem vis, que soubessem lutar pela Independência, pela República, pelas grandes e utilíssimas fábricas.

Ele exaltava sempre a beleza, a formosura, a riqueza de Minas e do Brasil para acentuar a necessidade de liberdade. Sabia que "estava para ser um grande homem", como disse o Capitão José Vicente de Moraes Sarmento. A uma das três mulheres depoentes que lhe pedira conseguisse praça para um seu filho, respondeu o Alferes, "pondo-lhe a mão no ombro: Deixe estar minha camarada, que ninguém há de assentar praça a seu filho, senão eu". Conversava muito com todos e a todos queria converter à causa nacional. Certa vez, a um cabo a quem tinham desacreditado com uma busca, por suspeita de contrabando, disse-lhe o Alferes: "Eis aí como eles pagam, ao que respondeu o Cabo: É, senhor, eles podem fazer e como nada me acharam estou satisfeito; ao que lhe tornou o Alferes: Que os leve o Diabo, que nós muito bem podemos cá passar sem eles, e diga-me, se o convidassem a você para uma função de pô-los no inferno, e ficarmos livres deles, você que faria?"

Por tudo isso Tiradentes era o mais apaixonado pela revolta e nas suas horas de desânimo se indignava com os covardes e vis. "Ah! vossa-mercê é daqueles que têm medo de bacalhau!", explodia. Noutros momentos bradava contra mineiros e cariocas que não se revoltavam diante de tanta espoliação.

Não foi só gente de cima, os grandes na riqueza e na posição, os intelectuais e poetas, que contou com ele e confiou na sua dedicação. O sapateiro Manuel da Costa Braga disse, segundo várias testemunhas, que "estes branquinhos do Reino, que nos querem tomar a nossa terra, cedo os havemos de deitar fora dela".

110

Convencido de seus ideais, fortalecido no ânimo de promovê-los como nenhum outro conjurado, "ia para o Rio de Janeiro trabalhar para os outros", segundo ouviu dele o Alferes José Lourenço Pereira.

> Foi trabalhar para todos...
> e vede o que lhe acontece!
> Daqueles a quem servia,
> já nenhum mais o conhece.
> Quando a desgraça é profunda
> Que amigo se compadece?

como se lê no *Romanceiro da Inconfidência* de Cecília Meireles.

Denunciado o plano por Joaquim Silvério, Basílio de Brito Malheiro Lago e Inácio Correa Pamplona, foi o Alferes, que viera para o Rio, vigiado dia e noite por dois sujeitos de capote, que "ele sabia eram soldados e granadeiros e que para melhor disfarce tinham cortado os bigodes". Estava bastante preocupado e desassossegado e "sua conversação, desde então, era queixar-se que as malditas vigias o não deixavam e que várias vezes lhe tinha lembrado encaminhar-se para algum sítio mais remoto e de lá partir a eles com a espada e fazê-los em quartos".

A valentia do Alferes não era para menos, e nesta mesma ocasião, às vésperas da paixão, tentando fugir para Minas para ver se poderia organizar alguma luta, ele exclamara: "Ah! se eu me apanhasse em Minas Gerais!" O Alferes acabou fugindo, apesar da vigilância dos dois policiais e do traidor que, em 5 de maio de 1789, comunicava ao Vice-Rei: "Fico na diligência de colher mais alguma cousa e para ter melhor ocasião moro defronte do sujeito e logo que ele se ausentar farei o aviso sem demora".

Mas Tiradentes fugiu e sua fuga era objeto de universal falatório. Só foi descoberto no seu esconderijo e preso sob formidável escolta na rua dos Latoeiros (Gonçalves Dias) aos 10 de maio, porque, sem suspeitar de Joaquim Silvério, este mandara-lhe o o Padre Inácio Nogueira, que se viu forçado a revelar seu paradeiro.

111

6. A conjuração: seu plano e suas aspirações

A Conjuração Mineira, um drama de idéias e de consciência, nasceu de motivação ideológica e econômica. A ideologia dos conjurados busca sua inspiração nos exemplos da libertação dos Estados Unidos (1776, Declaração da Independência, e 1787, assinatura da Constituição), na obra de enciclopedistas franceses, especialmente de G. Thomas, dito Abade Raynal, autor de um livro de grande influência na época (*Histoire Philosophique et Politique des Établissements et du Commerce des Européens dans les Deux Indes*, 1770), que era uma denúncia dos crimes do colonialismo europeu e é o mais citado nos Autos da Devassa. Não se deve esquecer que a Conjuração foi descoberta em 1789, o mesmo ano da Revolução Francesa.

Economicamente somam-se como fatores importantes o Alvará de 5 de maio de 1785, que proibiu a existência de fábricas de tecidos no Brasil, exceto o pano grosseiro para escravos, e a enormidade da tributação sobre os povos, a exploração e a espoliação das Minas. A bárbara tirania portuguesa, o absolutismo, os excessos fiscais e políticos, a imensa riqueza que Portugal sugava do Brasil, deixando na penúria os povos, concorreram para o esclarecimento de muitos, intelectuais, militares e gente do povo. A derrama era calculada, por Gonzaga, em nove milhões de cruzados.

O número de oficiais conjurados e a tentativa de obter e armazenar pólvora revelam bem que não era apenas uma mandriice intelectual, mas um movimento em preparativo, abortado pela traição comprada a peso da enorme dívida de Joaquim Silvério.

A conspiração contou com um grupo de ideólogos de que são figuras principais Gonzaga, Cláudio Manuel da Costa, Alvarenga Peixoto. O grupo militante tinha o Alferes e o Tenente-Coronel Paula Freire de Andrade, auxiliado pelo Sargento-mór Luís Vaz de Toledo Piza, o Tenente-Coronel Francisco Antônio de Oliveira Lopes e o Capitão João Dias da Mota. Deste grupo fizeram parte também os Padres Carlos

Correa de Toledo, José da Silva e Oliveira Rolim, Manuel Rodrigues da Costa, José Lopes de Oliveira e Cônego Luís Vieira da Silva. Havia ainda o grupo financeiro, do qual faziam parte Domingos Abreu Vieira, Domingos Vidal Barbosa, José Aires Gomes, Vicente Vieira da Mota, guarda-livros de João Rodrigues de Macedo, e Joaquim Silvério dos Reis.

7. *O delator*

Joaquim Silvério conta que atentaram contra sua vida com um tiro, deram cutiladas em um seu irmão, tentaram incendiar o armazém embaixo de sua casa. "Me vejo cercado de inimigos, sempre vivo em aflição e desconfiança, entrou todo este povo a ultrajar-me e a desatender-me por todos os modos"; não havia rua nesta cidade por onde pudesse passar sem que ouvisse as maiores injúrias e desatenções, escrevia ele ao Secretário de Estado Martinho de Melo e Castro, em 1791. Foi para o Maranhão, onde acrescentou ao seu nome o de Montenegro.

Pelo seu casamento com a filha do Coronel Luís Alves de Freitas Belo, Bernardina Quitéria, ligou-se à família Lima e Silva, pois a outra filha, Mariana Cândida, casou-se com o futuro General e Regente Francisco de Lima e Silva, o que fez de Joaquim Silvério tio por afinidade do futuro Duque de Caxias.

8. *O pensamento do Alferes Tiradentes*

Tiradentes foi ouvido na Devassa pela primeira vez aos 22 de maio de 1789, quando declarou contar 41 anos. Foi discreto e modesto nas suas afirmações. Conhecia muita gente pela prenda de pôr e tirar dentes, e quanto à conversação que ele só se lembrava de ter falado da insatisfação dos povos de Minas. Quando insistido sobre o projeto, os falatórios dele, responde que "tudo é uma quimera, que ele não é pessoa que tenha figura, nem valimento, nem riqueza para poder persuadir um Povo tão grande". Na segunda vez responde que "era muito má política vexar os povos, porque poderiam fazer como fizeram os ingleses, muito principalmente se se chegassem a unir

113

as Capitanias do Rio de Janeiro e São Paulo, e houvesse pessoas animosas". Não acusa ninguém, nega a participação de quem quer que seja. Na terceira vez mantém a mesma discrição e, acusado de ter sido chamado de patrício, responde simplesmente: "porque era também filho de Minas".

Foi na quarta vez que Tiradentes declarou ter negado até então por querer encobrir a sua culpa e não querer perder ninguém, e afirmou: "Que é verdade, que se premeditava o levante, que ele respondente confessa ter sido quem ideou tudo, sem que nenhuma outra pessoa o movesse, nem lhe inspirasse cousa alguma e que tendo projetado o dito levante... entrou a lembrar-se da independência, que este país podia ter, e entrou a desejá-la e ultimamente a cuidar no modo por que poderia isso efetuar-se".

E dizendo-lhe o Coronel José Aires Gomes que o Visconde de Barbacena era bom, ele respondeu que antes fosse um Diabo pior que o antecessor, "porque poderia assim suceder que esta terra se fizesse uma República, e ficasse livre dos governos que só vêm cá ensopar-se em riquezas de três em três anos, e quando eles são desinteressados sempre têm uns criados que são uns ladrões, e que as Potências Estrangeiras se admiravam de que a América Portuguesa se não subtraísse da sujeição de Portugal e que elas haviam de favorecer este intento".

Daí em diante Tiradentes confirmou tudo o que os inquisidores já sabiam, sem acusar ninguém e sem deixar de assumir inteira responsabilidade. O plano de governo era a República, uma Universidade, a capital em São João del Rei, a bandeira com o famoso dístico *Libertas quae sera tamen,* a liberdade comercial, fábricas, o comércio seria a permutação dos efeitos, sem que jamais saísse o ouro, evitar a espoliação colonial, pôr o ouro a mil e quinhentos réis, e franquear os diamantes.

9. *Os conjurados*

Morto o Tiradentes, foram enviados todos os condenados para o degredo na África, excetuados os sacerdotes, mandados para Portugal. Morreram no degredo José Álvares Maciel, Inácio José de Alvarenga Peixoto, Domingos de Abreu Vieira, Domingos Vidal Barbosa, João Dias da Mota, José de Resende Costa, Tomás Antônio Gonzaga, José Aires Gomes. Voltaram ao Brasil o Tenente-Coronel Francisco de Paula, que faleceu na viagem, e Resende Costa Filho. Dos sacerdotes, voltaram o Cônego Luís Vieira, o Padre Manuel Rodrigues e o Padre Carlos Toledo, morrendo os Padres José Lopes de Oliveira e José da Silva e Oliveira Rolim. Resende Costa Filho e Manuel Rodrigues sobreviveram à emancipação política do Brasil. Ambos foram deputados à Assembléia Constituinte em 1823, por Minas Gerais, e à Assembléia Geral de 1826 e 1829. O segundo viveu até noventa anos e recebeu as ordens de Cristo, e do Cruzeiro, e a dignidade de cônego honorário da Capela Real. O primeiro faleceu em 1841, aos 76 anos, tendo escrito aos 76 anos uma interessante lembrança sobre a conspiração, publicada na *Revista do Instituto Histórico e Geográfico Brasileiro.* Dos outros nada se sabe.

10. A cadeia indestrutível do nacionalismo

O Sargento-Mor (abaixo de Tenente-Coronel) Luís Vaz de Toledo Piza, paulista de cinqüenta anos, olhando para as campinas mineiras, dissera: "Olhe para esta terra, podia ser independente", e seu irmão, o Padre Carlos de Toledo lhe mandara o recado de que "mais valia morrer com a espada na mão que como carrapato na lama".

Foi assim que a cadeia se formou, a cadeia indestrutível do nacionalismo brasileiro. Não foi Tiradentes o único a morrer na forca pelas suas idéias ou pela sua luta. Nas próprias Minas, Filipe dos Santos fora enforcado e esquartejado. E a cadeia continuou, com a Conjuração da Bahia em 1798, quando quatro modestos brasileiros foram enforcados e esquartejados, e continuou em 1817 com os quatro arcabuzados na Bahia e os nove enforcados no Recife.

115

Não há razão para comparar e exaltar este ou aquele movimento em relação a outros. Todos foram igualmente valiosos na luta pela liberdade nacional. Todos foram produzindo seus heróis e ajudando a formar a consciência nacional, preparatória do movimento final da Independência.

A nobreza, a dignidade, a generosidade, a aflição, a solidão, o martírio do Alferes Tiradentes se converteram num ato simbólico, carregado de sentido, que deu aos brasileiros uma bandeira, uma força, uma alma de protesto contra a injustiça, a espoliação colonial. Foi sua tragédia que nos purgou e nos libertou das fraquezas e das omissões de tantos.

11. A ressurreição

Nenhum herói fica esquecido, apesar de toda a opressão, mais que uma geração. Em Minas Gerais, quando se instalou a primeira junta do governo provisório da província, seu primeiro ato foi mandar demolir o padrão de ignomínia que lá se erguia. Trinta anos haviam passado. E em 1832 restituíam-se os bens aos herdeiros dos heróis. No local onde se colocara a cabeça de Tiradentes, o Presidente da Província, Saldanha Marinho, o grande chefe liberal e futuro primeiro assinante do Manifesto Republicano de 1870, mandou erguer uma coluna de pedra, em memória do mártir. A monarquia não o vira como herói e Varnhagen, o historiador mais importante do século XIX, fora extremamente severo e criara uma imagem deformada de Tiradentes.

A expansão da idéia republicana promoveu a criação do Clube Tiradentes desde 1882, e este vinha comemorando a data do martírio todos os dias 21 de abril. Foi em 1890, comemorando o 98º aniversário da execução do Alferes, que se promoveu a primeira marcha cívica com um grande número de aderentes, populares e operários, e uma sessão magna com a presença do chefe do Governo Provisório, Marechal Deodoro da Fonseca, sendo orador oficial o grande tribuno Silva Jardim.

Em 1891, o Governo do Estado de Minas Gerais mandava erguer um monumento ao Tiradentes, e em 1893 o Governo Federal tomou idêntica providência. Era a revisão histórica, a consagração oficial, a ressurreição do Alferes. Cecília Meireles o evoca assim:

> O passado não abre a sua porta
> e não pode entender a nossa pena.
> Mas, nos campos sem fim que o sonho corta,
> vejo uma forma no ar subir serena:
> vaga forma, do tempo desprendida.
> É a mão do Alferes, que de longe acena.

12. Nota bibliográfica

Este estudo baseou-se principalmente nos *Autos da Devassa da Inconfidência Mineira,* Ministério da Educação, Rio de Janeiro, 1936, 7 v.; no depoimento de Frei Raimundo Pennaforte, "Últimos Momentos dos Inconfidentes de 1789, pelo frade que os assistiu na confissão"; na "Memória do êxito que teve a conjuração de Minas e dos fatos relativos a ela", ambos na *Revista do Instituto Histórico e Geográfico Brasileiro,* t. XL, IV, parte 1, 161-185, e 140-160, respectivamente; nos documentos publicados no *Anuário do Museu da Inconfidência,* v. II; na correspondência das autoridades de Minas, do Vice-Rei e do Ministro do Ultramar, neste Anuário citado e na *Revista do Instituto Histórico e Geográfico Brasileiro,* t. 65, 1ª parte; nos Documentos do Arquivo da Casa dos Contos, editados por J. A. Mendonça de Azevedo nos *Anais da Biblioteca Nacional do Rio de Janeiro,* v. 65.

As obras mais importantes são as de Joaquim Norberto de Sousa e Silva, *História da Conjuração Mineira* (1ª ed., 1873; 2ª ed., Instituto Nacional do Livro, 1948, 2 v.); e Lúcio José dos Santos, *A Inconfidência Mineira,* São Paulo, 1927. Excelente trabalho é o de Herculano Gomes Matias, "Inconfidência e Inconfidentes", *Anais do Congresso Comemorativo do Bicentenário da Transferência da sede do governo do Brasil da cidade do Salvador para o Rio de Janeiro,* 1963, v. III, 229-298.

6. FREI CANECA: A LUZ GLORIOSA DO MARTÍRIO

1. A morte

Frei Joaquim do Amor Divino Caneca, um homem de 45 anos, corado, cabelos ruivos embranquecidos, meio cheio de corpo, ar composto e honesto, notavelmente resignado, sem dar mostras exteriores de susto nem ostentação de coragem, desceu as escadas da cadeia velha e incorporou-se ao préstito que o conduziria ao patíbulo para a hora extrema da sua morte.

Em frente à cadeia esperava-o a tropa que o escoltaria, e com ela os representantes da justiça e a irmandade da Santa Casa. A tropa formava em alas até a

Igreja do Terço, onde ele seria degradado das ordens eclesiásticas, antes de sofrer a pena de sangue pelo crime de rebelião.

No adro da Igreja do Terço, contíguo à porta principal, havia-se armado um altar portátil completamente paramentado e ali se reuniram alguns eclesiásticos vestidos com suas roupas de gala a esperar a comitiva.

A multidão se apinhava pelas ruas por onde passaria o cortejo, levando "o nosso chorado patrício". A piedade mais que a curiosidade convocara aquela gente toda, pois Frei Joaquim do Amor Divino Caneca foi um dos homens que gozou de maior popularidade em Pernambuco. Ela provinha da sua fala e da sua coragem; com uma palavra, um gesto, ele empolgava as multidões na praça pública ou no púlpito.

Muitos choravam naquela manhã clara e azul, e outros esbravejavam contra o exército do General Lima e Silva, pai de Caxias, futuro Regente do Império, que obedecendo a Pedro I mandava matar um patriota exaltado. Frei Caneca escrevera pouco antes de morrer:

> Tem fim a vida daquele
> Que a pátria não soube amar:
> A vida do patriota
> Não pode o tempo acabar.

O cortejo marchou lentamente e em frente à igreja a tropa fez um grande círculo. Procedeu-se então ao cerimonial da degradação, ficando Frei Caneca de camisa e calça de ganga. Entregue ao meirinho, este o vestiu de novo com a alva branca dos condenados. Foi um espetáculo inédito, a única degradação religiosa em Pernambuco.

Continuou o cortejo sua marcha até chegar à fortaleza das Cinco Pontas, onde estava localizada a forca. O meirinho disse então em voz alta: "Vai executar-se a sentença de morte natural (cruel) na forca proferida contra o réu Frei Joaquim do Amor Divino Caneca".

Havia um silêncio profundo e total, interrompido pela respiração arfante, pela tosse nervosa, pelos suspiros e choros. Frei Caneca, tendo a seu lado Frei

Carlos, seu confessor e seu chefe carmelita, aguardava, com sua bravura nunca enfraquecida, a hora da sua execução, quando ouviu-se um rumor como o de um tombo de um corpo. O pardo preso Agostinho Vieira rejeitara ser carrasco e por mais que o ameaçassem, que lhe batessem com os coices das granadeiras, repetia que o matassem, mas não ia servir por força alguma de algoz na morte daquele homem. E o mesmo aconteceu com outros dois pretos, também presos, que depois de tocados a coice de armas e postos a ferros, sendo levados à força para o pé do patíbulo, negaram-se a enforcar o Frade.

O juiz mandou que se trouxesse qualquer sentenciado. Passaram-se horas, e ameaças e gratificações não convenceram nenhum preso a servir de carrasco. Teria influído nesta decisão a notícia, espalhada pelo povo todo, pelos presos também, que uma menina vira Nossa Senhora do Carmo vestida com um manto azul entre as nuvens, em prantos?

Que fazer, quando as ordens terminantes de Pedro I eram de executar-se sem demora as sentenças de morte da Comissão Militar que apuraria as culpas dos chefes da revolução que proclamara em 1824 a Confederação do Equador. Pedro I clamava por vingança e na sua proclamação às tropas do Rio de Janeiro enviadas para esmagar o movimento nordestino contra a dissolução da Assembléia Constituinte e contra a outorga da Constituição escrevia: "Que exigem semelhantes insultos? Dizei! Seguramente um castigo, e um castigo tal que sirva de exemplo até para os vindouros".

Pedro I suspendera as garantias constitucionais em Pernambuco, estabelecera uma comissão militar que deveria proceder com todo rigor, de forma breve e sumária, exigira do bispo do Rio de Janeiro, vacante o bispado de Pernambuco, a autorização para a degradação eclesiástica, nomeara quatro portugueses para a mesma comissão, sendo um coronel francês; das oito testemunhas, três eram portugueses.

Tudo isso era faccioso e tudo desabará sobre ele sete anos mais tarde, quando terá o Brasil inteiro contra seu Poder, fazendo-o abdicar.

121

A situação era grave e o Juiz do crime e o comandante da força decidem entregar o condenado à alçada militar. O comandante escolhe um pelotão, comunica ao réu que será espingardeado. Mas mesmo assim as perturbações não acabam. A consciência do soldado João da Costa Palma, membro do pelotão que espingardearia o patriota, gera-lhe sentimentos iguais aos dos que se haviam recusado antes e numa crise nervosa tomba ao chão desacordado.

Frei Caneca mantém a mesma postura moral, desce da escada, encosta-se ao poste da forca, deixa-se amarrar, auxilia o encarregado dessa tarefa e quer dizer sua última oração ao povo, mas Frei Carlos pede-lhe que se cale e o patriota obedece. O pelotão avança, pára, apronta-se para disparar. Frei Caneca dispensa a venda nos olhos e diz aos soldados: "Amigos, peço que não me deixem padecer por muito mais tempo". Assim aconteceu: à primeira descarga caiu sem vida.

Era o dia 13 de janeiro de 1825. Desde 10 de dezembro, quando fora condenado à morte pela comissão militar, seu pai Domingos da Silva Rabêlo, tanoeiro, por alcunha o Caneca, nome adotado pelo filho, vivia angustiado. Não fora ver a execução, permanecera orando num pequeno oratório de sua casa, mas ao certificar-se de que o filho fora fuzilado correu ao convento onde haviam depositado à porta o cadáver ainda ensangüentado do frade.

O convento estava praticamente abandonado, tendo apenas dois frades, um dos quais o superior Frei Carlos, amigo e confessor de Caneca. "O culpado de tudo é o senhor, porque não prendeu aqui meu filho e o deixou meter-se em política", diz-lhe, em prantos, o velho e modesto fabricante de pipas e canecas.

Frei Caneca é a figura central dos condenados que sofreram a pena capital. A comissão militar condenara à morte o major preto Agostinho Bezerra Cavalcânti, Lázaro de Souza Fontes, Antônio Macário de Morais, Antônio do Monte Oliveira, o jovem tenente de 25 anos Nicolau Martins Pereira, Francisco Antônio Fragoso e o norte-americano James Heide Rodgers. Estes foram todos executados entre 20 de janeiro e 12 de abril. Sem contar os cinco condenados e executados em Fortaleza e os três do Rio de Janeiro. Cada um deles, os

122

primeiros republicanos e federalistas brasileiros, merece uma página especial de lembrança pela bravura e pelo idealismo que revelaram.

O jovem Nicolau recebeu no oratório, antes de seguir para a forca, um soneto escrito pelo Padre João Barbosa Cordeiro, preso político, cujos tercetos assim se liam:

> Heroísmo e virtude requintada,
> Que pelo extremo oposto combatida,
> Faz preferir a morte à vida, ao nada.
>
> Eia pois, segue a estrada conhecida,
> Pelos nossos patrícios já trilhada
> Que só as almas fracas intimida.

A comissão militar condenou ainda à morte, autorizando a qualquer pessoa livremente a matá-los, mais quatorze pessoas, entre as quais Manuel de Carvalho Paes de Andrade, presidente da Confederação do Equador, o coronel José de Barros Falcão de Lacerda, que se distinguira nas lutas da Independência na Bahia, e o poeta José da Natividade Saldanha, que fugiu para a Colômbia, onde viveu e morreu.

O Presidente Manuel Carvalho, em plena luta, abrigou-se a bordo da corveta inglesa *Tweed,* refugiando-se na Inglaterra e depois nos Estados Unidos. Voltou ao Brasil em 1831, casado com uma americana, que lhe deu mais cinco filhos, afora os cinco que tivera do primeiro casamento e desde 1834 até 1856 foi senador pela Paraíba sem assinalar-se por nenhum discurso notável ou qualquer atividade parlamentar destacada. Foi uma figura apagada, carregando o sentimento de culpa dos mortos que não chegaram como ele à chefia do movimento.

2. O julgamento

No dia 26 de julho de 1824 D. Pedro I suspendera as garantias constitucionais em Pernambuco e determinara que os réus da rebeldia fossem sumária e verbalmente processados por uma comissão militar, criada somente para esse fim, composta do Coronel

Francisco de Lima e Silva como presidente, e de vogais que o mesmo nomeasse. Em carta régia do dia seguinte, dirigida ao próprio Coronel, determinava que os quatro vogais deveriam ser os oficiais de maior patente da brigada sob o comando do mesmo, e este, em 18 de dezembro, fez as nomeações.

Mas o Coronel viera do Rio com uma lista que revelara de imediato os cabeças segundo o pré-julgamento imperial. Eram eles Manuel de Carvalho, o presidente, Barros Falcão, o coronel comandante das tropas de Pernambuco, Frei Caneca, João Soares Lisboa, o preto Agostinho (era assim chamado, com todo o preconceito imperial), e o Cazumbá, o Capitão José Gomes do Rêgo.

Como se vê, desta lista só dois foram presos, condenados e executados; os dois primeiros e o último fugiram e esconderam-se; João Soares Lisboa, português de nascimento, brasileiro de doação, antigo redator do *Correio do Rio,* desterrado no processo contra Joaquim Gonçalves Lêdo, fora para Pernambuco e lá, ao lado de Frei Caneca, foi a cabeça intelectual do movimento, ajudando este na redação de *Typhis Pernambucano,* o grande órgão do liberalismo radical brasileiro. Faleceu durante a marcha que os revolucionários fizeram a caminho do Ceará.

A 20 de dezembro de 1824 era iniciado o interrogatório pelo Coronel Conde d'Escragnolle e a 10 de janeiro de 1825 Frei Caneca ouvia a sentença que o condenava à pena última. No interrogatório Frei Caneca respondeu, quando perguntado se propagara escritos subversivos da boa ordem, que, como redator do *Typhis,* defendera idéias que se liam em periódicos da Corte e que se regulava pela lei dos abusos de imprensa. Negou defendesse a desunião das províncias, mas confirmou que se manifestara contra a dissolução da Assembléia Constituinte e a favor da não aceitação da Constituição doada pelo Imperador, pois a Constituição só podia ser feita pelos representantes do povo.

Não andara vestido de jaqué de guerrilha para se opor ao exército "cooperador da boa ordem", como

124

lhe perguntara o Conde Coronel, mas, sim, de jaqueta de chita, que trazia por baixo do hábito.

Das oito testemunhas, quatro das quais portuguesas, todas, exceto uma, o acusaram de ter trabalhado pelo movimento "anárquico" da província, propagando idéias subversivas. Só um, o brasileiro Lumachi de Melo, disse que o tinha na conta de "bom homem e muito amigo da independência do Brasil". Sua defesa significa um protesto contra seu julgamento por uma comissão militar, porque fazendo-lhe carga de abusos cometidos pela imprensa devia ser julgado pela lei de imprensa (de 18 de junho de 1822).

Frei Caneca reafirma sem temor suas idéias liberais radicais. Elas podem ser sintetizadas em alguns princípios: a soberania reside na nação; esta se constitui por meio de seus representantes em cortes; estas elaboram e decretam a constituição, a que estão todos obrigados, do Imperador ao mais humilde filho da pátria. Condenou a dissolução da Assembléia, mas em nenhuma parte defendeu a cisão ou o desmembramento da integridade do Império.

Os princípios são claros, lucidamente expostos e constituem as bases do pensamento liberal radical de sua época. A soberania estava nos povos, que não são herança de ninguém; os reis não são emanações da divindade, mas autoridades constitucionais; os povos têm o direito de mudar de forma de governo; o congresso é superior ao Imperador; o maior de todos os males é o absolutimo, isto é, o governo que possui o monopólio total do poder, sem controle do povo, podendo impor-lhe o que quiser pela força.

Frei Caneca tinha horror à opressão e foi com o fogo do seu zelo pelas liberdades da pátria, pois as liberdades individuais somam as liberdades pátrias, que ele sofreu o ódio do absolutismo de Pedro I. Todas as reservas que ele invoca em sua defesa, alegando não ter pegado em armas e outras, não faziam senão esconder a si próprio a sua bravura. Nada o aterraria, nem se abateria a altivez que já revelara na Revolução de 1817, quando se tentou pela primeira vez tornar independente o Brasil.

Como escreveu Tobias Monteiro, "ele próprio desconhecia as imensas reservas de coragem física guar-

125

dadas dentro de si e que o fariam encará-la (a morte) quase desdenhoso, quando a visse chegar mais perto no momento extremo".

3. A comissão militar

O Coronel Francisco de Lima e Silva vinha cheio de rigor ao iniciar a luta contra os revolucionários pernambucanos e depois nordestinos. "Malvados tremei; a espada da justiça está por dias, a decepar-vos a cabeça; rendei-vos, ou aliás estas bravas tropas que comando entrarão como se fosse por um país inimigo, pois mais inimigo que revolucionários não pode haver", escrevia ele a 20 de agosto, quando marchava de Alagoas para Recife.

Queria aterrar os ânimos inimigos e logo intima ao Presidente Carvalho, e ao Coronel Barros Falcão, comandante das tropas, a que imediatamente deponham as armas. Nesta época, este último, velho combatente da Independência da Bahia, havia de estranhar que fosse tão grande a sede de sangue brasileiro e maior o ódio a Pernambuco que a Portugal.

Submetida a província a 18 de setembro, perseguidos e presos a 29 de novembro alguns dos rebeldes no interior do Ceará a caminho da junção com as forças do Ceará, já em 18 de dezembro instalava Lima e Silva a Comissão Militar. Ele vinha com a recomendação de Vilela Barbosa, Marquês de Paranaguá — a quem José Bonifácio tanto odiava pelo seu servilismo —, de não admitir convenção ou capitulação alguma, pois a rebeldes não se devia dar quartel.

Mas com a mesma inspiração que há de passar a seu filho, o futuro e único Duque de Caxias, ele pouco depois começa a abrandar os rigores do castigo. "Tenho a convicção de que o Imperador antes quer governar a homens arrependidos e submissos do que reinar sobre montões de ruínas e de cinzas, e que me enviou a esta Província para sujeitá-la e não para destruí-la."

Concluídos os trabalhos da Comissão Militar, executados os cabeças, ele quer combinar seu zelo com a

126

moderação, como as circunstâncias exigem. Ainda antes da execução, intercede, pedindo a clemência imperial para o Major Agostinho Bezerra Cavalcânti, o jovem Tenente Nicolau Martins Pereira, para o Capitão Antônio do Monte Oliveira, para o americano James Heide Rodgers.

O Imperador e o Ministério já começavam a mostrar indisposição contra Lima e Silva. Intrigas urdidas pelo General José Manuel de Moraes — o que executara, para inglória sua, o fechamento da primeira Assembléia Constituinte Brasileira e aprisionara vários deputados, inclusive José Bonifácio — reforçavam a desconfiança acerca da brandura de Lima e Silva. Por tudo isso se exigiu dele que cumprisse sua promessa de punir os culpados.

O que desejavam Pedro I e seus serviçais era vingança e não julgamento e com isso não concordava Lima e Silva, insistindo na suspensão do rigor e no cumprimento da lei. Ele sabia e reprovava os excessos que as comissões militares podem cometer. Daí sua carta ao Imperador, documento da mais alta dignidade, onde rememora os abusos cometidos em 1817 por iguais comissões militares, as violências e despotismos que criaram a obstinação que ele encontrava agora, ódio ao governo que ele desejava desmentir por fatos de moderação, "e germinar nestes corações endurecidos por uma educação pervertida pela lição dos infernais periódicos, o amor que deviam ter à sagrada pessoa do Imperador e a confiança do Governo".

Dizia ainda Lima e Silva ao Imperador: "V. Exª, como sábio e experimentado nos grandes negócios, estará bem certo quão dificultoso é classificar e punir crimes de opinião, e em negócios tão melindrosos, mediante as circunstâncias em que se tem achado o Brasil e as vicissitudes das coisas, os diferentes caracteres com que se tem apresentado; a propugnação pela independência, os desejos da liberdade dos povos, a aluvião de escritos incendiários e subversivos da ordem, que têm posto todos os povos em desconfiança e em atitude de resistência ao que eles chamam roubo de seus direitos individuais e de sua decantada liberdade".

Termina dizendo que a "Comissão Militar não deve continuar por ser um tribunal de horror" e "pede que os comprometidos sejam julgados pelos tribunais ordinários que não são odiosos".

Era uma contradição insanável a coexistência das comissões militares e da constituição recém-outorgada. A Comissão Militar de 1817, seu renascimento em 1824, a negativa à concessão da anistia prometida no Ceará pelo Almirante Cochrane, e o não acolhimento às súplicas de Lima e Silva faziam crescer, ainda que em surdina, a grande emoção e a lúcida convicção de que D. Pedro e seu governo não eram dignos do Brasil.

Em sete anos virá a reviravolta, do exílio de José Bonifácio à expulsão de Pedro I, a vitória em parte do pensamento de Frei Caneca, o genuíno e verdadeiro representante do radicalismo republicano, federativo, constitucional, popular, do nacionalismo caboclo.

É nesta época que muitos patriotas abandonam os nomes familiares e adicionam nomes indígenas, ainda que extravagantes. Para substituir os Carvalho, os Costa, os Silva, os Souza, os Santos, bem como para definir a mentalidade exclusivista de uma época, adotaram-se os nomes indígenas de Angelim, Araripe, Acaiaba, Carnaúba, Brazil, Gamelheira, Inojosa, Jaguaribe, Jucá, Montezuma, Murici, Mororó, Samambaia, Sucupira e vários outros. Há muitos nomes na História do Brasil que devemos deixar sepultados no esquecimento, não mencioná-los para livrá-los do opróbrio da posteridade. Assim é a comissão indigna que julgou e condenou Frei Caneca e os outros patriotas.

Quando se reabriu a Assembléia em 1826, o Governo teve de dar conta das execuções, mas só mediante requisição mandou a lista (incompleta) dos condenados à morte cuja sentença fora cumprida. Bernardo Pereira de Vasconcelos, o grande chefe conservador, iria combater com todo vigor o "invento infernal" das comissões militares e defender a elaboração dos códigos penal e de processo penal para dar aos crimes, especialmente os políticos, a disciplina legal.

4. O patriota

Os revolucionários de 1824 são filhos e herdeiros dos princípios da revolução de 1817, a primeira que tentou e conseguiu por dois meses a independência do Brasil. Ambas foram republicanas, federativas, constitucionais, só aceitavam a soberania popular e defendiam as garantias individuais. Combateram por princípios liberais, radicais — não porque fossem às raízes dos problemas, mas porque não hesitavam em recorrer às soluções extremas —, e não foram, como afirmam alguns historiadores, separatistas, desmembradoras da integridade territorial, pois em todos os documentos oficiais buscam o apoio de todos os brasileiros e acreditam na federação brasileira.

Quem doou sua vida sem temor e por ideais, como Frei Caneca, mostrou ser um verdadeiro patriota. Ele escrevera em 1822, pouco depois de libertado da cadeia na Bahia, onde sofrera o castigo pela participação na revolução de 1817, uma *Dissertação sobre o que se deve entender por Pátria do cidadão e deveres deste para com a mesma Pátria* que teve grande repercussão, pois neste mesmo ano foram publicadas duas edições, em 1823, em Pernambuco e no Rio de Janeiro, o que não era nem é até hoje comum.

Partindo do princípio de que "um povo ignorante é um povo selvagem e bárbaro" e que cabe ao cidadão mais sábio instruí-lo, afirma: "Eu não escrevo para os homens letrados, sim para o povo rude, e que não tem aplicação às letras". Seu fim principal é evitar a rivalidade entre os brasileiros e portugueses europeus, muito agravada em Pernambuco, e mostrar que a Pátria de adoção vale mais que a de nascimento: "À pátria de direito é preferível a pátria de lugar".

É uma tese conciliadora, apaziguadora, numa hora extrema de lutas, quando se iniciava a guerra da Independência, a guerra contra os portugueses. Frei Caneca não oculta "as injustiças, preterições, atrasamentos que os Americanos (Brasileiros) têm sofrido dos Europeus (Portugueses)", nem deixa de censurar os portugueses que tendo adquirido riquezas no Brasil vão consumi-las em Portugal, "gastando em benefício de ingratas madrastas o sangue que extraíram da mãe amorosa, que os acolheu, alimentou e encheu de benefícios".

Reclamava contra o pedido de tropas, feito pelos comerciantes portugueses da Bahia, pagando as despesas

129

e mais tarde a proteção de Pedro I aos portugueses, escolhidos para os melhores cargos, os de maior confiança, nas armas e na justiça, punindo e julgando brasileiros. "O ser pernambucano foi uma prova indestrutível dos maiores crimes e o ser natural de Portugal uma justificativa e prova de inocência, ainda naqueles casos em que uns e outros obraram de mãos dadas."

Mostra com muitos exemplos os serviços prestados e as injustiças sofridas pelos pernambucanos. A rivalidade só pode diminuir se o filho adotivo integra-se à sua nova pátria e serve-lhe sem limitações. "Ainda temos as orelhas atroadas das muitas vezes, que ouvimos aos lusos europeus dizerem, que não eram patriotas de Pernambuco, e não tem sido possível esquecermo-nos do ódio e da infâmia a que eles pretenderam, mas em vão, reduzir o sagrado nome de *patriota*."

A palavra patriota não era nova, mas no sentido moderno só foi usada durante a Revolução Francesa. No Brasil ela adquiriu este espírito novo em 1817 e Frei Caneca é o seu verdadeiro intérprete, o chefe natural do nacionalismo caboclo. "De tudo isto se conhece", concluía Frei Caneca, "que não há coisa alguma no cidadão que se não deve propor ao bem da pátria; e tudo se deve sacrificar à conservação, lustre e glória da República: talentos, pensamentos, palavras, obras, tudo é da República. Riquezas, propriedades, honras, lugares, em tudo tem um direito inalienável a pátria. ... o coração cheio de piedade à pátria não reserva lugar algum aos outros afetos; calcam-se as outras paixões, e só fala o patriotismo".

Antes de ser fuzilado ele escreveu estes versos:

> Entre Marília e a pátria
> Coloquei meu coração
> A pátria roubou-mo todo
> Marília que chore em vão.

5. A personalidade

Frei Joaquim do Amor Divino Caneca nasceu no Recife (bairro de Fora das Portas) em 1779 e em

1796 tomava o hábito carmelitano. Fez os estudos e se ordenou aos 22 anos, sendo necessária devido à idade, uma dispensa apostólica. Seus avós eram portugueses, eram "ruivos", respondeu a quem o chamara "filho de pardo comedido". Aqui chegaram para tentar a fortuna, "em jaleco e ceroulas". Havia uma trisavó, Maria das Estrelas, que era "ponto de fé pia", que "havia de ser alguma tapuia, potiguara, tupinambá, senhora de muito mingau, tipóias, aipim e macacheira; e também se foi alguma rainha ginga, nenhum mal me faz; *já está à porta o tempo de muito nos honrarmos do sangue africano"*.

Foi professor de Retórica e Geometria, desempenhou vários lugares importantes na sua Ordem e na explosão de 1817 exercitou todo seu patriotismo, sua exaltação doutrinária, toda sua capacidade de luta e de idealismo. Preso, sofreu todos os horrores nas masmorras da Bahia até 1821, libertado pela anistia decretada pelas Cortes Portuguesas.

Em 1824, depois de ter sido o ideólogo, o pensador do movimento rebelde pelos seus escritos e seu jornal, não se entregou e marchou com o exército revolucionário até o Ceará, onde se deu a capitulação. Preso, condenado, "a serenidade do paciente", como escreveu Tobias Monteiro, "inspirava mais que piedade, inspirava admiração, prenúncio da vindoura celebridade. ... A primeira descarga abateu-o e iluminou-lhe o caminho da História".

A luz gloriosa do martírio clareou a consciência nacional e em 1831 verão os brasileiros, a começar pelo próprio Lima e Silva, que consternado o mandara fuzilar, no impasse da negativa dos carrascos, que a independência nacional só se faria livrando-nos de todo colonialismo e de todo o absolutismo que Pedro I representava.

6. *As conseqüências de 1824. A atualidade de Frei Caneca*

A revolução de 1824 ensinou e continua a ensinar muito aos brasileiros. Primeiro, educou-nos politicamente, mostrando-nos que na luta entre o absolutismo

131

e o radicalismo aquele tem sido sempre o vencedor. A política de vaivém, para frente e para trás, foi sempre a tendência dominante, as revoluções foram sempre derrotadas e as contra-revoluções vitoriosas. Mostrou que o republicanismo era uma forte corrente de opinião, capaz de levar ao sacrifício extremo, tantos e tão grandes patriotas. Era uma influência ideológica nitidamente norte-americana. Revelou a força do nacionalismo caboclo que significa especialmente dois princípios: primeiro, que a grande maioria do povo brasileiro é cabocla, seu substrato étnico é mestiço. É esse o agente principal de atuação histórica e o mais importante fator de identidade e estabilidade nacional. Segundo, como conseqüência do primeiro, quando se visa atender· a esta gente se atende implicitamente ao elemento básico do interesse nacional.

Isto ficou claro em 1824, como em outros movimentos populares brasileiros. Ficou claro também para todos, dirigentes e povo, o perjúrio, o ódio, a desumanidade de Pedro I. A destruição impiedosa dos chefes e o terror imposto ao povo visavam liquidar as mais bravas oposições. O juramento à Constituição outorgada se faria mesmo que fosse debaixo de baionetas e há, como sempre, exemplos de subserviência como a da Vila do Jardim no Ceará, que jurou aderir não só à Constituição, mas a todas as leis de Pedro I, e de altivez como a da Vila de Campo-Maior em Pernambuco, onde a Câmara declarou excluído do trono o Imperador e sua dinastia por ter dissolvido a Constituinte.

As conseqüências mais diretas após o julgamento e condenação dos rebeldes em 1825 são, primeiro, a abertura do Parlamento em 1826, e sete anos depois a liberdade, a anistia, a volta do exílio do Patriarca e a expulsão do Brasil de Pedro I.

Há um adágio português, lembrava o autor dos *Mártires Pernambucanos* (1853), que diz: "Pecados dos nossos avós, fazem-nos eles, pagamo-los nós", referindo-se às tiranias e perversidades portuguesas cometidas no Brasil. Pedro I as fez, foi expulso, e sua neta Isabel perdeu o trono.

7. HISTÓRIA E IDEOLOGIA. A DÉCADA DE 1870 a 1880 *

Há historiadores das épocas primaveris; há historiadores das fases outonais. Há historiadores de períodos felizes, como há historiadores de momentos desafortunados. Capistrano de Abreu escreveu, em 1882, que nenhum historiador naquela época era capaz de escrever uma história do Brasil. O motivo, acrescentava, era este: cada século exige certas qualidades especiais em quem o estuda. O século XVI exige aptidões que no século XVII são dispensáveis. O

---

* Conferência proferida na Academia Brasileira de Letras em 9 de julho de 1970, no ciclo sobre a década de 1870 a 1880. Inédita.

século XVIII, por seu lado, põe em jogo faculdades novas.

Uns têm capacidade para a história contemporânea, outros para a história primitiva. Raros serão os que podem reunir força de compreensão para ver tudo, e para sintetizar e julgar o conjunto da evolução e atribuir a cada época uma vida intelectual e relacioná-la com as forças existentes econômicas, sociais e políticas.

A história da história, a história das idéias históricas tem sempre um caráter ideológico, isto é, está ligada aos fatores concretos da situação econômica, social e política de cada época.

Apreciar a história das idéias históricas na década de 1870-1880 exige um conhecimento histórico concreto e fatual, ainda que o período, tomado como modelo, seja excessivamente limitado, tão breve que não se possa ver em ação duas gerações exemplares.

A história do Império de 1870 em diante não está ainda escrita, exceto nas histórias gerais do Brasil. Não contamos com obras especiais, como as de Alberto Rangel, Tobias Monteiro e Otávio Tarquínio de Souza para fases anteriores, embora sem seqüência completa. Contamos, é certo, com Joaquim Nabuco, cobrindo de 1870 a 1878, morte de seu Pai, o Conselheiro Nabuco de Araújo. E só este livro, o mais admirável que sobre o Império se escreveu, poderia bastar para satisfazer a mais exigente consciência histórica. Mas, na verdade, não é uma história, é uma biografia, e o Império paira no alto, sem fundamentos econômicos. Contamos, ainda, com várias outras biografias, mas a história não é a suma biográfica.

Escreveu D. Luiz de Orléans e Bragança que a década de 1860 a 1870 marca o apogeu do regime imperial. A partir daí o enfraquecimento sucessivo dos partidos, provocado notadamente pela cisão do Partido Conservador, acarretou uma decadência rápida das instituições parlamentares [1].

Será o aspecto outonal da década, será a deficiência de recursos documentários, será a falta de aptidão, será um ou serão todos esses fatores responsáveis, não

---

1. *Sob o Cruzeiro do Sul*, Montreux, 1913, p. 12.

pela insuficiência bibliográfica, que não é assim tão acentuada, mas pela inexistência de uma obra significativa? Existe uma bibliografia importante escrita na época sobre a época, menos de aplauso que de crítica, mas não existe uma história dos últimos dezenove anos do Império.

Sim, existe uma história, uma versão da história do Império, de todo o Império, escrita e aceita como a versão única e oficial. Não vou relembrá-la toda, mas apenas os aspectos desse passado, criado como uma ideologia, com o propósito de controlar indivíduos, motivar sociedades ou inspirar classes.

A história não é o passado. A história é uma criação dos historiadores, que sempre selecionam e julgam por conta própria, de acordo com sua concepção do mundo. Os fatos básicos não são senão matéria-prima, os tijolos da construção. Eles não falam por si. Eles são, como dizia uma personagem de Pirandelo, um saco, que se enche como se quer. Não propriamente como se quer, pois mesmo desrespeitando o fetichismo dos fatos e dos documentos, o historiador tem obrigações para com os fatos: exatidão, seleção, relevância.

A interpretação é o sangue da vida da História. O historiador nem é escravo humilde, nem mestre tirânico dos fatos, mas está sempre engajado no processo contínuo de ajustar seus fatos à sua interpretação, e sua interpretação a seus fatos, de tal modo que a História — e não o passado — se torna um diálogo interminável entre o historiador e o fato, entre o passado e o presente.

Gerações de historiadores europeus marcharam, como lembrou E. H. Carr, a quem seguimos nestas considerações metodológicas, entoando as palavras mágicas de Ranke — *wie es eigentlich gewesen* (como realmente aconteceu) —, como uma encantação, que visava, como todos os sortilégios, a salvá-los da obrigação cansativa de pensar por eles próprios.

Foi assim que construímos não uma história, mas um passado irreal, um Império encantado, repleto de mitos que se repetem monotonamente. Um Império próspero, róseo, calmo, tranqüilo, um povo dócil, cor-

135

dial, um passado incruento, uma liderança de grandes homens, que praticava a conciliação para bem de todos, povo e país, que queria as reformas, que servia apenas ao Brasil, com um governo que apreciava seu povo, que o queria sadio e educado, que não fazia do poder um círculo de ferro, plástico às mudanças sociais, compreensivo às oposições não só de seus iguais, na fortuna e no poder, mas dos seus desiguais na pobreza e na humildade. Relações paternais e doces entre senhores e escravos, fazendeiros e colonos, patrões e operários, povo e governo; não houve nem capitulação, nem terrorismo, de um lado ou de outro, todos colaborando no sucesso de nosso passado, tão criador que nos libertou de qualquer subdesenvolvimento futuro.

Eis o quadro oficial, formal, que ensinamos à nossa juventude; eis a visão ideológica de um passado romantizado, a que não faltou sequer um culto colonial, em que se louvaram os nossos dominadores; na seleção dos bons, ou dos melhores, sempre apologeticamente apreciados, não houve rigor; a paranóia, que foi um traço dominante de alguns líderes, em fases conturbadas, nunca foi denunciada. E mais, os *sipaios* — oficiais e não oficiais — não existiram na nossa história de ontem e de hoje. E mais, o que é inédito e único, a história não foi branca, foi também a da colaboração negra, índia, cabocla, enfim. Os negros, os mulatos, os índios, os caboclos, os mestiços de todas as variedades tiveram seu papel incorporado e destacado, inclusive seus protestos e lutas, na história oficial. Foi assim, sem dúvida, que escreveram esta história que se ensina de um passado tão prodigiosamento positivo.

O Brasil, que tem um passado e uma história domésticas e que apesar de suas possibilidades não fabrica história universal, antes a consome, viveu a década de 1870-1880 dominado por gabinetes conservadores, desde o do Visconde de Itaboraí (23º, 16 de julho de 1868 a 28 de setembro de 1870), o financista do Império; o do Visconde de São Vicente (24º, 29 de setembro de 1870 a 6 de março de 1871), o constitucionalista do Império; o do Visconde do Rio Branco (25º, 7 de março de 1871 a 24 de junho de 1875), o político conservador por excelência, o de maior duração temporal de todo o Império, mais de

136

quatro anos; e, finalmente, o do Duque de Caxias (26º, de 25 de junho de 1875 a 4 de janeiro de 1878), o do soldado modelo do Império e depois considerado o de todos os tempos. Foi somente em 1878, com o 27º gabinete (5 de janeiro de 1878 a 27 de março de 1880) que os liberais voltaram ao poder, na constante mutação entre conservadores e liberais que dominou o Império. A década de 1870-1880 é conservadora e dirigida pelas maiores sumidades do Império, e nem por isso se evita o descaminho das instituições imperiais.

Os efeitos da história européia sobre a nossa não eram tão imediatos, como hoje. Mas a unificação alemã, a guerra franco-alemã, a unificação italiana, a criação do Império Liberal e da Terceira República na França, o Comuna de Paris, os programas sociais democráticos, a criação da Primeira Internacional, os decretos do Primeiro Concílio do Vaticano, o *Kulturkampf* (a luta cultural) na Alemanha, a perseguição aos jesuítas, as leis anti-socialistas, na Alemanha, o programa social de Bismarck para conter o sucesso das idéias socialistas na Alemanha, a vitória conservadora de Disraeli sobre Gladstone na Inglaterra, não parecem produtos de outro mundo.

O século XIX, nesta fase, sobretudo, contém grandes temas: a revolução social, o crescimento das cidades, a transformação da agricultura, a proliferação dos Estados-Nações, a explosão dos Impérios ultramarinos, o erguimento da Rússia e dos Estados Unidos, a mudança de atitude dos indivíduos para com a autoridade. Em 1870, Rockefeller fundava a Standard Oil Company, e sob sua pressão, em 1893, faziam os americanos a primeira intervenção armada no Brasil.

O domínio conservador no Brasil reflete o inglês e o alemão. As decisões do Primeiro Concílio do Vaticano geram no Brasil, onde predomina o regalismo (a Igreja dominada pelo Estado), a grande ação dos franco-maçons, presididos pelo chefe do Gabinete, contra a Igreja e contra os Bispos; a campanha contra o ultra-montanismo (autoridade absoluta do Papa) alia grandes figuras liberais e republicanas, os mais velhos como Saldanha Marinho e os mais novos como Rui Barbosa e Joaquim Nabuco, este defendendo uma Igreja e um

137

clero nacionais integrados nas realidades da sociedade nacional.

A Igreja e o Estado, obra de Saldanha Marinho publicada entre 1873 e 1876 sob o pseudônimo de Ganganelli[2], nome de família do Papa Clemente XIV, que suprimiu a Ordem dos Jesuítas em 1773; os discursos e conferências de Rui Barbosa sobre a Igreja e o Estado[3], a tradução e introdução de *O Papa e o Concílio* de Janus[4], e *O Partido Ultramontano, suas invasões, seus órgãos e seu futuro*[5], de Joaquim Nabuco, constituíram a arma principal da luta contra a Igreja, a autoridade papal, os jesuítas, e a favor do regalismo e da maçonaria.

D. Pedro II era um regalista convicto e simpático aos maçons, tal como o Visconde do Rio Branco, regalista e chefe da maçonaria. D. Pedro, em carta ao famigerado Gobineau, de 4 de abril de 1874, escreveu: "A propósito de franco-maçons que nunca se importaram com doutrinas religiosas, no Brasil, pelo menos, os Bispos esquecem a carta constitucional e as leis do país. O governo não faz senão manter a independência do poder temporal em tudo o que não é puramente espiritual. Espero, no entanto, que a energia e a moderação do governo vencerão enfim esta resistência, fazendo a Corte de Roma reconhecer os verdadeiros interesses do catolicismo".

Gobineau, respondendo em 30 de maio de 1874, dizia: "Receio que a Santa Sé não seja inspirada pelo Espírito Santo quanto aos negócios deste mundo, principalmente no que diz respeito ao Brasil"[6].

Quando surgiu o movimento quebra-quilos no Nordeste, em 1874, o Visconde do Rio Branco via na sedição a inspiração jesuítica e expulsava todos os jesuítas estrangeiros do Império, como se vê nas cartas que escreveu a D. Pedro II[7]. O movimento não se

2. Rio de Janeiro, 1873-1876, 4 v.
3. Ed. de Homero Pires, São Paulo, 1933.
4. 1. ed., Rio de Janeiro, 1877. Tradução e introdução de Rui Barbosa.
5. Rio de Janeiro, 1875.
6. READERS, Georges. *D. Pedro II e o Conde de Gobineau.* Rio de Janeiro, 1938. Brasiliana, v. 109, pp. 162 e 165.
7. Cartas do Visconde do Rio Branco. *Anuário do Museu Imperial.* Petrópolis, 1951, v. XII, escrito X, pp. 123, 129, 130, 156.

cingiu ao Nordeste, especialmente Pernambuco, Paraíba, Rio Grande do Norte, mas surgiu também em Santa Catarina, donde se retiraram tropas para abafar o movimento no Nordeste. Prendam-se, saiam os jesuítas; é indispensável a saída dos jesuítas, escreveu o Visconde do Rio Branco, sem deixar de acentuar, com sua política, por ele mesmo denominada temporizadora [8], que "temos tido o cuidado de não acusar o partido liberal, mas há liberais metidos no movimento e não convém ocultar este fato, quando as notícias o mencionarem por modo positivo" [9].

Não se pode deixar de entrelaçar o estabelecimento da Terceira República na França com a criação do Partido Republicano, ambos de 1870. A ideologia republicana de 3 de dezembro de 1870 era uma variante do liberalismo político, e, como este, contido e limitado nas suas reivindicações sociais, pois quatorze dias depois A República põe nos devidos termos a questão da igualdade, no fundo querendo dizer apenas que nós somos mais iguais que eles, isto é, os escravos.

Ideologicamente dividido, como ideologicamente era dividido o liberalismo, o manifesto republicano não disse uma palavra sobre o problema servil, e a 18 de maio de 1871 anunciaram os signatários que, embora fossem abolicionistas, não apoiariam a proposta da Lei do Ventre Livre de Rio Branco. Alegavam uma posição ética que os impedia de aceitar uma lei que separava pela liberdade os filhos dos pais.

Mas não era verdadeiro este pretexto, pois em 1881 o Partido Republicano de São Paulo não era ainda favorável à abolição, e o do Rio de Janeiro pleiteava a indenização. Joaquim Nabuco escreveu, em 1886, que "a minoria liberal pode responder que não é abolicionista, mas aí está exatamente a causa da sua fraqueza. O país não tem mais paciência para ouvir falar em liberais que não são abolicionistas. Um Partido Liberal que não repudia a escravidão é um Partido de nome suposto" [10].

A República não foi realmente uma vitória do Partido Republicano senão nos efeitos da propaganda,

8. Idem, p. 150.
9. Idem, p. 123.
10. *O País*, 24 ago. 1886.

139

porque a Revolução de 15 de novembro de 1889 permanece, como escreveu o historiador americano George Boehrer, quase exclusivamente uma revolta militar [11].

A criação da Primeira Internacional, os programas socialistas e as leis anti-socialistas repercutiram também no Brasil. As idéias não têm fronteiras, e todas as revoluções nacionais se fizeram com auxílio e oposição estrangeiros, sob formas as mais variadas. Em 1873, em carta a D. Pedro II, o Visconde do Rio Branco comunicava o recebimento da denúncia de uma conspiração republicana em entendimentos com a Internacional. Um dos denunciantes pediu ao seu filho, o futuro Barão do Rio Branco, que lhe conseguisse uma entrevista. Entre os denunciados estavam Moreira Pinto, professor da Escola Militar, que procurava mover os estudantes militares, e um tal de Ferro, que ia à Europa, entender-se com a Internacional [12].

É pena que nem o Visconde, nem o Barão, tivessem deixado maiores informações, mas o fato é que de março a maio de 1873 as delações progrediram e nesta última data refere-se o Visconde a "uma denúncia que o Andrade (será João Pereira de Andrade, que foi encarregado de negócios em Londres e em 1872 publicou um livro: *Grã-Bretanha. Sobre a educação secundária, acadêmica ou universitária na Grã-Bretanha,* Rio de Janeiro, 1872?) recebeu em Londres de virem ou já terem vindo para o Brasil alguns membros da Internacional munidos de uma matéria explosiva mediante certa aplicação de petropoleo (*sic*): veio uma amostra, que na aparência é carvão vegetal ou de pedra. O Sr. Andrade não conhece o denunciante, que só pede prêmio depois de averiguações que confirmem a sua denúncia. Tomam-se as providências convenientes, conquanto tudo isso me pareça invenções próprias da quadra na Europa e aqui" [13].

A história interna, a história nacional da década tem suas contradições econômicas, políticas e sociais

11. *Da Monarquia à República.* Rio de Janeiro, Ministério da Educação e Cultura, 1954, p. 286.
12. "Cartas do Visconde do Rio Branco", cartas de 14 e 15 de março de 1873, ob. cit., pp. 173, 174-175.
13. Cartas citadas, 3 de maio de 1875, p. 184.

140

que se refletem na história das idéias, em geral, e na história das idéias históricas.

O ponto básico é a ideologia econômica do *laissez-faire*, do comércio livre, que ajudou a Inglaterra a expandir-se, constituindo não só seu domínio formal como seu império informal, do qual fizemos parte.

A exportação de capitais, de manufaturas, de conhecimento técnico ajudou a integrar a nossa economia ao imperialismo britânico. As grandes obras de Alan K. Manchester [14], de J. Fred Rippy [15], de Richard Graham [16] e de D. M. C. Platt [17], revelaram toda a história da subordinação de nossa economia aos interesses britânicos. Os investimentos britânicos eram, no fim de 1880, de um total nominal de quase 39 milhões de libras esterlinas, sendo que quase 16 milhões empregados em empresas econômicas, tais como companhias de navegação, estradas de ferro, companhias de seguros, de colonização, bancos, bondes, iluminação a gás, serviços da *City*, portos, engenhos centrais, empréstimos ao Governo.

O importante é acentuar que nem todas as regiões do Império britânico tiveram o mesmo nível de integração e nem todas as regiões exigiram o mesmo tipo de controle político. Mas o fato, analisado e interpretado por John Gallagher e Ronald Robinson, num artigo sobre o Imperialismo do Comércio Livre [18], é que as técnicas mercantilistas de império formal empregadas na Índia no meio do reinado da Rainha Vitória eram também usadas como técnicas informais de comércio livre na América Latina para os mesmos fins.

Deste modo, a tendência atual da historiografia econômica inglesa é reconhecer a importância do império informal, e acentuar a importância das armas econômicas e políticas. Um dos exemplos do império infor-

14. *British Preeminence in Brazil*, Chapel Hill, The University of North Carolina Press, 1933.
15. *British Investments in Latin America, 1822-1949*. Anchor Books, Hamden, Connecticut, 1966.
16. *British & the Onset of Modernization in Brasil, 1850-1914*, Cambridge University Press, 1968.
17. *Finance, Trade and Politics. British Foreign Policy, 1815-1914*, Oxford, Clarendon Press, 1968.
18. The Imperialism of Free Trade. *The Economic History Review*, 2.ª série, v. VI, n.º 1, 1953, pp. 1-15.

mal é o Brasil, cujo governo foi sempre pressionado e intimidado. O controle econômico do Brasil foi fortalecido pela construção de estradas de ferro, iniciadas, financiadas e operadas por companhias britânicas, mas encorajadas pelas generosas concessões do governo brasileiro.

Era somente quando os meios políticos informais deixavam de prover a segurança do empreendimento britânico que se levantava a questão do império formal. No Brasil isso nunca surgiu, porque as idéias do liberalismo econômico que modelaram a ideologia concessionária facilitaram a integração informal. Foi mesmo o ultraliberalismo econômico brasileiro o grande responsável pela instabilidade financeira do Brasil, e dele participaram não só os liberais, mas muitos conservadores.

O liberalismo econômico nunca esteve moribundo ou morto, mesmo em fases conservadoras, e não foi incomum o apelo ou a consulta a negociantes e capitalistas britânicos nas tentativas de remediar a anarquia financeira. As garantias de juros para o capital empregado nas estradas de ferro e nos engenhos centrais não eram apenas uma concessão ideologicamente liberal, eram uma generosidade com o chapéu alheio, de que não estava ausente a defesa de interesses próprios.

Houvesse ou não da parte do Império Britânico uma rejeição à ambição territorial, como afirma Platt, na América Latina em geral e no Brasil em particular, o fato é que a América Latina era uma área de agressão imperial, onde, nas palavras de David W. Brogan [19], governos fracos e corruptos estavam óbvia e conspicuamente abertos à pressão estrangeira.

Nem é verdadeira a afirmação de que não tivesse a Grã-Bretanha ambições territoriais, pois na segunda entrevista do Ministro americano William Trousdale, em 20 de outubro de 1856, com J. M. da Silva Paranhos, futuro Visconde do Rio Branco, este declarou-lhe que a França e a Inglaterra vinham, ultimamente, manifestando desejo de pleitear grandes porções de ter-

---

19. Resenha do livro de G. LYTTON STRACHEY, *End of Empire*, em *Encounter*, maio 1960, p. 77.

ritório brasileiro ao Norte do Amazonas, e assim o fizeram, como sabemos [20].

Foram os liberais os mais responsáveis pelas concessões aos britânicos. Richard Graham, num artigo sobre as técnicas do Poder Britânico no Brasil do século XIX, dá curso à expressão *sipaios* como aliados nativos do imperialismo britânico e a equipara à palavra colonialistas [21].

O imperialismo sempre persuadiu líderes de países subdesenvolvidos a aceitar valores, atitudes e interesses do poder imperial como adequados às necessidades do país subdesenvolvidos. Para finalizar este aspecto da influência da ideologia liberal na dominação inglesa — sem esquecer que Mauá pertencia ao Partido Liberal e foi um dos principais instrumentos desta penetração —, é necessário acentuar que as classes dirigentes e médias viveram de gêneros importados para que a agricultura se dedicasse só e só ao café. Se o café não era importado pela Grã-Bretanha, eram os ingleses seus principais exportadores, eram ingleses os navios que transportavam o café, era especialmente inglesa a principal importação brasileira — as máquinas, as fazendas, a batata, o arroz, a cerveja.

Por isso um financista inglês, J. P. Wileman, que hoje chamaríamos monetarista — e cuja obra teve tanta influência num dos maiores colonialistas que o Brasil já teve, Joaquim Murtinho —, escreveu que "o fato inegável revelado pelo estudo das causas da elevação cambial durante o período de 1868 a 1875 é que os recursos nacionais quase desassistidos foram suficientes para elevar a taxa cambial do ponto mais baixo que ela atingiu a acima do par, em sete anos, e logo após uma guerra exaustiva" [22].

20. "Memorandum of an interview between William Trousdale, United States Minister to Brazil, and José Maria da Silva Paranhos, Minister of Foreign Affairs of Brazil, at Rio de Janeiro, October 20, 1856", em WILLIAM R. MANNING, *Diplomatic Correspondance of the United States. Inter-American Affairs, 1831-1860*, Washington, 1932, v. pp. 513-515.

21. "Sepoys and Imperialists. Techniques of British Power in Nineteenth-Century Brazil", *Inter-American Economic Affairs* out. 1969, pp. 23-36.

22. *Brazilian Exchange, The Study of an inconvertible currency*, Buenos Aires, 1896, p. 28.

É isto tudo apesar dos lucros do capital estrangeiro terem se elevado de 1861 a 1893 a mais de 150% [23], e de ter o povo brasileiro pacientemente pago as fantásticas somas da dívida externa.

Os valores, atitudes e crenças que o imperalismo tentava impor não eram somente econômicos, eram também políticos e sociais. No livro de V. G. Kieman, *The Lords of Human Kind* [24], sobre as atitudes européias para o mundo exterior na era imperial, conta-se esta história bem significativa: Palmerston disse certa vez a um Paxá que nada iria bem na Turquia até que a poligamia fosse abolida. "Ah! milord", replicou o Paxá, "nós faremos como vós; apresentaremos uma, e esconderemos as outras".

Socialmente, conservadores e liberais construíram uma imagem do Governo e do Povo muito parecida, com pequenas variações. Mas o Poder não era esse que eles viam com seus olhos, nem o povo aquele que eles queriam que fosse: um governo representativo, constitucional, estável, um povo tranqüilo, bondoso e dócil. Eles construíram uma imagem da realidade e um retrato do povo que atendia com pequenas variações às ideologias dos dois Partidos. Até que ponto esta imagem e este retrato oficiais coincidiam com a realidade social, eis o principal problema.

Sabiam os conservadores mais que os liberais que forças subterrâneas agiam por baixo de seus pés e podiam transformar-se num vulcão social, de um momento para outro. As leis repressivas como a de 3 de dezembro de 1841, que instituiu um verdadeiro policialismo judiciário, a agravação das penas aos escravos, desde 1835, mostram o que os conservadores temiam essas forças populares e fizeram essas leis como um instrumento político não só contra os liberais, mas contra todos que se insurgissem contra o poder.

Os liberais se revoltaram em 1842 e quase de imediato voltaram a se incorporar às forças políticas do país. Não eram realmente eles os visados, mas sim

23. Ob. cit., p. 80.
24. Weidenfeld & Nicolson, Londres, 1969, p. 135.

144

todos os radicais de qualquer espécie, e muito especialmente os revoltosos populares. A reforma judiciária de 1871 fez algumas concessões ao espírito liberal, vedando alguns excessos policiais, mas a magistratura e a polícia foram sempre acremente censurados pela corrupção, vinculação partidária e abuso de processos violentos.

Na lei e no debate parlamentar sempre se distinguiu revolução, feita por gente igual, e rebeldia, sedição e insurreição, feitas por gente menor socialmente ou por escravos. O caráter discriminatório da distinção se revela na forma de tratamento dado, por exemplo, à Revolução dos Farrapos e à Revolução de 1841, ou à de 1848, ou pior ainda, aos bandos — esse é o termo usado — em lutas que inundavam o interior do país, ou às lutas dos escravos negros.

O decênio não está isento de revoltas, a do quebra- -quilos, em 1874, no Nordeste, e a dos Muckers, no Rio Grande do Sul, em 1874-1875, ambas rústicas, de influência religiosa ou messiânica, nem de inumeráveis bandos que lutam no interior, nem tampouco das insurreições negras. Se as duas revoltas são conhecidas e estão incorporadas às histórias gerais, se os movimentos messiânicos têm merecido um exame aprofundado de suas crenças, e idéias, nem os bandos nem as insurreições negras do fim do Império são conhecidos.

Ao abrir-se o decênio, o Ministro da Justiça comunicava à Câmara não ter havido perturbação da ordem pública, resultado lisongeiro que se devia à índole pacífica dos brasileiros, escrevia, embora páginas adiante apontasse os bandos que infestavam o interior de Pernambuco, Paraíba do Norte e Alagoas. Grupos, bandos, quadrilhas lutam pelo interior e muitas vezes atingem e abalam cidades de todo o Nordeste, todos os anos da década, excetuado 1873.

O banditismo social, que é parte importante da história popular, inexiste nas histórias gerais e não foi ainda objeto de pesquisas e análises mais profundas. Os grandes bandidos da época, como Francisco Correia Ataíde Siqueira, João Nazário, João Quirino,

145

Joaquim Gomes da Silva, os famosos Viriatos da Paraíba, Antônio Pereira de Carvalho chefiavam grandes bandos uniformizados, bem montados e bem armados, que em correrias pelos municípios atacavam coronéis e autoridades policiais e judiciárias e distribuíam uma justiça primária.

A pobreza e a violência, os problemas do despojamento da terra, a vingança, a coragem física, a auto-expressão pessoal, o individualismo misturado a uma espécie de igualitarismo punitivo, a dramatização, o gosto da exibição são os elementos psicossociais desta explosão rústica que as autoridades não conseguindo dominar, apesar de todo o terror empregado, amaldiçoavam, e os historiadores oficiais fingiram ignorar.

As secas agravaram esse quadro, especialmente no Ceará, onde de 1877 a 1880 o fenômeno repetido e prolongado teve conseqüências sociais e econômicas que atormentaram as populações flageladas [25]. A grande crise climática abala a estrutura social e econômica da Província do Ceará e motiva, pela miséria, o crime e o fanatismo.[26]

Ao lado dos bandos, os escravos nas suas lutas encharcaram de sangue a terra. Suas insurreições constituem um processo contínuo e não esporádico, e a versão de um quadro paternal e doce, no qual a confraternização predominou sobre a discórdia, subverteu a verdadeira inteligência do processo. Tal versão é uma ideologia criada pelas classes dominantes, exposta pelas correntes oficiais de seus historiadores e sociólogos.

As formas de reação negra se manifestaram na fuga, no quilombo, nas insurreições, nos crimes, nos suicídios. Sabemos que a fuga se generalizou em massa e foi sempre combatida até às vésperas da Abolição, quando o Exército se negou a fazer o papel de capi-

---

25. Vide M. A. DE MACEDO, *Observações sobre as secas do Ceará e os meios de aumentar o volume das águas nas correntes do Cariry*, Rio de Janeiro, 1878; RODOLFO TEÓFILO, *História da Seca do Ceará (1877-1880)*, 1922.

26. RODRIGUES, José Honório. "A Historiografia Cearense na Revista do Instituto do Ceará". In: *Índice Anotado da Revista do Instituto do Ceará*, Imprensa Universitária do Ceará, 1959, pp. 9-41.

tão-de-mato; os quilombos existiam no próprio Rio de Janeiro em 1871 e 1878; as insurreições sepultadas na história pela historiografia oficial ensangüentaram os anos de 1871, 1872, 1877, 1878, 1880; os suicídios cresceram desde 1860; os crimes individuais ou de grupos contra senhores e feitores aumentaram, e a pena das galés, confessavam as autoridades públicas em 1974, tinha perdido a virtude da intimidação, especialmente para os criminosos de condição servil, que consideravam vantajosa a troca da escravidão pela vida ociosa das cadeias [27].

E como o Conselho de Estado decidira, desde 1872, que o perdão conferido pelo Poder Moderador anulava a condição social dos escravos condenados às galés perpétuas, não podendo voltar à escravidão, deixava de interessar aos senhores a pena de morte e a de galés, preferindo a de açoites, embora muitas vezes nem o senhor nem o magistrado soubessem os limites de humanidade e os deveres do homem para com o homem.

Foi em 1883, passado o nosso decênio, que Joaquim Nabuco indignou-se diante da tragédia da morte de dois escravos trezentas vezes açoitados. O caso do escravo Nazário, que foi morto a pedradas pela população branca de Itu, em 8 de fevereiro de 1879, por ter assassinado seu senhor, Dr. João Ferraz da Luz, é um caso típico de linchamento, entre vários outros.

A escravidão foi um campo de concentração e, não um falanstério, como a denunciou na época o próprio Joaquim Nabuco, que tanto a combateu, e como uma sociologia e uma história colonialistas posteriores quiseram apresentar, numa evidente construção ideológica.

Em Mossoró, em 27 de janeiro de 1879, a população paupérrima de indigentes e retirantes que pedia apenas gêneros alimentícios, sofreu das autoridades policiais as maiores violências, de que resultaram seis mortos e vários feridos.

27. Ver "A rebeldia negra e a Abolição", em *História e Historiografia*, Petrópolis, Vozes, 1970, pp. 65-88.

147

A visão histórica de um povo de boa índole e de caráter pacífico não é senão um retrato torcido e deformado. Durante o Império, durante o decênio, tal como na Colônia, "os alicerces", como escreveu Capistrano de Abreu, "assentaram sobre sangue, com sangue se foi amassando e ligando o edifício e as pedras se desfazem, separam e arruínam". O próprio Capistrano escreveu que o povo brasileiro foi sangrado e capado, mas creio que se o sangraram não o caparam, como nesta e outras fases ele soube mostrar.

Se a ideologia social foi assim como a econômica construída com tantas deformações, a política e a histórica não o foram menos. No que se assemelhavam e se distinguiam conservadores e liberais, na obra política e na construção histórica? Esta é a questão essencial. Tem-se dito e repetido que o sistema bipartidário nunca funcionou e que os dois partidos pouco se distinguiram. No meu livro *Conciliação e Reforma no Brasil* [28], no capítulo sobre "A Política Nacional: Uma Política Subdesenvolvida", citei as palavras do futuro Visconde do Rio Branco, ditas e repetidas em 1862 e 1864 sobre a indiferenciação política dos dois Partidos e as palavras de Nabuco de Araújo e Magalhães Tacques de que os partidos representavam a grande propriedade, as grandes famílias, os grandes interesses.

Se isto define a posição social dos grupos dominantes, não revela as diferenças ideológicas de uns e outros. Vejamos, por exemplo, uma grande questão como a Lei do Ventre Livre, e as duas posições, nos debates parlamentares. Foi na defesa da aprovação desta lei que Paranhos revelou toda a força de sua consciência, a mais lúcida que teve o Segundo Reinado, como dele escreveu Joaquim Nabuco. Vendo que alguns conservadores e os liberais em geral desejavam evitar a passagem da lei, propondo outras reformas, subordinando a medida a um vasto programa de realizações, numa tentativa de procrastinação, ele não hesitou em cindir o Partido Conservador.

A reforma, dizia Paranhos na Câmara dos Deputados, em 31 de julho de 1871, "é uma questão de

28. Rio de Janeiro, Civilização Brasileira, 1965.

148

ordem pública, é uma questão social, à qual o Governo não pode ser neutro". Ele tinha consciência da necessidade das concessões graduais, da gravidade da situação, das ameaças de convulsão social. Replicando à oposição liberal e de alguns conservadores cegos, falou que o que se podia dizer dessa lei é que ela concedia "muito à escravidão, e muito pouco à liberdade".

As medidas que propunha, continuava, não ofereciam perigo algum, sua negação sim. "A permanência da escravidão como existe hoje é que nos ameaça de grandes perigos que não podem escapar à perspicácia dos nobres deputados". "Se quereis favorecer a lavoura, outros são os meios, não o de opor um dique a esta reforma, dique que não haveria forças que o pudessem sustentar contra esta torrente impetuosa. Se quereis favorecer a lavoura é preciso dizer-lhe que o seu maior perigo estará nesse cego antagonismo entre o proprietário do escravo e a idéia de emancipação; que os interesses legítimos dos proprietários devem e podem ser conciliados com os interesses da sociedade, com a nossa civilização, que reclama a altos brados esta reforma", diria no debate do dia seguinte [29].

Sabemos, pelos estudos modernos, que não há teoria pura, e que o fenômeno do pensamento coletivo, que procede de acordo com seus interesses, e sua situação social e existencial, é o que se chama ideologia, cujos fundamentos teóricos foram desenvolvidos por Karl Mannheim. A lição básica derivada da experiência política se exprime nesta máxima formulada por Napoleão: "On s'engage, puis on voit".

O conservadorismo histórico, ensina o mesmo Mannheim, tende sempre a decifrar as tendências inerentes do crescimento. Sumariamente ele vê seus interesses como pessoa política que deve fazer isto ou aquilo para realizá-los, sabendo a posição específica que ocupam no conjunto do processo social. A mentalidade conservadora não tem predisposição para teorizar, nem alimenta utopias. Ela está sempre, em sua estrutura, em completa harmonia com a realidade, que

29. *Discursos do Sr. Conselheiro de Estado e Senador do Império J. M. da Silva Paranhos*, ob. cit., pp. 363, 368-369.

ela dirige. Faltam-lhe as reflexões, as iluminações do processo histórico, originadas de um impulso progressista. Não é para progredir que ela dirige a mudança, mas para continuar a manter o controle prático das coisas e da sociedade.

É só atacada que ela questiona as bases do seu domínio, reflete sobre sua posição e cria a contra-utopia. Porque se guia impelida pela oposição, ela só descobre sua *idéia,* sua fórmula, e reformula sua ideologia depois do fato acontecido (*ex post facto*). Ela é crepuscular e é porque seu opositor liberal a forçou na arena do conflito, que quando se avolumam as nuvens das tempestades, o conservador muda, muda pouco, mas muda. E prefere o pouco à utopia, que é para eles vaporosa, inconcreta, e inoportuna. A posição de Rio Branco se ajusta exatamente a estes elementos essenciais do pensamento conservador.

Não é assim a ideologia liberal. Ela contém sempre em si mesma a utopia, um fim formal projetado no infinito, a aceitação positiva da cultura e a doação de um elemento ético aos negócios humanos. O liberal é um crítico, e não um criador, e o ideal prevalece sobre o interesse, ou luta contra este em todo o processo de construção ideológica e de execução prática. A idéia do progresso, das liberdades — uma concepção igualitária de liberdade, que raros liberais no Brasil tiveram —, um tempo futuro direto ao fim, e um indeterminismo e incondicionalismo derivados dos imperativos éticos, sem validade histórica.

Os conservadores são determinados e querem integrar a porção possível da utopia, criada na luta com os liberais, na realidade social dominada. Os conservadores podiam dividir-se, como se dividiram no Brasil, especialmente nas reformas, mas os liberais se dividiram mais e chegaram a formar facções com nomes diferentes. E como o trabalho escravo foi o agente principal da produção, a sociedade colonial persistiu no Império, tornando difícil um liberalismo político genuíno.

Não foi assim com o conservadorismo. Sua intenção inicial no determinismo histórico, sua ênfase nas forças silenciosas do trabalho, a absorção contínua do

150

elemento utópico na vida real, possibilitavam novas e espontâneas criações, muitas vezes a reinterpretação dos velhos padrões. Mas o próprio conservadorismo no Brasil, embora mais realista, não soube renovar-se, como devia, para renovar o Brasil. Os quadros dirigentes conservadores ou liberais são compostos de alguns raros exemplares de autênticos criadores. Por tudo isso o Brasil não teve vitoriosas senão a Contra-Revolução e a Contra-Utopia.

As bases gerais do consevadorismo histórico foram formuladas no Brasil quase simultaneamente por Justiniano José da Rocha e Francisco Adolfo de Varnhagen, mas sobre isso escreveram os dois no decênio de 1850 a 1860.

Varnhagem escreveu intensamente nos oito anos dos setenta, morrendo em 1878. Afora os estudos sobre Américo Vespúcio, as edições de grandes textos literários e históricos, como *Da Literatura dos Livros de Cavalarias,* os *Colóquios dos Simples e Drogas e Coisas Medicinais da Índia,* de Garcia da Orta, a *Descrição do Maranhão,* de Maurício de Heriarte, a *Arte da Língua Guarani,* do Padre Antonio Ruiz de Montoya, os artigos biográficos e históricos da *Revista do Instituto Histórico e Geográfico Brasileiro,* Varnhagen publicou a *História das Lutas com os Holandeses* [30] a segunda edição aumentada e melhorada da *História Geral do Brasil* (1877), acabou a *História da Independência* e defendeu em livro a interiorização da capital [31].

Dos grandes contemporâneos de Varnhagen, nem João Francisco Lisboa, nem Joaquim Felício dos Santos, que o superaram nas monografias, não pelo rigor das pesquisas, mas pela capacidade construtiva da obra, escreveram, neste decênio, nem foram conservadores.

Da mesma geração de Varnhagen e que escreveram no decênio e foram conservadores estão João Manuel Pereira da Silva e Cândido Mendes de Almeida. O primeiro (1817-1898) escreveu profusamente, sem pesquisa metódica e sem espírito crítico. Declarou nos

30. 1. ed., 1871; 2. ed.. 1872.
31. *A Questão da Capital: Marítima ou no Interior,* Viena, 1877.

prólogos de seus livros ter consultado arquivos e bibliotecas, mas o que aparece são a legislação, jornais e os documentos impressos e folhetos da época. Escreveu muito, com facilidade, buscando o sucesso imediato.

Sua obra principal, afora a *História da Fundação do Império*[32], é constituída pelo *Segundo Período do Reinado de D. Pedro I no Brasil*[33] e pela *História do Brasil durante a menoridade de D. Pedro II*[34]. Áulico, advogado de traficante de escravos, conferencista de palavra fácil, sua obra foi louvada pelos contemporâneos desde Tristão de Alencar Araripe, que o julgou superior a Varnhagen, até Porto Alegre e Francisco Otaviano. O processo de revisão de seu papel na historiografia brasileira iniciou-o Capistrano de Abreu e foi retomado por Joaquim Nabuco, ao fazer-lhe o elogio no Instituto Histórico em 1898. Disse Nabuco que, apesar da extensão de sua obra, que abrangia de 1800 a 1886, seu lugar era provisório, "porque neste trabalho todo há antes justaposição e elaboração, e não crítica nem critério certo. Mas nem porque terá de ser substituída deixa a obra de ter valor relativamente à sua época, à nossa época em que nenhum outro se abalançou a fazer o que ele fez e era preciso fazer".

O juízo restritivo de Nabuco incluído num Elogio mostra até que ponto Pereira da Silva descera no conceito dos novos historiadores. Capistrano de Abreu foi mais severo, dizendo que era um cicerone tão descuidado e tão infiel que não merecia grande fé. O Barão do Rio Branco acusou-o de ter inventado uma batalha que não teve lugar.

Cândido Mendes (1818-1881) foi um mestre perfeito, não somente de alunos, mas de estudiosos em geral. Escreveu Capistrano de Abreu, em artigos publicados em 1882 sobre Varnhagen, que apenas um brasileiro lhe podia ser comparado, no conhecimento do século XVI, mas de longe: Cândido Mendes de Almeida. Esclarecia Capistrano de Abreu que não se pode comparar, senão a grande distância, uma história seguida e completa com monografias limitadas. Foram estudos escritos na *Revista do Instituto Históri-*

32. Rio de Janeiro, Garnier, 1864-1868. 7. v.
33. Rio de Janeiro, 1870.
34. Rio de Janeiro, 1878.

co e Geográfico Brasileiro, entre 1876 e 1879, que fizeram Cândido Mendes de Almeida merecer de Capistrano de Abreu um juízo tão singular.

Capistrano de Abreu escrevera nesse mesmo artigo, como já acentuamos, que cada século exige qualidades especiais. Creio que as faculdades que tornaram a obra monográfica de Cândido Mendes de Almeida de tanto valor consistem na sua profunda convicção religiosa, nos estudos teológicos, no grande conhecimento da história eclesiástica que lhe permitiram compreender um século que é uma crônica de frades, de catequese, de moralização promovida pelos jesuítas, de propaganda da fé. Ele os via de ponto de vista diferente daqueles que começam pela história econômica e política. Sua obra, afora a monográfica, não se contém toda neste decênio, pois os estudos sobre divisão territorial, limites provinciais (1851-1852), o *Atlas do Império* (1868), o *Direito Civil Eclesiástico* [35] e o *Auxiliar Jurídico* [36] são anteriores. Desta década são apenas a edição de textos históricos genuínos nas *Memórias para o Extinto Estado do Maranhão* [37], a reedição crítica do *Código Filipino* [38] e a reedição dos *Princípios do Direito Mercantil* [39] de José da Silva Lisboa. Só o *Direito Civil Eclesiástico* e a reedição do *Código Filipino* bastariam para imortalizar seu nome, pois ambos são livros que nenhum historiador e jurista pode desconhecer, ontem, hoje ou amanhã. Era um espírito profundamente conservador, que lutou contra o regalismo do Império e se distinguiu defendendo os bispos na Questão Religiosa.

Se Joaquim Manoel de Macedo (1820-1882) e Tristão de Alencar Araripe (1821-1908) militaram no Partido Liberal, suas obras históricas são conservadoras no espírito e na execução. Do primeiro não são *Um Passeio pela Cidade do Rio de Janeiro* (1862-1863), escrito antes da nossa fase, e sobretudo as *Memórias da Rua do Ouvidor* (1878), livros de leitura agradável, pequenas histórias da cidade, que o podem

35. Rio de Janeiro, Garnier, 1866, 3 tomos.
36. Rio de Janeiro, 1869.
37. Rio de Janeiro, 1860-1874. 2 v.
38. Rio de Janeiro, 1870.
39. Rio de Janeiro, 1874.

153

classificar entre os conservadores. Nem o seu *Ano Biográfico Brasileiro* [40], contendo mais de 355 nomes, nem a *Efeméride Histórica do Brasil* [41] permitiriam sua inclusão entre os conservadores. Foram as suas *Lições de História do Brasil* [42] que introduziram os quadros de ferro de Varnhagen e se constituíram na base do ensino até o aparecimento da obra de João Ribeiro. Foi o Dr. Macedo, como contou Vieira Fazenda, seu aluno, um péssimo professor. "Nunca pude compreender", escreveu, "como sendo o Dr. Macedo homem ilustrado não permitisse a seus alunos apreciar a nossa história, com um pouco de filosofia. Era repetir o que estava no compêndio e nada mais" [43].

Macedo teve enorme influência na formação conservadora da juventude brasileira, que iria em breve distinguir-se nas letras e na política. Mas nem por isso Joaquim Nabuco, seu discípulo, deixou de ser liberal. Há outras figuras menores da historiografia conservadora desta época, mas não é este o caso de Jerônimo Martiniano Figueira de Melo (1809-1878), que, embora tenha escrito em outra fase a interpretação conservadora da Revolução da Praia [44], faleceu neste decênio, em 1878 (20 de agosto).

Neste decênio faleceu também um dos historiadores brasileiros mais eruditos de todos os tempos, Joaquim Caetano da Silva, cuja obra fora escrita no decênio anterior. Capistrano de Abreu escreveu, ao analisar a obra de Varnhagen, que só dois brasileiros poderiam escrever a história do Brasil melhor que este: Joaquim Caetano da Silva e João Francisco Lisboa. Do primeiro disse que possuía uma perspicácia maravilhosa, uma lucidez de espírito, um gosto de minúcias, um estilo-álgebra e um saber inverossímil.

É ainda nos meados deste século que um dos primeiros representantes da nova geração, de formação conservadora, e que viria ser um continuador de Joa-

40. Rio de Janeiro, 1876, 3 v.
41. Rio de Janeiro, 1877.
42. Rio de Janeiro, 1861. Várias edições.
43. "O Dr. Macedo", *Revista do Instituto Histórico e Geográfico Brasileiro*, t. 95, v. 149, p. 246.
44. *Crônica da Revolução Praieira em 1848*. Rio de Janeiro, 1850.

quim Caetano no saber geográfico-histórico, na erudição da história militar e especialmente de limites, José Maria da Silva Paranhos, o futuro Barão do Rio Branco, escreveria as suas anotações à *História da Guerra da Tríplice Aliança contra o Governo da República do Paraguai* [45].

A ideologia conservadora evolui em linhas autônomas e variadas depois deste decênio.

O pensamento histórico-político liberal nasceu antes do conservador, antes deste decênio. A primeira concepção histórica definida do liberalismo, em forma radical, surgiu com Frei Caneca nos escritos de combate à outorga da Constituição de 1824 e no *Libelo do Povo* de Timandro, pseudônimo de Sales Torres Homem, o futuro conservador Visconde de Inhomirim. Timandro via um antagonismo entre a soberania nacional e a prerrogativa real. Suas teses novas, buscando no passado as raízes dos males presentes constituem o fundamento da visão liberal da História do Brasil.

De 1861 a 1873 desenvolve-se a grande campanha de Tavares Bastos pelas idéias e princípios liberais, e nestes anos três livros pertencem ao decênio: *A Província* (1870), *A Situação e o Partido Liberal* (1872) e *A Reforma Eleitoral e Parlamentar* (1873), nos quais, apesar das restrições que possamos fazer ao liberalismo econômico por ele defendido e que tanto serviu à Inglaterra e tanto nos desserviu, ele lutou pelas liberdades e pela proteção das garantias individuais, batalhou pelo *habeas-corpus,* combateu a opressão e o arbítrio do poder, e, como o Timandro, via no absolutismo a revivescência do colonialismo. Suas idéias políticas têm fundamento histórico, fazem parte de um processo histórico-político.

Outra figura do liberalismo histórico, moderado e não radical, é Tito Franco de Almeida, cuja obra é uma análise histórico-política da influência do imperialismo, isto é, da ação do poder pessoal do monarca e das derrotas e vicissitudes do partido liberal no Brasil. A maior parte de sua obra foge ao decênio, escrita antes ou depois, especialmente *O Conselheiro Francisco José*

45. Rio de Janeiro, 1875-1876, 2. v.

155

Furtado. Biografia e Estudo de História Política Contemporânea, de 1867 (2 ed. 1944), que foi cuidadosamente anotada por D. Pedro II, e a "Autobiografia" de 1882 [46]. Era um defensor do liberalismo moderado reformista e anti-revolucionário, que desejava impedir· o eclipse do sol liberal no Império, sabedor das lições da história, que sempre invoca, que não desejava um Parlamento-modelo, amestrado e desdenhado. Como os liberais históricos era limitado nas aspirações sociais, deformava a visão do processo histórico, apontando o. excesso do poder pessoal do Imperador, chamado por eles "imperialismo", como a grande causa de estagnação do país, sem reconhecer no verdadeiro imperialismo, o britânico, uma causa efetiva e poderosa.

O libelo de 1867, a biografia de Furtado, teve grande repercussão e o governo liberal presidido por Zacarias de Goes e Vasconcelos encarregou dois ministros, Manuel Pinto de Souza Dantas e Afonso Celso, de contestá-lo; estes confiaram a incumbência a Antônio Alves de Souza Carvalho, que a transferiu a Luiz José de Carvalho Melo Matos. Este, que sempre fora conservador e não era ainda um nome político, em lugar de combater a versão do imperialismo, combateu também o próprio liberalismo, destacando a obra conservadora.

O autor das *Páginas da História Constitucional* (1870) é talvez dos primeiros a falar em dois países no Brasil, o real e o oficial, e a distinguir, tal qual os liberais históricos ou puros, com espírito de classe, as revoluções liberais do Sul e a cabanagem do Pará, "uma insurreição", escreve, "das camadas inferiores da sociedade, capitaneada por facínoras obscuros, sem recursos e sem talentos". Seu ataque ao liberalismo é mais forte quando se trata dos liberais exaltados como os do Praia, por exemplo, e contra todos os defensores e partidários do "carro da Revolução", detido desde 1837 pelos conservadores.

As *Páginas da História Constitucional* não têm unidade orgânica, nem seu autor possuia capacidade de síntese, mas contêm muita informação valiosa sobre

46. *Revista do Instituto Histórico e Geográfico Brasileiro*, v. 177, 1912, pp. 275-507.

o período de 1837 a 1849, as diferentes fases conservadoras e liberais.

A versão liberal da História do Brasil possui semelhanças e divergências. De Timandro a Tavares Bastos e Tito Franco, o liberalismo sofrera uma evolução moderadora, apaziguadora, freando os impulsos revolucionários. Aprendera-se a não desejar, como escreveu Tito Franco, que a vitória fosse como a dos romanos sobre os gregos, na qual os vencidos do dia fossem os vencedores do futuro. O próprio radicalismo que aparece em 1869-1870 não é senão uma forma de liberalismo moderado, que não tem, apesar do nome, a decisão revolucionária dos liberais da Praia, de 1848-49.

A série de conferências radicais de 1869 de Carlos Bernardino de Moura, de P. A. Ferreira Viana, de Gaspar Silveira Martins, e, em 1870-71, do Senador Silveira da Mota não constituem senão imitação do radicalismo anglo-francês, que desejava a liberdade individual garantida por lei, as várias liberdades de imprensa e de reunião, a separação da Igreja do Estado, e a supressão dos exércitos permanentes.

Vejam bem como coincidem as datas: o programa de Belleville, de abril de 1869, considerado a primeira carta do radicalismo, a reforma eleitoral inglesa de 1867, que garante a representação das minorias, no caso os representantes dos sindicatos, a ação de Clemenceau, iniciada em 1870, e em 1876 chefe dos radicais e as conferências de 1869-70 do radicalismo brasileiro. A clientela francesa como a brasileira, era a pequena burguesia urbana. Eles faziam questão de dizer, como Silveira Martins, que não eram anarquistas, que caminhavam alumiados pela razão da história, que desejavam reformas e não revolução.

Em ambos não se foge às idéias históricas principais expostas por Timandro e Teófilo Ottoni, especialmente a de que a aclamação real era fruto da soberania brasileira e não uma conseqüência dos direitos da dinastia portuguesa. Mas não há neles, nem em Saldanha Marinho, cujo radicalismo se concentra no ataque à Igreja, ou na defesa da separação das duas, nenhuma busca das raízes efetivas dos males sociais. Esse era

157

um radicalismo desdentado, sem nenhum vigor revolucionário, como não o foram os radicalismos de 1817, 1824, os cabanos do Pará (1833-1836), os balaios no Maranhão e Piauí (1838-1841), ao contrário dos Farrapos e de 1842.

As variedades de liberalismo, os progressistas, os liberais radicais não são constituídas senão de moderados dos dois Partidos buscando salvar o País pelas reformas. Ambos são da década anterior, excetuado o Manifesto Republicano, que não é senão uma dissidência liberal, avançada apenas na mudança formal do regime. Todos, porém, são contidos nas reivindicações sociais, todos convivem com a escravidão, todos fingem não perceber que tendo o trabalho servil como agente principal da produção no Brasil continua, em todo o Império, a própria sociedade colonial. Por isso ele foi um liberalismo de empréstimo, alienado às condições reais do Brasil, defendendo a minoria pequeno-burguesa, esquecido de que o grande problema político brasileiro sempre foi a defesa da maioria.

Três liberais, protagonistas do processo político e autores históricos faleceram nesta década: Francisco Muniz Tavares, um dos chefes do movimento de 1817, sobre o qual escreveu a *História da Revolução de Pernambuco* de 1817 [47], falecido em 23 de outubro de 1875, depois de ter se convertido inteiramente à situação, a todas as situações, e de ter ocupado a Presidência da Câmara dos Deputados e ser acusado de delatar os rebeldes de 1848-49; Urbano Sabino Pessoa de Melo, que não participou, mas escreveu a versão liberal do Movimento da Praia, *Apreciação da Revolta Praieira* [48], falecido a 7 de dezembro de 1870; e, finalmente, Antônio Joaquim de Melo, o autor das *Biografias de alguns poetas e homens ilustres de Pernambuco* [49], e editor das *Obras Políticas e Literárias* de Frei Joaquim do Amor Divino Caneca [50], falecido em 8 de dezembro de 1873.

No campo liberal um crítico da época é Antônio Alves de Souza Carvalho, cuja obra, *O Brasil em 1870*.

47. Recife, 1840. Várias edições.
48. Rio de Janeiro, 1849.
49. Recife, 1856-1859. 3. v.
50. Recife, 1876. 2 v.

158

Estudo Político [51], não pode deixar de ser lida, pois em linguagem não convencional afirma que o tédio inspira nossa política, clama pela necessidade das reformas, acusa o governo de intimidar e subjugar as classes mais numerosas e menos esclarecidas, que vivem na mais degradante servidão. Souza Carvalho, que foi presidente das Províncias do Espírito Santo, Alagoas e Maranhão, e deputado por Pernambuco de 1863 a 1866, e de 1878 e 1881, afirma que o povo miúdo é freado e domado pela força bruta, que os políticos liberais têm governado o país, mas não a política liberal, e que no sistema representativo do Brasil o Partido que está de cima sustenta o absolutismo, o odioso absolutismo.

Antes do aparecimento da nova geração, a de Joaquim Nabuco e Capistrano de Abreu, representantes de correntes dissidentes ou nova, quero lembrar uma figura indefinida na política e anacrônica na historiografia, difícil de enquadrar-se nas classificações normais. Já escrevi sobre Alexandre José de Melo Morais (1816-1882) um capítulo de minha *História e Historiadores do Brasil* [52]. É uma figura estranha e à parte na historiografia brasileira, que desconhecia a revolução metodológica empreendida por Varnhagen. Sua obra é imensa, mas neste decênio ele escreve *História do Brasil Reino e Brasil Império* [53], a *História da Trasladação da Corte Portuguesa para o Brasil* [54] e o *Império do Brasil* [55] *A Independência e a Crônica Geral e Minuciosa do Império do Brasil* [56], todas resultado de um infatigável trabalho de pesquisa, contendo reprodução de documentos e farta e vasta informação. Suas críticas contemporâneas, o *Brasil Social e Político* [57] e *Carta Política sobre o Brasil* [58], cheia de vaidade ("Eu sou a crônica viva deste meu país"), amargura e ressentimento, fez-lhe merecer a crítica de Capistrano de Abreu: "ele era o nosso Bayard *sans peur* mas com muito *reproche*".

51. Rio de Janeiro, 1870.
52. São Paulo, 1965, pp. 91-109.
53. Rio de Janeiro, 1871-1873. 2 tomos em 1 vol.
54. Rio de Janeiro, 1872.
55. Rio de Janeiro, 1877.
56. Rio de Janeiro, 1879.
57. Rio de Janeiro, 1872.
58. Rio de Janeiro, 1875.

Joaquim Nabuco estreou nos anos de sessenta, e em setenta os artigos na *Reforma,* publicados sob o título *O Partido Ultramontano, suas invasões, seus órgãos e seu público* [59] e o discurso pronunciado no Grande Oriente do Brasil, publicado sob o título *A Invasão Ultramontana* [60] não prenunciam a força da sua dissidência liberal nem o futuro grande historiador de *Um Estadista do Império* [61].

Não é o caso de Capistrano de Abreu, que, embora estreando em 1874 como crítico literário, já em 1876 escreve dois artigos sobre "o caráter nacional e as origens do povo brasileiro" [62] criticando os estudos de Sílvio Romero sobre Couto de Magalhães, publicados em *O Globo* e depois em livro [63]. Estes dois artigos reunidos na quarta série dos *Ensaios e Estudos,* a sair, escritos aos 23 anos, revelam a profundidade dos seus conhecimentos e a força de seu espírito crítico.

A tese de Sílvio Romero era a de que o brasileiro distinguia-se do português devido em sua máxima parte ao negro. O brasileiro era igual ao português e mais o negro, nesta fórmula resumia Capistrano de Abreu a tese de Sílvio Romero. Os dois artigos querem mostrar que a tese é insustentável, pois esquecia especialmente a influência da natureza e do índio, aos quais atribuía maior importância, sem negar a ação africana.

Capistrano de Abreu desenvolve com rigor crítico e fundamentos teóricos e práticos a ação ativa e passiva da natureza e destaca o papel do indígena, sem o qual era impossível adaptar-se ao meio. Os indígenas, auxiliados pelos africanos, foram os elementos de dissolução dos portugueses, e como bom caboclo ele próprio destacava o papel dos caboclos na história do Brasil.

Artigos notáveis pela teoria, cultura e crítica que Capistrano de Abreu revela tão jovem, equivalem-se aos artigos de 1875 sobre "A Literatura Brasileira Contem-

59. Rio de Janeiro, 1873.
60. Rio de Janeiro, 1873.
61. Rio de Janeiro, 1897-1900.
62. *O Globo,* 29 de jan. e 9 de mar. 1876.
63. *A Etnologia Selvagem. Estudos sobre a Memória, Região e Raças Selvagens do Brasil do Dr. Couto de Magalhães.* Recife, 1875.

160

porânea", publicados também em *O Globo* e reproduzidos na primeira série dos *Ensaios e Estudos* [64]. O vigor do seu pensamento crítico se expressa nos artigos que em 1877 e 1878, com 24 e 25 anos, escreve sobre Pereira da Silva e Francisco Adolfo de Varnhagen. Nos dois ele inicia um processo de revisão crítica da historiografia brasileira; no primeiro aponta suas insuficiências, denuncia erros e contradições, sua leviandade e inconsideração, e afirma que se algum livro se salvar do esquecimento será o da *História da Fundação do Império Brasileiro*. Mas "o que talvez obrigue alguém a procurar esta obra, não será seu valor como livro de História, mas o desejo de ver a notícia de um ou outro fato curioso, descrito por quem tinha os meios de investigar a verdade". Pereira da Silva era então um homem poderoso, grande advogado, rico, deputado, conselheiro influente na sociedade e nas letras.

No segundo artigo [65], o necrológio de Francisco Adolfo de Varnhagen, ele provoca, ao contrário, uma verdadeira reviravolta no pensamento histórico, ao mostrar, ao contrário do Conselheiro Tristão de Alencar Araripe, que desfizera de Varnhagen e exaltara Pereira da Silva em 1876 [66], que era "difícil exagerar os serviços prestados pelo Visconde de Porto Seguro à história nacional, assim como os esforços que fez para elevar-lhe o tipo". Este artigo é reforçado pelo que escreveu em 1882 [67] examinando e valorizando a obra do Visconde de Porto Seguro.

A verdadeira compreensão das tarefas da historiografia brasileira cumpridas ou a cumprir, de seus feitos e achados, do estado atual das questões, ninguém revelou tão cedo, num descortínio claro, lógico e exato, como este jovem em seus ensaios de 1878 e 1882, os melhores que até hoje se escreveram sobre Varnhagen. Capistrano aí define as contribuições de Porto Seguro, aponta suas realizações, compara-as com as de seus predecessores e contemporâneos e conclui que nenhum brasileiro se lhe podia comparar naquela época. Mas

64. Rio de Janeiro, 1931.
65. *Jornal do Comércio*, 16 e 20 dez. 1878.
66. *Como cumpre escrever a História Pátria.* Rio de Janeiro, 1876.
67. *Gazeta de Notícias*, 21, 22 e 23 nov. 1882.

161

não se limita a indicar o que fizera o Mestre, o guia, o senhor da geração do século XIX; examina as deficiências, aponta as lacunas, resume, o estado da historiografia brasileira, nomeia os estudiosos e enuncia os trabalhos que iam adiantando os estudos históricos no Brasil depois da passagem de Varnhagen.

O decênio de 1870 a 1880 reclama um temperamento seduzido pelos outonos históricos. Ele não é o começo de um período novo, como crêem os que se fixam no aparecimento do Manifesto Republicano de 1870. Melhor o caracteriza o envelhecimento de alguns elementos essenciais. É a morte, não é a vida, que o singulariza. A morte do passado, isto é, da tradição, e não a vida da História.

8. HISTÓRIA E ECONOMIA. A DÉCADA DE 1870 A 1880 *

A escolha do estudo desta década não obedece a nenhum preceito teórico ou metodológico, pois não é necessário lembrar que nem o século nem a década, nem qualquer outra divisão temporal pode ser considerada um critério rigoroso de acordo com as normas da periodização histórica [1].

---

* Conferência proferida no Conselho Técnico da Confederação Nacional do Comércio, em agosto de 1970. Publicada primeiramente na *Carta Mensal* do mesmo Conselho, de abril de 1971.

1. Esta conferência é o fruto das pesquisas feitas para elaborar o estudo anterior, que obedecia a critério comemorativo cronológico, estabelecido pela Academia Brasileira de Letras.

A maior autoridade em periodização histórica, o holandês J. H. van der Pot, na sua *Der Periodisering der Geschiedenis* [2], procurou mostrar que os limites de um período não devem ser traçados com demasiado rigor e que toda a concepção de um período deve se relacionar com um mesmo aspecto cultural.

Esse decênio, um pouco mais, um pouco menos, é o começo da decadência das instituições monárquicas. O aparecimento do Manifesto Republicano não muda a essência da situação real política e econômica. O Manifesto Republicano, uma promessa de mudança formal, nascida de uma dissidência liberal, não representa um passo avante em face de liberalismos mais radicais, como o de Joaquim Nabuco, por exemplo.

A década se inicia com o fim da guerra do Paraguai. Esta, cujo custo é calculado em 600 mil contos de réis, ou 56 milhões de libras esterlinas, veio agravar a crise econômica financeira iniciada em 1864, com a especulação e a falência de cinco bancos. Em conseqüência da guerra, a despesa nacional se elevara 75%, não tendo diminuído mesmo depois dela encerrada, senão em 4%, entre 1870-1875. É por essa razão que Afonso Celso de Figueiredo, o futuro Visconde de Ouro Preto, em importante discurso pronunciado na Câmara dos Deputados em 4 de maio de 1877, dizia que a guerra nos sobrecarregara com um excesso de dívida, mas não era a causa do comprometimento das nossas finanças. Se, acabada a guerra, não tivesse o Governo gasto mais do que gastava em 1864, a dívida dela proveniente iria desaparecendo sem maiores abalos.

Os efeitos da guerra sobre a produção e a exportação não foram tão sérios quanto se antecipava e a ligeira redução no valor das exportações foi mais o resultado da queda nos preços do café do que da redução quantitativa. De 1865 a 1870, ao lado da duplicação da dívida nacional e do aumento da emissão de papel moeda, deve-se levar em conta o aumento da importação de capital estrangeiro, parte produto de empréstimo, parte empregado nas estradas de ferro e em outras companhias.

2. Haia, 1951.

164

O qüinqüênio de 1865 a 1870 apresenta uma das fases mais difíceis e lutuosas do país. Em 1868, Rodrigues Torres, Visconde de Itaboraí, considerado o maior financista do Império, é encarregado de pôr em ordem as finanças, e seu Relatório de 1869 é tido como uma obra-prima no exame da nossa situação financeira. Ele pinta a situação como aflitiva, especialmente quanto aos meios para acudir à guerra e pôr-se ao abrigo das reclamações dos credores do Estado. Conclui ser imperiosa a necessidade de autorizar-se a emissão de 40 000 contos de réis de papel moeda.

Nenhum expediente foi, então, considerado superior à concessão da garantia de juros de 7% em ouro, durante trinta anos, para fixar na agricultura e na indústria nacional os lucros líquidos dos comerciantes estrangeiros e para importar maior soma de capital estrangeiro, escrevia André Rebouças na sua *A Agricultura Nacional. Estudos Econômicos* [3]. A garantia de juros provocou a aplicação de capital inglês e, secundariamente, francês nas estradas de ferro e nos engenhos centrais.

Se o primeiro banco inglês, The London and Brazilian Bank, data de 1863, e o London, Brazilian and Mauá Bank Limited data de 1865, o Banco Alemão (Deutsche Brasilianische Bank) é criado em 1874 e o francês [Banque Française pour le Brésil] em 1875, revelando o interesse econômico-financeiro do capital estrangeiro no Brasil. Não só as companhias inglesas de estradas de ferro nasceram na década dos 70, mas também as *tramways companies* (os nossos bondes). Só o telefone, entre os empreendimentos da época, pertence a outra década — 1881.

Para se ter uma idéia da expansão urbana, basta dizer que em 1870 (19 de março), os bondes alcançavam a Tijuca, e em 1879 (2 de junho) já atingiam S. Januário, com o capital e o conhecimento técnico ingleses.

O telégrafo submarino é de 1874, ligando o Rio de Janeiro à Europa, à Bahia, Pernambuco e Pará.

3. Rio de Janeiro, 1883.

165

São de 1872 a Estrada de Ferro Mogiana, de 1875 a Macaé-Campos, de 1877 a São Paulo-Rio de Janeiro e a Leopoldina. São desta década, ainda, a Companhia Paulista de Estrada de Ferro (1878), de Antônio da Silva Prado, um dos maiores empreendedores brasileiros, o Engenho Central de Quissamã (1877), o primeiro e o mais importante, de Bento Carneiro da Silva, Barão e depois Conde de Araruama.

No qüinqüênio de 1870 a 1875 houve um aumento no valor das exportações, devido ao aumento do preço do café (4$950 réis para 6$339 réis ouro por saca, a média mais alta até então), apesar de ter caído o número de sacas exportadas (3 000 805 sacas para 2 710 830 sacas). A importação, ao contrário, sofreu um sensível declínio; o valor nominal da dívida aumentou; a despesa continuou 68,5% maior que a do período anterior (1861-1864) e houve um aumento da emissão de papel-moeda. Foi em 1872-1873 que se atingiu aquele alto preço pela saca de café, trazendo como conseqüência o aumento do valor do papel-moeda, quase ao par em relação ao ouro.

As condições financeiras eram então satisfatórias e os cinco anos seguintes da década apresentam iguais variações de alta e baixa no preço do café e no câmbio. Em 1874, a saca de café atingia o preço mais baixo já registrado: 3$247 réis. O efeito dessa queda foi grandemente compensado pelo aumento da produção, e pelos embarques de café do porto do Rio de Janeiro, que passaram de 2 716 830 sacas para 3 907 846 sacas por ano.

Dois empréstimos foram obtidos em Londres: o primeiro em 1871, no valor nominal de £ 3.459.600, com juros de 5%, no prazo de trinta anos — a operação produziu livre a soma de £ 2.983.696-9-7, aplicada mais de metade (£ 1.551.696) no exterior, e o restante em obras da Estrada de Ferro D. Pedro II, no pagamento dos juros do empréstimo de 1868 e no pagamento da dívida flutuante (£ 1.432.263, das quais foram importadas em espécie somente .... £ 400.000); o segundo, com o objetivo de liquidar créditos para construção, prolongamento e garantia de juros de estradas de ferro, no valor nominal de

£ 5.301:200, aos juros de 5%, no prazo de 38 anos, produziu líquido £ 5.000.000 [4].

Neste mesmo ano de 1875 o Banco Nacional, a Casa Bancária de Mauá e o Banco Alemão faliram, sendo o Governo obrigado a lançar uma emissão especial de amparo aos Bancos [5].

Em junho de 1875, o papel-moeda (notas do Governo, notas bancárias com lastro metálico) atingia a mais de 113 milhões de dólares (ou sejam $113.509.724 \dfrac{46}{100}$ dólares), igual a 14 dólares *per capita*, escrevia o Ministro americano no Brasil, comparando-o ao volume de papel-moeda nos Estados Unidos, que equivalia a 18 dólares e 75 cents *per capita* [6]. Não obstante a emissão, o câmbio se elevou e o mil réis subiu de 53 centavos ouro para 54. A crise financeira provocou a queda de Rio Branco e a ascensão de Caxias como Presidente do 26º Gabinete.

O fato inegável, como acentua J. P. Wileman, cuja obra *Brazilian Exchange. The Study of an Inconvertible Currency* teve grande influência nos começos da República, especialmente sobre Joaquim Murtinho, é que dificilmente se poderia sustentar que a insignificante assistência do capital estrangeiro, equivalente a menos de 5% do valor nominal da moeda e da exportação, fosse suficiente para elevar o câmbio de 17 d. para o par (27½ d.) no curto prazo de oito anos. Tanto assim que o novo empréstimo de 1875, que dobrou o capital estrangeiro, só conseguiu manter o câmbio ao par por um ano, tendo caído em 1876 para 25 d. e em 1877 para 22 d. O estudo da elevação cambial durante o período de 1868 a 1875,

4. F. Bouças, Valentim. *História da Dívida Externa*, 2 ed., Rio de Janeiro, 1950. pp. 109-113.
5. Vide especialmente J. P. Wileman, *Brazilian Exchange. The Study of an Inconvertible Currency*, Buenos Aires, 1896; Castro Carreira, L:berato, *História Financeira do Império do Brasil*, Rio de Janeiro, 1889; e David Joslin, *A Century of Banking in Latin-America*, Londres, Oxford University Press, 1963.
6. Microfilm Publication. National Archives, Washington. M. 121, Rolo 44, 8 jun. 1875.

acrescenta o financista inglês, revela que os recursos nacionais, quase desassistidos, foram capazes de elevar o índice cambial, do ponto mais baixo a que atingira, a acima do par, em sete anos, ao encerrar-se uma guerra exaustiva, simplesmente pelo excesso do valor das exportações sobre o valor dos pagamentos externos.

O capital inglês aplicado no Brasil era praticamente muito pequeno até 1850-1860. Sabe-se que a disponibilidade do capital nacional empregado no tráfico foi um fator decisivo no impulso progressista notado logo depois de 1850. Em 1861, o capital inglês ainda era praticamente insignificante, não excedendo £ 948.000 ou 8.426:772$000 ouro, dividido entre as seguintes companhias: London and Brazilian Bank, £ 500.000; Bahia Gas Co., £ 150.000; S. João del Rey, £ 298.000. Havia ainda a Catta Branca Mining Co. e provavelmente outros pequenos empreendimentos.

Não há cálculos precisos sobre o capital inglês na década, em nenhum dos melhores estudos como o já citado de J. P. Wileman e os de J. Fred Rippy, Alan K. Manchester, Richard Graham, David Joslin [7]. O que se sabe é que o valor nominal do capital estrangeiro investido em empreendimentos não garantidos entre 1861 e 1894 foi de cerca de £ 21.597.511, equivalente na época a 191.980:275$000 réis ouro, dos quais Wileman deduz 50% para despesas estrangeiras locais, dando assim um valor líquido de 90.623:653$000 ouro realmente importado, ou uma média de 2.832:000$000 por ano.

J. Fred Rippy calcula os investimentos ingleses no Brasil, no fim da década, isto é, em 1880, — valor nominal total — em £ 38.869.067, sendo £ 23.060.162 em títulos (bônus) do governo e £ 15.808.905 em empresas econômicas [8].

7. MANCHESTER, Alan K. *British Preeminence in Brazil. Its rise and decline.* University of North Carolina Press, 1933; RIPPY, J. Fred. *British Investments in Latin-America, 1822-1949,* Connecticut, 1960; GRAHAM, Richard. *Britain & the Onset of Modernization in Brazil, 1850-1914,* Cambridge University Press, 1968; JOSLIN, David. *A Century of Banking in Latin America,* Oxford University Press, 1963.

8. Ob. cit., p. 25.

Não se sabe, infelizmente, o total das remessas de dividendos, realmente pagos, a não ser no período de 1876 a 1883, quando eles atingiram, em média, a 7,3% ao ano, um índice largamente devido aos esplêndidos lucros das minas da S. João d'El-Rey. Das 44 companhias inglesas, dez davam grandes lucros, como a London and Brazilian Bank, a London and River Plate and British Banks, a Rio Gas Co., a Cantareira Co., a Submarine Telegraph, Mogyana and West, as debêntures de São Paulo, a Estrada de Ferro Rio Claro, a Amazon Steam Navigation, e a S. João d'El-Rey Mining Co. Estas compensavam, no conjunto, os fracassos de outras, como a Rio City Improvements, a Pará Gas, a Brazilian Street Tramways, a Recife Drainage, vários engenhos centrais ingleses, e as debêntures da E. F. Leopoldina. Sabe-se mais, segundo Wileman, que o coeficiente do proveito anual de capital estrangeiro se elevou de 1861 a 1893 de 857 réis ouro para 2$146 *per capita,* ou seja 150% [9].

Um dos maiores empreendimentos da década é a construção de estradas de ferro feitas, na sua maior parte, com capital e técnica ingleses. De 1871 a 1880 construíram-se 5 199 km, marcando o início do impulso realizador, pois significava quase quatro vezes mais que os vinte anos anteriores (1851-1871, 1 482 km), e muito menos que os dez anos seguintes (1881-1891, 16 867 km).

Nas relações comerciais, a Grã-Bretanha é o maior exportador, enquanto os Estados Unidos são o maior importador. O Brasil importava da Grã-Bretanha não somente o capital e o conhecimento técnico, mas a alimentação (arroz, manteiga, queijo, cerveja) para as classes médias e altas das cidades costeiras mais favorecidas economicamente, e ferro, carvão, maquinaria (para processar matéria-prima para exportação).

Melo Moraes, no seu livro extremamente crítico sobre a situação brasileira nos começos de 1870 — *O Brasil Social e Político ou o que fomos e o que somos* [10] —, declara que nossa agricultura estava tão

9. WILEMAN. Ob. cit., p. 80.
10. Rio de Janeiro, 1872.

definhada que recebíamos do estrangeiro, milho, feijão, arroz, vassouras de varrer casa, colheres de pau, cabos de enxada e de machado. Nas cidades o estilo de vida era, na moda e na higiene, especialmente francês, e secundariamente inglês. Importavam-se sabonetes, perfumes, vestidos para senhoras, costureiras, casimiras e alpacas inglesas, vinhos franceses e portugueses.

Os ingleses não introduziam no mercado brasileiro apenas produtos ingleses, mas belgas (papel de impressão, tecidos de fio, lã e algodão), holandeses (queijo e velas de cera), suíços (lenços e tecidos de algodão), austríacos (móveis de Viena e farinha de trigo de Trieste), dinamarqueses (cerveja e manteiga de Copenhague), suecos (fósforos).

Os franceses faziam o mesmo, vendendo mercadorias de origem suíça, belga e italiana. Mesmo disputando com todo o vigor o comércio brasileiro, na verdade os ingleses tiveram o predomínio nesta década como em muitas outras décadas posteriores, vencendo franceses, alemães e americanos, até a vitória destes últimos já na segunda para a terceira década deste século.

O Brasil pouco exportava para a Inglaterra, e o pouco café era reexportado de lá, ou o algodão, que teve sua preferência no mercado inglês, especialmente durante a guerra civil americana.

Os Estados Unidos foram sempre, desde os meados do século passado, os melhores fregueses da produção brasileira, tomando 60% de toda a nossa exportação de café, e fornecendo comparativamente pouco em troca. Por exemplo, as médias qüinqüenais mostram o crescente predomínio da importação americana sobre a européia [11]:

Anos	Estados Unidos	Europa
1870-1874	58,2	41,8
1875-1879	59,2	40,8.

11. TAUNAY, Afonso d'E. *História do Café no Brasil*. Rio de Janeiro, 1939, v. IV, p. 255.

Considerando o valor em dólares, verifica-se que de 24.234.879 dólares em 1870, atingiu-se a 60.360.709 dólares em 1880.

Em 1º de julho de 1870, o novo Ministro da Legação dos Estados Unidos, Henry T. Blow, acentuava que nos dois últimos anos os Estados Unidos haviam importado pelo menos metade de todo o café exportado pelo Brasil; e tudo fazia crer que o aumento ainda seria muito maior agora que os Estados e territórios do Oeste se enchiam rapidamente de uma população animosa, industriosa e próspera, para a qual o café se tornara uma necessidade, ao contrário da Europa, onde era um luxo. Pleiteava, por isso, a reciprocidade, por meio de um acordo ou tratado. Escrevia o Ministro que os Estados Unidos poderiam fornecer mais baratos vários artigos, como navios e máquinas a vapor, locomotivas, carvão, trilhos de ferro, todas as qualidades de máquinas para café e açúcar, algodão e lã, aparelhos mecânicos, instrumentos agrícolas, farinha de trigo e de milho, presunto, porco e toucinho. "A questão prática", resumia o Ministro em nota oficial, "vem a ser fazerdes tudo quanto estiver ao vosso alcance para dar-nos café e açúcar baratos e nós vos pagarmos, tanto quanto for possível, por meio de nossos produtos, os quais devem ser igual e proporcionalmente baratos" [12].

Não obteve, nem Blow, nem nenhum de seus substitutos, o Tratado desejado, pois era firme princípio do Imperador e dos principais estadistas conservadores de não comprometer o Brasil com nenhum Tratado, em face da experiência dos Tratados com a Inglaterra e a França, de tão nocivas conseqüências.

A grande maioria do comércio — tanto o grosso e o exportador, como o de retalho — estava nas mãos de estrangeiros, sendo o último dominado pelos portugueses. Numa estatística das casas comerciais, fabris e industriais de 1866 — e o fato ampliou-se nos anos seguintes —, para 980 negociantes brasileiros do Município Neutro havia 3960 portugueses, 383 franceses, 100 ingleses, 54 americanos e 236 de outras nacionalidades; em Pernambuco, para 1378 brasileiros, havia

12. *Relatório da Repartição dos Negócios Estrangeiros*, Rio de Janeiro, 1871, Anexo 1, Doc. n. 401, pp. 594-597.

171

1 100 portugueses, 49 ingleses, 47 franceses, 56 de outras nacionalidades; no Rio de Janeiro, para 2414 brasileiros, havia 2002 portugueses, 63 franceses, 5 americanos, 4 ingleses e 168 de outras nacionalidades [13].

O poderio dos negociantes e o predomínio dos caixeiros influiu na revolta da Praia de 1848-1849 em Pernambuco e em tumultos em várias partes do Brasil, especialmente no Rio de Janeiro, onde o de 1875 foi dos mais significativos.

A agricultura brasileira estava inteiramente devotada ao café, em parte menor ao açúcar, ao algodão e ao cacau. A agricultura de subsistência não servia senão aos seus próprios cultivadores. O país importava tudo que comia. A década reflete os graves problemas que afetavam a agricultura, a falta de meios de comunicação, o encarecimento do preço do trabalho, a emancipação do ventre escravo, a falta de instrução profissional, o trabalho livre em suas várias formas, a questão das terras, enfim, problemas de estrutura e simplesmente de conjuntura.

André Rebouças, em obra fundamental, *A Agricultura Nacional, Estudos Econômicos* [14], defende sempre a centralização agrícola e industrial do café, do açúcar, do cacau, isto é, ele quer engenhos centrais, fazendas centrais, e escreve que "não há atualmente problema de maior importância para o Brasil do que o da fixação e da importação de capital estrangeiro para a agricultura, para a indústria e para os caminhos de ferro nacionais".

O café constitui a base da agricultura e da economia do decênio, mas não somente deste e sim de todos eles desde 1840 até recentemente; os elementos diferenciadores, porém, que singularizam a década são os problemas da grande e da pequena propriedade, do trabalho escravo e livre e da colonização. Estavam todos conscientes da importância destas questões, desde os Ministros de Estado aos fazendeiros.

Teodoro Machado Freire Pereira da Silva, Ministro da Agricultura do Gabinente do Visconde de Rio

13. Dr. Sebastião Ferreira Soares, n. 40, "Estatística das casas comerciais, fabris e industriais das Províncias em 1866", em *Relatório do Ministério da Agricultura*, 1867.
14. Rio de Janeiro, 1883.

Branco, responsável pela apresentação da proposta da libertação do Ventre Livre em 12 de maio de 1871, escrevia no seu Relatório desse mesmo ano que "enquanto a agricultura estiver fundada na grande propriedade sua sorte dependerá muito da inteligência e das habilitações desses fazendeiros". O Ministro esperava que eles fossem capazes de introduzir melhoramentos e de trazer sua colaboração à solução do problema do trabalho. É fora de dúvida que coube aos Ministros da Agricultura dos dois gabinetes conservadores dirigidos pelo Visconde do Rio Branco e Caxias as mais importantes iniciativas, de cujo resultado muito se esperava, embora não tenham sido de conseqüências positivas as medidas tomadas.

Se coube a Teodoro Machado a iniciativa do projeto de emancipação do ventre escravo, foi de Rio Branco a glória de conquistá-la, nos discursos memoráveis que pronunciou no Parlamento em 1871. A oposição ao projeto, em parte conservadora e em parte liberal, inclusive dos elementos mais radicais que iriam logo em seguida pleitear a reforma do regime pela implantação da República, tudo fez para obstruí-lo, inventando perigos fantásticos, imaginando terrores pânicos.

Não é de hoje que a liderança brasileira sofre de momentos paranóicos, como procurei apontar na minha obra *Aspirações Nacionais*. Para dificultar a passagem do projeto, a oposição alegava a necessidade de reformas preparatórias antes da reforma do elemento servil.

"Que querem?", perguntava Rio Branco, na Câmara dos Deputados em 14 de julho de 1871. Querem a reforma judiciária, a reforma da guarda nacional e outros projetos, deixando o escravo no estado em que se acha, porque é necessário educá-lo primeiro. "Como, Senhor Presidente," dizia o Visconde do Rio Branco, "se neste país não houvesse milhares e milhares de pessoas livres, que por infelicidade de seus pais, pelas circunstâncias em que se acharam e se acham, não puderam ainda receber a educação necessária a todo cidadão" [15]. Foi com argumento igual que Ma-

15. *Discursos do Sr. Conselheiro de Estado e Senador do Império J. M. da Sliva Paranhos...* Rio de Janeiro, 1872, p. 346.

caulay respondia aos que achavam ser necessário educar primeiro o povo, antes de dar-lhe a democracia, como se esta não se aprendesse exercendo-a, e como se fosse necessário aguardar a obra da generalização da educação para ser possível a democracia.

Rio Branco entendia que a reforma se faria conciliando perfeitamente os interesses privados com o grande interesse social da extinção da escravidão. A reforma, reconhecia Rio Branco, não se limitava à liberdade do ventre escravo; ela se completava com o desenvolvimento das vias de comunicação, braços livres, ensino profissional, introdução de máquinas, aperfeiçoamento dos processos industrias, meios de crédito.

Aprovada a reforma, por grande maioria, o maior problema foi, de imediato, o da imigração, a vinda de braços livres, pois os escravos desapareceriam não pela abolição, ainda imprevisível, mas pelo desaparecimento do ventre reprodutor.

O Gabinete Rio Branco (1871, 7 de março — 1875, 24 de junho) não se distinguiu apenas pela Lei do Ventre Livre (Lei nº 2040, de 28 de setembro de 1871) e sua regulamentação, mas pela lei da reforma judiciária, que atendeu aos reclamos liberais contra a lei de 3 de dezembro de 1841, conservadora, centralizadora, dominadora e policial. O recenseamento, a criação de Sete Tribunais da Relação, a concessão de garantias de juros às companhias de estradas de ferro (aumento de 5%, lei de 1852, para 7%) [16], os vários decretos contratando a introdução de emigrantes da Alemanha, Itália [17], Inglaterra [18], ou autorizando a introdução de 10 000 imigrantes na Bahia e Maranhão [19], ou de 15 000 em São Paulo [20], 4 000 no Paraná [21], ou de 100 000 no Império em geral [22] são iniciativas suas.

---

16. Lei n.º 2 400, de 17 de setembro de 1873, e o Decreto n.º 5 607, concedendo durante trinta anos fiança de garantia de juros de 7% sobre capital da Estrada de Ferro São Paulo & Rio de Janeiro.
17. Decreto n.º 5 153, de 27 de novembro de 1872.
18. Decreto n.º 5 271, de 26 de abril de 1873.
19. Decreto n.º 5 291, de 24 de maio de 1873.
20. Decreto n.º 5 351, de 23 de julho de 1874.
21. Decreto n.º 5 699, de 31 de julho de 1874.
22. Decreto n.º 5 663, de 17 de junho de 1874.

O Gabinete Caxias, que continuou a situação conservadora, não foi materialmente tão realizador. Foi ele que concedeu a Hamilton Lindsay Bucknall o privilégio por conqüenta anos para a construção, uso e gozo de um túnel submarino e estrada de ferro que comunicaria a Corte com a cidade de Niterói [23], bem como a garantia de juros durante trinta anos para a construção da estrada de ferro Madeira-Mamoré [24].

A tarefa mais urgente para o Governo era a da colonização ou da imigração. Os resultados obtidos entre 1876 e 1880 não foram satisfatórios, considerando-se a formidável despesa de 32.212:356$793 réis [25], para 137 814 imigrantes.

A média anual dos anos de 1870 a 1875 foi de 4 000 a 5 000 imigrantes, dominando sempre os portugueses. Havia colônias do Estado e colônias subvencionadas, afora as colônias provinciais. Em 1871-1872, o Relatório do Ministério da Agricultura, apesar de manifestar o malogro dos esforços e sacrifícios oficiais, defendia a manutenção das colônias do Estado e propunha se fizesse maior propaganda na Grã-Bretanha, na Suíça, na Alemanha e em Portugal.

A imigração norte-americana, iniciada em 1865 com a guerra civil, cessara completamente, e a maior parte dos imigrantes já havia, em 1870, abandonado o país. A alemã era, juntamente com a suíça, a de maior êxito, quer no Estado do Rio de Janeiro, quer no Sul. Facilitada pela obra do Dr. Blumenau, ajudada pelo governo, ela enfrentou, na década, a grande oposição do próprio governo alemão, que a proibiu. No Reichstag, em maio de 1872, fizeram-se graves imputações ao governo brasileiro, criticou-se a vida dos alemães no Brasil, e manifestou-se a convicção de que o Governo Imperial Alemão devia impedir a vinda de alemães para o Brasil.

A crítica ao debate parlamentar alemão foi feita pelo jovem José Maria da Silva Paranhos Junior, futuro Barão do Rio Branco, em artigos notáveis publicados sem assintura no jornal conservador *A Nação*.

23. Decreto n.º 6 138, de 4 de março de 1876.
24. Decreto n.º 6 747, de 24 de novembro de 1877.
25. CARNEIRO, J. Fernando. *Imigração e Colonização no Brasil*. Rio de Janeiro, 1950. pp. 26-27.

Neles lembrava Paranhos Junior que o Brasil gastara, sem a compensação esperada, cerca de 12 mil contos de réis (cerca de £1.200.000); que S. Leopoldo tinha se tornado em pouco tempo o celeiro da província, com 20 000 almas; que Blumenau era outra importante colônia, com 6 300 pessoas, e exportando sua produção agrícola. Paranhos Junior achava que o Brasil estava na imperiosa necessidade de provar no Velho Continente que dois países se apresentavam aptos para fornecer-lhe o elemento humano principal: o primeiro, irmão na língua, nos hábitos, nas crenças; o outro falando idioma diverso, tendo outras crenças e hábitos, mas pacíficos, aplicados ao trabalho, perseverantes. Portugal e Alemanha pareciam fadados a suprir de braços o Brasil[26].

Também o Ministro da Agricultura, J. F. Costa Pereira, censurou, em 1875, "as injustas apreciações" da imprensa germânica, declarando que ao infortúnio de um pequeno grupo se contrapunha o espetáculo da fortuna e bem-estar de cerca de 130 000 alemães e descendentes dessa nacionalidade nas províncias do Rio Grande do Sul, Santa Catarina, Paraná, São Paulo e Espírito Santo.

A imigração inglesa, iniciada em 1869, especialmente em Cananéia, fora um fracasso total, reconhecido em 1873. Outro tanto se dera com a imigração de colonos franceses da Argélia, que já em 1870 cessara. A imigração italiana, de tantos frutos para o Brasil meridional, se inicia também pela década de 1870, e é nesta fase que se defende oficialmente e se combate na imprensa a favor e contra a introdução dos *coolies*.

A colonização russo-alemã tentada no Paraná era um total malogro desde 1875; em 1879-1880 iniciou-se sua repatriação[27].

A oposição dos governos alemão, suíço, italiano, francês e inglês, especialmente, leva o governo a decidir-se pelo sistema de colonização por empresas parti-

---

26. 22 e 30 de julho de 1872.

27. *Relatório do Ministério dos Negócios da Agricultura,* 1879 e 1880. A história da decepção dos imigrantes vem relatada no *New York Times,* 15 agosto de 1880, p. 5, col. 2.

176

culares, subvencionadas pelo Estado, como pleiteia o Ministro Francisco Rego Barros Barreto, em 1872.

"A obrigação do Governo", dizia outro Ministro — o Conselheiro Diogo Cavalcânti de Albuquerque — em 1870, "deve limitar-se a garantir aos imigrantes a fácil aquisição e o gozo tranqüilo da propriedade territorial, a possível igualdade dos direitos civis e políticos, a liberdade de culto e de consciência, a segurança individual e da família. Cumpre também ao governo proteger a segurança individual e da família. Pertence o resto à iniciativa particular".

Reconheciam os Ministros que as colônias do Estado não prosperavam e que de outro lado os colonos habituavam-se com muito custo à cultura do país.

O impulso colonizador e imigratório não pára diante das dificultades externas e internas, e desde 1871 o Ministro Teodoro Machado escrevia que enquanto oscilamos em experiências sobre colonização, não seríamos desavisados se também tentássemos a colonização nacional, colocando em pontos mais acessíveis ao comércio milhares de brasileiros, presentemente quase ociosos. Esta tentativa depende da revisão da lei de 1850 autorizando o governo a conceder gratuitamente lotes de terras nunca maiores de 62 500 braças quadradas, ou 302 500 metros quadrados, mediante as seguintes condições: 1) os concessionários obrigar-se-iam a pagar as despesas de medição, em prestações anuais, dentro do prazo de cinco anos, a contar do terceiro ano; 2) não se lhes concederia título definitivo de propriedade enquanto não satisfizessem a importância da medição, sendo-lhes vedado dispor de seus prazos antes do pagamento; 3) perderiam o direito à concessão se, dentro do prazo de três meses ao depois de feita, não se estabelecessem nas suas terras; 4) obrigar-se-iam, assim como a seus sucessores ou representantes, a pagar depois do décimo ano da data da concessão o foro de 500 réis por 10 000 braças quadradas, ou 3 500 réis por 62 500 braças quadradas. Além disso, acrescentava o Ministro, conviria estabelecer disposições eqüitativas em favor dos posseiros posteriores ao regulamento de 1854 [28], que apresen-

28. Decreto n.º 1 318, de 30 de janeiro de 1854, mandando executar a Lei n.º 601, de 18 de setembro de 1850, Lei de Terras.

tassem lavouras regulares e benfeitorias estabelecidas em terras devolutas, facultando-lhes a legitimação de suas posses mediante pagamento do preço das terras, ou de um foro anual pela forma acima declarada.

Mas na verdade era muito difícil qualquer plano de distribuição de terras, quer para os nacionais quer para os imigrantes, porque, como se sabe, e foi denunciado pelos próprios ministros, a lei de Terras de 1850 foi sempre muito mal executada. Ela nem sequer pode impedir, como pretendeu, o abuso da invasão de terras públicas, extraindo-se madeira de lei de suas matas para serem vendidas, como também para serem possuídas ilegalmente, e sem estorvo.

O Conselheiro Teodoro Machado pleiteava a revisão da Lei de Terras, alegando o custo da medição e a carestia da venda. "Se, em lugar do sistema absoluto da venda de terras, fosse a lei mais flexível e liberal, facultando em certos casos sua concessão gratuita, embora em regra mantivesse o princípio da venda", conclui o Ministro, "acredito que não se fariam esperar as vantagens dessa medida, em bem da agricultura e do Estado".

Neste mesmo relatório, ao defender a imposição de um imposto territorial, mostrava o Ministro, em 1871, que parecia um verdadeiro paradoxo que o Brasil, com um território de 250 000 léguas quadradas, e com 10 milhões de habitantes, não tivesse terras disponíveis para a imigração. Terras particulares não podia o imigrante adquirir já pela incerteza dos títulos de propriedade, já pela repugnância dos proprietários em retalhar suas terras, já pelos altos preços que exigiam. E, no entanto, o país estava despovoado e não era só à imigração que a ocupação estéril de grandes extensões de terras servia de obstáculo, mas também aos nacionais desejosos de se estabelecerem na lavoura.

Como se sabe, o governo prometera durante a Guerra do Paraguai aos escravos alistados no Exército a liberdade, e aos voluntários a concessão de terras, e o Ministro não via como atendê-los e lamentava que junto às cidades ou vilas onde nasceram "os briosos baianos" (o maior contingente, depois dos gaúchos, e

178

antes dos cariocas), terras incultas não pudessem ser doadas.

"Na presença deste estado anti-racional da ocupação das terras imediatamente aproveitáveis", escrevia Teodoro Machado, entendia "que os poderes do Estado não devem ficar de braços cruzados, conservando estacionária, senão decadente a principal, quase única fonte de riqueza nacional, só pelo receio de desagradar a fátuos proprietários de grandes domínios, que não tirando deles rendas, entendem que devem ser sacrificados à sua estulta e egoística vaidade os mais vitais interesses do país. O direito de propriedade é sem dúvida alicerce das sociedades e deve ser respeitado em toda sua plenitude. Mas não sei se o respeito a esse direito deve chegar ao ponto de tolher a nacionais e estrangeiros o aproveitamento de terras incultas nas melhores condições de produção e de estorvar o desenvolvimento do país e seu engrandecimento".

O problema da grande propriedade era, como tem sido sempre, absorvente e perturbador. A memória do Marechal-de-Campo Henrique de Beaurepaire Rohan, *O Futuro da Grande Lavoura e da Grande Propriedade* [29], pequena de 22 páginas, mas grande na reflexão e na riqueza sugestiva do tema e do seu tratamento, chega a ser verdadeiramente profética. Ele começa mostrando que se não deve confundir a grande lavoura com a grande propriedade, pois aquela tanto pode ser cultivada nesta, pelo agricultor rico, como pelo pobre na relativamente pequena. "A grande lavoura na grande propriedade tem, até o presente, podido manter-se por meio do elemento servil. Não está, porém, longe a época em que não haverá mais um só escravo no Brasil. A morte e a manumissão concorrem à porfia para chegarmos a esse resultado dentro de um prazo, que não pode ser longo". A visão profética atinge ao requinte de lucidez quando ele escreve que "no lapso de dez anos estará extinta ou quase extinta a escravidão no Brasil", embora não seja tão perfeito o desenvolvimento da idéia, quer pela esperança que manifesta da adiantada civilização que atingiria o Brasil, quer pelos meios que propõe para que

29. Rio de Janeiro, 1878.

os grandes proprietários evitassem os males da hora futura da Abolição. Desejava converter os escravos em colonos e as fazendas em colônias agrícolas. Para ele, a libertação em massa, ou a conversão dos escravos em foreiros não significaria o abandono do trabalho. Os exemplos de sua época, confirmados mais tarde pela abolição, mostravam que o liberto continuava o trabalho e não se entregava à vadiagem senão excepcionalmente, e mais, ela não causaria sérias perturbações da ordem pública, como também veio a provar a futura liberdade em 1888.

Beaurepaire Rohan sustenta várias teses nesta pequena obra-prima sobre a lavoura brasileira, tão importante quanto o livro mais ambicioso no seu projeto e na sua realização de André Rebouças, *A Agricultura Nacional. Estudos Econômicos,* publicado na década seguinte [30]. Defende a divisão da grande propriedade assim sintetizando: "Grande número de pequenas propriedades, e portanto aumento, aperfeiçoamento e desenvolvimento de nossos produtos. Nem de encomenda poderia ter o Sr. Vergueiro [José Vergueiro, filho do Nicolau de Campos Vergueiro, Senador, proprietário da fazenda Ibiacaba, iniciador do sistema de parceria com os colonos europeus] escrito coisa que melhor me toasse. Sem o declarar expressamente bem se deixa ver que desde já sente ele a necessidade de retalhar a grande propriedade, cedendo o proprietário aos pequenos lavradores o domínio útil de sua terra. ... O retalhamento da grande propriedade é com efeito uma condição indispensável ao desenvolvimento da nossa lavoura e muito mais quando estiver de todo extinta a escravidão. Duvido que haja um só fazendeiro que o não compreenda, por pouco que medite no caso" [31].

Neste ponto creio que o Marechal era ingênuo. A resistência a qualquer parcelamento territorial foi tão forte, que ainda em 1875 queixava-se o Ministro Costa Pereira que, passados vinte e cinco anos da lei de terras (1850), não se podia ainda distinguir domínio particular e público. E em 1888, após a Abolição,

30. Rio de Janeiro, 1883.

31. Ob. cit., p. 10. Vide JOSÉ VERGUEIRO, *Memorial acerca de colonização e cultivo de café,* Campinas, 1874.

180

o grande fazendeiro, proprietário e membro do Partido Conservador, Lacerda Werneck revelara horror aos projetos de parcelamento da propriedade inculta, defendidos por Joaquim Nabuco.

Outra idéia que merece atenção pela novidade, é a crítica à educação exclusivamente literária do ensino agrícola e a defesa da escola profissional.

A Lei do Ventre Livre terá realmente representado uma revolução na economia agrícola, uma alteração nas relações sociais do país, como chegaram a pensar figuras proeminentes do Partido Conservador? Não creio, pois como o próprio Visconde do Rio Branco afirmou, ela concedia muito à escravidão e muito pouco à liberdade. Uma reforma menor, que hoje chamaríamos gradualista, tão insatisfatória que obrigou a outro passo, novamente pequeno, em 1885.

O processo histórico brasileiro era muito mais moroso e não se desequilibrava de todo com os passinhos de quinze em quinze anos. O sistema da grande propriedade continuava, o regime escravagista, que era a base da continuação da rotina colonial persistia e a única renovação econômico-social era a do sistema de trabalho, com a entrada do colono livre.

Acreditava-se, como revela o Ministro Costa Pereira em 1873, que "o trabalho grosseiro do escravo dava, em regra, um produto mal preparado. Nas condições atuais outro deve ser e efetivamente vai sendo o regime da nossa lavoura"[32].

Por isso tentaram-se vários sistemas, especialmente o de parcerias, o de locação de serviços e o de salário. Os dois primeiros foram um insucesso. A acusação de Thomaz Davatz[33], a análise crítica de J. J. von Tschudi, enviado especial pela Confederação Suíça, em 1861, o *Memorial acerca da colonização e cultivo do café*, de José Vergueiro, em 1874, a proibição da vinda de alemães ao Brasil por vários governos europeus levou o Ministro da Agricultura a escrever em 1871:

[32]. *Relatório do Ministério da Agricultura, Comércio e Obras Públicas*, 1873, p. 4.

[33]. *Memórias de um Colono no Brasil, 1850*, tradução, introdução e prefácio de SÉRGIO BUARQUE DE HOLLANDA, São Paulo, Livraria Martins, 1941.

181

"o sistema de parceria do Brasil está de tal maneira desacreditado na Europa, que dificilmente, e só em mui pequena escala poderia por esse meio conseguir imigrantes" [34].

A locação de serviços, que substituiu o sistema de parceria, foi pelo próprio Vergueiro reconhecido como insatisfatório, porque nunca havia a esperança do colono de chamar de suas as terras cultivadas. Alguns agentes oficiais alemães chegaram a chamar de tráfico de escravos brancos ao sistema de parceria.

A emancipação do ventre livre extinguindo a última fonte da escravidão revestia de grande atualidade e interesse o problema da colonização e da imigração. Num relatório importante sobre a situação da colonização no Brasil em 1870, João Pedro Carvalho de Moraes [35] mostrava os vários problemas da lavoura e do trabalho agrícola e achava que a generalização dos contratos celebrados com os trabalhadores livres, a tranqüilidade das fazendas, a prosperidade dos fazendeiros e dos lavradores somavam-se como fatores positivos para a introdução dos trabalhadores estrangeiros, considerada indispensável para satisfazer às exigências da situação agrícola.

Podia-se concluir que na atualidade o que devia ser animado e protegido era a imigração e não a colonização. Elas se distinguiam bem claramente. A segunda era quase sempre promovida oficialmente, por contratos oficiais, os colonos nem sempre bem escolhidos vinham em grupos e deviam sujeitar-se ao sistema de parceria ou locação de serviços. Já a imigração era de iniciativa privada, quer do fazendeiro, quer do trabalhador; ainda quando ajudado pelo Estado, este último vem isoladamente ou em grupo, é livre na escolha do trabalho rural ou fabril e é pago por salário.

Afora essas características específicas, a colonização politicamente, pelo sistema de submissão — escravos brancos, como os chamou o cônsul alemão Hermann Haupt, por representar um sistema de transição da escravidão e da servidão para o trabalho livre

34. *Relatório do Ministério da Agricultura*, 1871.
35. Rio de Janeiro, Tipografia Nacional, 1870.

—, mantém, num país de formação colonial, a tradição colonial e ajuda o absolutismo político.

Sales Torres Homem, na época do seu grande liberalismo, escreveu que todo ensaio absolutista é recolonizador, e logicamente a recolonização é o absolutismo. Além disso, no começo foi péssima a escolha dos colonos. Nas sessões de julho de 1827 na Câmara dos Deputados, José Clemente Pereira e o Brigadeiro Raimundo da Cunha Matos procuravam mostrar que a pequena imigração européia vinda a peso de ouro para o Brasil era o refugo da populaça de Hamburgo, Lubeck, Bremen e Friburgo [36].

E não eram só os brasileiros que assim pensavam. Na mesma época, no mesmo sentido, manifestou-se Theodore Bösche [37], e em 1868 Hermann Haupt escrevia "que nem todos os imigrantes são entidades de grande moral e que há entre eles muitos réprobos de seu país natal; mas não atraiu a América do Norte a mesma qualidade de gente e não têm se tornado membros úteis da sociedade em lugar de serem uma causa constante de desordem? Qual a causa desta diferença entre o Brasil e a América do Norte? Naquele país encontramos germes de prosperidade e eles os moralizou; neste a miséria os fortaleceu no vício. Repetimos. Se o Brasil se queixa de ter recebido em grande parte imigrantes imorais e inúteis à sociedade e ao país, tem isto sido conseqüência das circunstâncias do próprio país" [38].

Este perigo sempre existiu e o Rio de Janeiro presenciou a revolta das tropas estrangeiras (9 de junho de 1828), a legião estrangeira com a qual D. Pedro I pensava enfrentar as ameaças que sempre temeu da gente mais sofrida do Brasil. Por outro lado pensava-se que fácil e prontamente se fundiriam os imigrantes europeus na população nacional, e já em 1873 o Ministro Costa Pereira notava "que infelizmente não se tem conseguido e não se conseguirá sem muita difi-

---

36. Vide José Honório Rodrigues, *Brasil e África. Outro Horizonte*, 2. ed., Rio de Janeiro, Civilização Brasileira, 1964. v. I, pp. 157, 158.
37. Ob. cit., p. 158, n.º 90.
38. Em João Pedro de Carvalho de Moraes, Relatório citado. Deve-se atribuir à tradução a dureza da linguagem transcrita.

183

culdade e após muitos anos, na mor parte dos núcleos coloniais existentes no Império, segregados e constituindo grupos inteiramente separados pela língua, pelos costumes e pelas tradições, de tal sorte que os próprios filhos de imigrantes nascidos no Brasil crescem e prosperam arredios dos compatriotas, tendo como sua verdadeira pátria a dos pais que supõem transportada ao lugar de sua residência. É o que se observa, especialmente nas colônias do município de São Leopoldo, no Rio Grande do Sul, e em D. Francisca (Joinville) e Blumenau em Santa Catarina". Esse o retrato dos chamados quistos culturais que só de 1938 em diante puderam ser desfeitos e assimilados.

Apesar do sucesso da expansão cafeeira e da crescente exportação do café, a lavoura vivia em crise. Em 1875, as circunstâncias difíceis e precárias levavam o Visconde do Rio Branco a convocar o Conselho de Estado para ouvir a opinião de seus membros sobre os meios de atender aos reclamos dos lavradores, especialmente a falta de braços e a carestia de capital [39].

Em 1878 realizava-se o primeiro Congresso Agrícola, presidido pelo Presidente do Conselho e Ministro da Agricultura João Luís Vieira Cansação Sinimbu, um dos líderes do Partido Liberal. Seu discurso é de extrema importância porque, apesar de afirmar que a pequena propriedade está destinada a exercer justa influência na riqueza e prosperidade nacionais, proclama que "a grande propriedade tem sido e continuará ainda por muitos anos a ser a poderosa alavanca do nosso progresso em suas variadas manifestações — progresso moral, social, econômico e político".

Para Sinimbu, todos os progressos do Brasil, quer na fase colonial, quer no Império, se filiavam à grande propriedade, à grande lavoura. Foi a grande lavoura que armou, levantou e conduziu os bravos que fizeram a Independência; foi a grande lavoura que formou nossos hábitos e costumes, nosso caráter nacional. A crise da lavoura gerou a tendência para o funcionalismo e por sua vez um dos meios de que se serviu o poder

39. "Carta do Visconde do Rio Branco ao Conde d'Eu". 2 de março de 1875. In: *Anais do Museu Imperial*, v. XII, 1951, pp. 137-139.

para aumentar sua influência era chamar a seu serviço grande clientela.

Em seu programa de governo e administração declara o chefe liberal: "nada se há de antepor à consolidação da liberdade política e aos meios de evitar a decadência da grande propriedade".

A reunião dos quatrocentos lavradores no Rio de Janeiro debateu muitas teses, defendeu princípios e combateu males. As opiniões foram muito variadas: defendeu-se e combateu-se a imigração estrangeira, a importação de *coolies,* pediu-se ao governo que emitisse e negou-se ao governo o direito de emitir; falou-se muito em população ociosa e indolente, mas houve quem defendesse o trabalhador nacional, e atribuísse a mal falada ociosidade a fatores econômicos e higiênicos, como houve quem combatesse a multidão de agregados, espoletas eleitorais, e quem, como o Cônego Joaquim Camilo de Brito se mostrasse apologista dos africanos, preferível a qualquer outra raça pela identidade de clima, organização mais robusta, boa índole, não presunção de superioridade, sobriedade na alimentação. Houve quem mostrasse a inferioridade dos salários rurais incapazes de atrair o trabalhador nacional e quanto mais o estrangeiro (um a dois mil réis diários, enquanto nos Estados Unidos pagavam-se salários de três a seis mil réis diários). Houve quem mostrasse que dos onze milhões de habitantes, 1 400 000 era a população escrava "reconhecidamente a classe produtora"; "da população livre, 1 400 000 trabalham no campo, 700 000 na indústria, comércio e profissões liberais, somando 3 500 000, isto é, um terço da população. Dos sete milhões que restam, metade faz o menos que pode, só para uma parca subsistência, e a outra metade vive em ociosidade". Houve quem denunciasse a extorção dos juros de 24, 36 e 72% em amortizações de 6, 12 e 18 meses, com que obtinham dinheiro os lavradores e fazendeiros. "Quando o lavrador tem que bater à porta do comissário de café é uma praça rendida ao vencedor e não há vencedor mais desapiedado. Suga-o até a última gota".

Na verdade, dos 131 maiores exportadores de café em 1880, 66 eram estrangeiros, especialmente in-

185

gleses e americanos. O maior exportador nacional era Francisco de Figueiredo, Visconde e Conde de Figueiredo [40], que foi mais tarde banqueiro de confiança do Visconde de Ouro Preto e Presidente do Banco Nacional do Brasil.

"Há na Corte", denuncia outro, "capitalistas que fazem todos os dias transações de centenas e de milhares de contos e não contribuem senão com uma pequena quota para a manutenção do Estado, ao passo que os agricultores que vivem do seu trabalho diário, privados de todas as regalias, são onerados com pesados impostos. É uma iniqüidade que só a lavoura, aquela que mais trabalha, carregue com este colosso enorme e que os capitalistas que gozam de tantas vantagens na Corte, que fazem o jogo da praça, que compram e vendem apólices, que descontam letras a juros de 12%, que auferem, enfim, largos lucros, não contribuam, relativamente, com coisa alguma para o Estado".

No final resumiram-se as necessidades da grande lavoura e da grande propriedade às seguintes: 1) falta de capitais; 2) falta de braços; 3) falta de vias de comunicação; 4) redução dos direitos de exportação; 5) falta de ensino agrícola.

A leitura dos Relatórios de 1879 e 1880 continua registrando a crise, a necessidade das reformas, a urgência do atendimento às reivindicações da grande lavoura e da grande propriedade. O folheto de Beaurepaire Rohan, a que já nos referimos, é um exame e crítica destes problemas, procurando, antes de tudo, distinguir a grande propriedade da grande lavoura, e mostrar que esta pode coexistir com a pequena propriedade, da qual se revela defensor.

Um aspecto positivo e novo, que alguns vêem antes que se torne predominante, é o futuro da Província de São Paulo. André Rebouças, no seu livro *Garantia de Juros. Estudo para sua aplicação às empresas de utilidade pública no Brasil* [41], declara que São Paulo es-

---

40. 18.º exportador, com 51 484 sacas, em comparação com o primeiro, E. Johnston, com 382 036 sacas. Vide *Almanack Leammert*, Rio de Janeiro, 1880, Suplemento, *Retrospecto do Jornal do Comércio*, 1880, p. 182.

41. Rio de Janeiro, 1874, pp. 2, 3, 31.

tava predestinado a ser a "Pensilvânia do Brasil" e era já então a mais ousada, a mais ativa das províncias do Império, pois apresentava "o exemplo novo neste país, de construir com capitais seus, cinco caminhos de ferro ao mesmo tempo".

A rica combinação de uma liderança como a de Antônio da Silva Prado, da audácia renovadora nos campos, a adoção do arado e da enxada americanas, a evolução da coexistência do trabalho escravo e livre, a implantação deste pelo sistema de parceria, a locação de serviços e o salário, a introdução para isso da imigração, o desenvolvimento do sistema ferroviário próprio revelavam desde então o futuro real e predominante de São Paulo.

O Retrospecto Comercial do *Jornal do Comércio* de 1870 afirmava: "O gênio ativo e empreendedor dos filhos da Província [de São Paulo] manifesta-se vigorosamente na brevidade com que foram concebidos, planejados e começaram a ter execução linhas de caminhos de ferro que vão procurar os grandes centros produtores. A Província só possuía até há pouco a Santos & Jundiaí; atualmente estão em construção Jundiaí-Campinas, um ramal de Jundiaí a Itu, outro de Itu a Sorocaba e projetava vários ramais de Campinas a Rio Claro e de Limeira a Pirassununga".

Em 1875, o mesmo Retrospecto Comercial não hesitava em escrever: "Poucos fazem idéia da prosperidade da província de São Paulo, entretanto sua agricultura marcha na vanguarda do progresso, e se São Paulo não exporta tanto café como o Rio de Janeiro, pelo menos dispõe de terrenos ubérrimos".

Em 1877, o Cônsul inglês Austin afirmava em seu relatório que o decréscimo da importação no porto do Rio de Janeiro se devia a que esta capital deixara de ser o centro de abastecimento de São Paulo, que estabelecera relações diretas, e o Cônsul Dundas, no mesmo ano, depois de louvar a fertilidade do solo, as facilidades ao comércio, o desenvolvimento da agricultura, a construção de estradas, os bons colégios, sustenta que tudo isso "promete colocar esta província na vanguarda do progresso moral e material do Império do Brasil" [42].

Para completar o quadro econômico financeiro do decênio é necessário acompanhar os primeiros passos da indústria nacional. É exatamente em 1870 que o Ministro da Agricultura — a que se subordinam as atividades industriais —, registra que nestes anos começa a indústria a mostrar alguns adiantamentos e aparecerem as primeiras provas da aptidão industrial brasileira. A indústria de tecidos, dizia, tem conseguido algum incremento, apesar da competição dos preços baixos estrangeiros. Os dados oficiais que se colhem são miúdos e poucos. "A grande indústria manufatureira, limitada na atualidade à fabricação de panos grossos de algodão, tem prosperado em algumas províncias, em cujos mercados sustentam seus produtos, embora de preço mais elevado, com vantajosa concorrência com os similares importados da Europa e dos Estados Unidos".

As fábricas de tecidos estabelecidas nas províncias de Minas Gerais, Rio de Janeiro, São Paulo e Bahia e outras ainda não bastam para o consumo nacional. Seus produtos têm pronta extração ou nas próprias províncias, ou nas outras para onde são exportados, principalmente na província do Rio de Janeiro, cuja população escrava é mais numerosa.

A fabricação de cerveja, tabaco, rapé, chapéus, calçados e outros objetos vai tomando incremento, proporcionalmente grande, especialmente na capital do Império. E o Ministro Diogo Velho Cavalcânti de Albuquerque afirma que "seus produtos, tanto pela perfeição do trabalho e qualidade da matéria empregada, como pelo preço de sua oferta no mercado, não receiam já a concorrência estrangeira".

Em 1873, os fabricantes de chapéus — uma das indústrias mais importantes na época — apresentavam ao Visconde do Rio Branco, Ministro da Fazenda, uma exposição solicitando "redução na taxa das principais matérias-primas (galões, forros, fitas, pelúcia etc.) e

42. *Trade Reports, Reports from Her Majesty's Consuls on the Manufactures, Commerce, & on their Consular District,* Londres, 1877, ns. 2 e 3.

188

aumento em algumas qualidades de chapéus que depreciam o fabrico nacional pela semelhança e impossibilidade de competência" (no caso, de lebre, pelúcia de seda, e lã), "sem o que será reduzido o trabalho das fábricas importantes que hoje conta o país, desempregando muitos operários" [43].

Fabricavam-se chapéus de feltro e de patentes, isto é, de pêlo de seda e castores brancos, mas não se faziam chapéus de palha. E não somente no Rio de Janeiro se iniciava a indústria, ou crescia a de tecidos, especialmente a fábrica na Fazenda de Macacos, Companhia Brasil Industrial com 200 teares em ação, 239 operários e 109 menores, que começara a funcionar em 1874.

No Rio Grande do Sul já se fabricavam, em 1874, vidros e cristais, e uma colônia como São Leopoldo possuía, em 1878, quatro fábricas de cerveja, duas de licores, duas de louça, 35 serrarias, 10 olarias, 10 oficinas mecânicas, uma charutaria, cem arados na lavoura, e fabricava mil arrobas de manteiga [44].

A Sociedade Auxiliadora da Indústria Nacional, que desempenhou papel pioneiro tão destacado, lutava neste decênio pela reforma da lei de 28 de agosto de 1830, que regulara "a concessão de privilégios, moldada pela antiga legislação francesa e que não mais correspondia às justas exigências da indústria nacional, que até por sua inferioridade em conjunto com a dos povos mais adiantados, deve ser colocada a este respeito, pelo menos em condições de igualdade".

Em 20 de abril de 1874, o secretário-geral da Sociedade escrevia que "se há uma página vergonhosa no livro que foi mandado distribuir na Exposição Universal de Viena, para fazer conhecido o Brasil na Europa, é por certo aquela em que se registrou que de 1865 a 1872 só foram concedidos 85 privilégios! 85 privilégios em 5 anos! 17 privilégios, em termo médio por ano. No Brasil não há indústria, no Brasil

43. *Relatório do Ministro da Agricultura, Comércio e Obras Públicas*, 1873, pp. 43-47.
44. Coleção de Documentos do Congresso Agrícola, 1878, p. 163.

não há espírito inventivo; serão os corolários destes tristes algarismos para os publicistas da Europa"[45].

Havia muito mais negociantes estrangeiros (848) que nacionais (458) e consignatários e casas de comissões de gêneros de importação e exportação (427), como, evidentemente, havia mais profissionais de artes e ofícios que liberais. Havia ofícios que desapareceram com a evolução urbana (alugadores de cadeirinha, liteiras e redes), científica (barbeiros e sangradores); com a abolição (alugadores e vendedores de escravos), com a higiene (banhos públicos).

O decênio viu dirigirem suas finanças as maiores figuras que o Império produziu neste campo. Joaquim José Rodrigues Torres, Visconde de Itaboraí, ministro em 1868-1870, o bravo liberal Timandro, Sales Torres Homem, ministro conservador em 1870, o grande Visconde do Rio Branco, o chefe do gabinete de maior duração e o ministro da fazenda, caído com os desastres bancários de 1875, especialmente de Mauá, João Maurício Wanderley, o Barão de Cotegipe, o principal auxiliar do Gabinete Caxias, e finalmente no gabinete liberal de Sinimbu, de 1878, o grande tribuno Gaspar Silveira Martins, e em 1879, Afonso Celso de Assis Figueiredo.

A situação econômico-financeira do decênio pode ser sumariada, destacando que houve uma depressão séria em 1867-1872, uma recuperação em 1873, uma crise comercial e bancária em 1875, a emissão de 30 000 contos, de 3 000 apólices em abril de 1876 e de 5 000 em junho do mesmo ano, isto é, 38 000 contos de réis em menos de nove meses, mais da terça parte da renda anual do Império; os dois empréstimos de 1870 e 1875; a especulação, que provoca a formação de 35 companhias em 1874, outras tantas em 1875 e 30 em 1876.

Os liberais acusam os governos conservadores de Rio Branco e Caxias, e se destaca na crítica Tito Franco

---

45. Relatório pelo Ministro e Secretário de Estado dos Negócios da Agricultura, Comércio e Obras Públicas, J. F. da Costa Pereira Jr., 1874; Anexo F, pp. 8-12. Pelo Relatório de 1875 verifica-se que em 1873 foram concedidos mais 21, e em 1874 mais 22, números igualmente exíguos.

190

de Almeida com suas conferências no Clube Central da Reforma, em 1877, mais tarde reunidas no seu livro *A Grande Política. Balanço do Império no Reinado Atual. Liberais e Conservadores. Estudo Político-Financeiro* [46]. Sustenta Tito Franco que nos 34 exercícios liquidados no segundo reinado o povo havia pago a enorme soma de 4 456 milhões e o governo imperial 5 498 milhões, legando o *deficit* de 1 042 milhões, tudo na direção conservadora das finanças. Somente no último quatriênio liquidado encontrava-se um *deficit* de 28 452 contos [47].

Dois grandes discursos pronunciados na Câmara dos Deputados em 1879, por um liberal, Afonso Celso (4 de maio de 1877) e por um conservador, José de Alencar (7 de maio de 1877), não poupam censuras à administração financeira conservadora. O primeiro, depois de apreciar as somas totais de 36 exercícios financeiros de 1840 a 1876, chega à conclusão que o país contribuiu com 327 000 contos a mais do que a quantia que dele se esperava. "Trezentos e vinte e sete mil contos de economias, Sr. Presidente, que chegariam para resgatar toda a nossa dívida externa, ainda que fosse três vezes maior do que é, ou para amortizar a interna, cobrir de estradas de ferro este vasto território, pôr em comunicação rápida e instantânea todas as províncias, ou ainda para amparar este pobre país, alentá-lo, fortalecê-lo na crise arriscadíssima, que já começa, da transformação do trabalho".

José de Alencar, depois de denunciar que em 50 anos de vida parlamentar (1826-1876) só se encontra um único exercício em que a despesa realizada não excedeu à despesa orçada; de censurar que dos 37 anos do Segundo Reinado, 12, a terça parte, não tiveram orçamento próprio; de lastimar que a nação brasileira continuasse a ser um pupilo governado por seus tutores, nem sempre solícitos do bem público, revela em todo seu vigor seu nacionalismo econômico. Depois de afirmar que não foi a monarquia nem o ato adicional o que manteve a integridade do Brasil, mas sim o sentimento da nacionalidade brasileira que despertou

46. Rio de Janeiro, 1877.
47. *A Reforma*, 24 mar. e 15 maio 1877.

com os primeiros entusiasmos da liberdade, o orgulho que temos todos nós de pertencermos a uma pátria grande e nobre, diz: "Senhores, tem-se desenvolvido ultimamente em nosso país, não me refiro à nobre oposição liberal; não me refiro aos homens inteligentes que na imprensa e na tribuna sustentam suas convicções pelo estudo sério que têm feito dos negócios públicos, tem-se desenvolvido ultimamente uma espécie de fetichismo estrangeiro *(apoiados)*. Se nossa lavoura definha é porque faltam braços estrangeiros. ... Se nossa indústria não se desenvolve, precisa de capitais estrangeiros *(apoiados)*. Se o nosso espírito público se abate, cumpre inocular-se sangue estrangeiro. E finalmente o nobre deputado por Goiás [o Visconde do Rio Branco] que sinto não estar presente, entende que nós já carecemos até de estadistas e ministros estrangeiros que nos venham governar... Se fosse verdadeira esta opinião que eu acabo de enunciar, a conseqüência seria aquela que desejam impor-nos os apologistas do estrangeirismo. A conseqüência seria tristíssima; seria que nós não tínhamos elementos necessários para constituirmos uma nação e que nos devíamos tornar colônia de alguma outra nação poderosa ou pelo menos de um Estado Confederado.

"Mas felizmente, Senhores, esta não é a verdade. Nós temos todos os elementos para ser uma grande nação, o que necessitamos é perseverança e confiança em nós mesmos. No dia em que nos emanciparmos da tutela da Europa e mostrarmos que podemos viver sem os seus colonos e sem os seus capitais, o dinheiro e a população estrangeira hão de inundar o nosso país".

9. A LEI DO VENTRE LIVRE. PRIMEIRO CENTENÁRIO *

Rio Branco, o Visconde, é para mim uma destas admirações incontidas. Ele foi o mais completo estadista do Império; ninguém teve o conjunto de qualidades que ele possuiu. Nabuco definiu-o, com todo o seu poder de análise psicológica e sua facilidade literária, assim: "Tinha seriedade, critério, infatigabilidade, coragem, vigor físico, pontualidade, correção, figura, maneiras". E, a seguir, enumera todas as suas outras qualidades: talento, imaginação, amabilidade, cortesia,

---

* Conferência proferida no Conselho Técnico da Confederação Nacional do Comércio, em 30 de setembro de 1971; publicada primeiramente na *Carta Mensal* do mesmo Conselho, mar. 1972.

reserva, prudência e altivez; não era intransigente; seu ponto de honra era governar do melhor modo, só reconhecendo uma fronteira, a sua própria dignidade. E mais, o Visconde do Rio Branco foi o homem que mereceu em grau mais elevado a confiança do Imperador [1].

Nabuco não diz que ele fosse o maior de nossos estadistas, por lhe faltarem certos elementos, mas pensa que, no conjunto, ele foi o primeiro dos nossos políticos. Noutras palavras, Rio Branco, foi a mais lúcida consciência monárquica que teve o Reinado [2].

José Maria da Silva Paranhos era alto, esbelto, robusto, elegante pela gravidade de aspecto, pelo erecto do porte, pela fronte descampada, iluminada por um olhar cheio de franqueza, todo ele respirava um homem que exige respeito, e sabe respeitar. Assim o descreveu Batista Pereira, baseado no depoimento da Viúva Rui Barbosa. Esta lhe disse que Rio Branco fora o homem mais belo que jamais vira [3].

Tinha 52 anos quando dirigiu o Gabinete de 7 de março de 1871, o de mais longa duração de todo o Império (7 de março de 1871 a 25 de junho de 1875). Era presidente do Conselho, e como era comum na época, Ministro da Fazenda, acumulando, ainda, por pouco tempo, a pasta da Guerra. Nascera na Bahia, mas toda a sua formação, todo o apoio que merecia foi o Rio de Janeiro que lhe deu.

Chegara ao Rio com 14 anos e matriculara-se na Escola de Marinha. Guarda-marinha desde 1841, já regia, no ano seguinte, a cadeira de artilharia, e logo foi lente de Matemática e catedrático de Mecânica, e em 1863 professor na Escola Central, depois Politécnica, de Economia Política e Direito Administrativo. Foi jornalista a partir de 1844, e deputado desde 1848 pelo Rio de Janeiro. Foi liberal no começo, redator do *Correio Mercantil,* onde brilhavam Francisco Sales

1. Vide "Cartas do Visconde do Rio Branco", *Anais do Museu Imperial,* XII, p. 37.
2. *Um Estadista do Império,* São Paulo, 1936, t. II, pp. 135-136.
3. *Figuras do Império, e Outros Ensaios,* São Paulo, 1934, p. 87.

194

Torres Homem e Francisco Otaviano, e conservador mais tarde.

Desde 1850 começa a publicação das *Cartas ao Amigo Ausente* [4], que vão de 22 de dezembro de 1850 a 28 de dezembro de 1851, e desde 1851 é redator do *Jornal do Comércio*. As cartas traçam, com fidelidade, a fisionomia de uma época capital, da reviravolta que se opera no Brasil desde 1850.

Fiz, na Explicação, um estudo sobre a significação das Cartas e da década de 1850. Esta é uma das ligações da minha atividade com o Visconde; outra é a edição do *Catálogo da Coleção Visconde do Rio Branco* [5], doada pelo Barão do Rio Branco à Biblioteca Nacional. São 50 mil documentos que foram trazidos ao conhecimento da História do Brasil e da América, pois, colhidos no campo da guerra do Paraguai, contam a história do Paraguai e do Rio da Prata. As duas publicações foram fruto da Secção de Pesquisas do Instituto Rio Branco, que dirigi.

Sua carreira diplomática foi iniciada como secretário de Honório Hermeto Carneiro Leão, em missão especial ao Rio da Prata, em 1851-1852. Contei, no prefácio às Cartas, baseado em documento então inédito, como Honório Hermeto preferiu José Maria da Silva Paranhos a Francisco Adolfo de Varnhagen, que se empenhara por obter o lugar.

1. *Programa político do gabinente Rio Branco*

O Gabinete do Visconde do Rio Branco de 7 de março de 1871 tinha como programa a chamada Questão Servil, que já havia sido objeto principal da Fala do Trono de 3 de maio de 1871, onde se dissera: "Considerações da maior importância aconselham que a reforma da legislação sobre o estado servil não continue a ser uma aspiração indefinida e incerta. É tempo de resolver esta questão, e vossa esclarecida prudência saberá conciliar o respeito à propriedade

---

4. Edição organizada e prefaciada por José Honório Rodrigues. Rio de Janeiro, Instituto Rio Branco, 1953.
5. Rio de Janeiro, Instituto Rio Branco, 1950, 2 vols.

existente com esse melhoramento social, que requerem nossa civilização e até os interesses dos proprietários".

Assim falara D. Pedro II na abertura da Assembléia Geral [6]. No primeiro discurso pronunciado no Senado, aos 8 de maio de 1871, o Visconde do Rio Branco, ao explicar o pensamento político do Gabinete de 7 de março, declara que a Fala do Trono é a expressão do seu pensamento e tem, sem dúvida, mais significação para os nossos adversários e para todo o país do que qualquer discurso de programa. Mais adiante, declara que esse programa "satisfaz tanto aos dignos representantes do Partido Liberal, que até nos disputam o direito de apresentá-lo". Concluindo, afirma esperar em Deus que o Partido Conservador saiba antepor sempre o interesse nacional a quaisquer interesses individuais [7].

Ainda antes de ter a Comissão designada para estudar o projeto do Governo, apresentado pelo Secretário da Agricultura Teodoro Machado Freire, dado o seu parecer, Paulino de Sousa, um dos líderes do Partido Conservador, ao discutir a resposta à Fala do Trono, rompe o debate sobre a questão da emancipação dos escravos e apresenta uma emenda no sentido de que esta se fizesse de uma maneira lenta e gradual. Conclui seu discurso declarando que "a emenda não é uma hostilidade ao Gabinete, mas o meio de deslocar do terreno político uma questão social, de resguardar a nossa consciência e evitar que a responsabilidade de algum erro recaia sobre nós" [8].

Rio Branco responde imediatamente, defendendo a posição do Governo, no sentido de operar-se a transformação de imediato e, desde então, dedica-se inteiramente à obra da aprovação do projeto (29 de maio de 1871).

O ministério conduzido por Rio Branco sofreu uma das mais enérgicas e inteligentes oposições de que há notícia nos *Anais* do nosso Parlamento. Nos dias 29 e 30 de maio, falaram vários deputados contra o

6. *Falas do Trono*, Rio de Janeiro, 1889, p. 669.
7. *Discursos do Sr. Conselheiro de Estado e Senador do Império J. M. da Silva Paranhos, Visconde do Rio Branco, proferidos no Senado em 1870 e nas duas Casas do Parlamento em 1871.* Rio de Janeiro, 1871.
8. Ob. cit., p. 189.

196

projeto, como Andrade Figueira, Paulino de Sousa e José de Alencar. No dia 31, Rio Branco pronuncia um discurso notável, respondendo em conjunto a todas as críticas que haviam sido levantadas.

Recorda que na lei de 20 de outubro de 1823 já se recomendava aos Presidentes das Províncias que pensassem nos alvitres necessários para a emancipação dos escravos, e pergunta: "Não estavam, pois, essas idéias nos corações de todos os brasileiros, como no coração de toda a humanidade desde a Independência e até mesmo antes dela?" *(Apoiados).*

Logo a seguir, dizia: "A causa da emancipação não pertence nem ao Partido Conservador nem ao Liberal; a causa da emancipação pertence, verdadeiramente, a todos os brasileiros *(apoiados);* e mereceria lástima e muita lástima o Partido Conservador se inscrevesse na sua bandeira — não queremos emancipação — ou — queremos adiá-la para as calendas gregas — o que seria o mesmo" [9].

Rio Branco combate com todo o vigor e energia, com a sua lucidez costumeira, todos os quadros sombrios, todos os riscos, todas as ameaças que os conservadores mais ortodoxos apresentavam, objetando à reforma proposta pelo próprio Imperador através de seu grande Ministro. Pedia-lhes que apresentassem suas emendas, seus projetos, mas eles apenas queriam combater o projeto oficial, adiar a sua solução, evitá-lo de qualquer maneira.

"Esta política de inércia, de *laissez-faire, laissez-passer,* que os ilustres deputados querem inscrever como emblema do Partido Conservador já tem sido prejudicial em alguns períodos da nossa vida pública ao mesmo Partido e seria no caso atual funestíssima não só aos lavradores do Brasil, mas a todos os interesses desta sociedade", afirmava Rio Branco [10].

2. *José de Alencar combate o projeto*

Na sessão de 10 de julho, José de Alencar pronuncia um grande discurso de combate à reforma servil:

9. Ob. cit., p. 213.
10. Ob. cit., p. 223.

197

"É preciso dizer a verdade. O que se observava era apenas o progresso contínuo, suave e natural da revolução íntima que desde muito se opera no Brasil, e que tende a realizar a emancipação pelo melhoramento dos costumes, pela generosidade do caráter brasileiro, pela nossa civilização, a qual pulula com uma força imensa. Era o desenvolvimento dessa regeneração moral, que dentro em pouco extinguiria a escravidão, independente dos esforços do Governo e das declarações dos propagandistas. ... Seria a emancipação feita pela nação, levada a efeito por um impulso nobre da sociedade brasileira".

Sustenta a seguir que apenas uma parte dos liberais tolera essa reforma, e que estes não podem "deixar de nutrir suspeitas e suspeitas muito veementes em relação ao gabinete". Insiste na necessidade de estudos preparatórios, de uma opinião pública prevenida a favor da reforma, e tenta intrigar os liberais afirmando que o Governo, longe de querer promover a reforma, "pretende, ao contrário, desacreditá-la, expondo-a a um revés".

Ao terminar esse discurso, declara: "Combato ambos os projetos, porque ambos contêm uma idéia funesta, que é a do ventre livre, contra a qual me empenharei com todas as forças, porque entendo que há de ser fatal (*apoiados da oposição*) e há de produzir calamidades capazes de apavorar o próprio governo" [11].

Os dois projetos a que se referia José de Alencar eram o apresentado pelo deputado pelo Rio de Janeiro Teixeira Júnior, Ministro da Agricultura do Gabinete São Vicente, que antecedera o do Rio Branco, e se demitira por não poder levar avante a idéia emancipadora, e este agora em debate.

No dia 11 de julho, volta José de Alencar à tribuna e afirma: "E depois, Senhores, cumpre dizê-lo, a maioria não tem o direito de exigir a calma daqueles que combatem a reforma do elemento servil. Quando uma reforma põe em risco eminente a propriedade, a

11. ALENCAR, José de. *Discursos proferidos na sessão de 1871 na Câmara dos Deputados*. Rio de Janeiro, 1871. pp. 65, 68-69.

paz pública, os fundamentos da ordem social, é necessário toda a energia da resistência legal" [12].

Depois acusa o Gabinete de estabelecer a cisão no próprio Partido Conservador, porque quando os dissidentes declararam, na discussão da resposta à Fala do Trono, que divergiam do Gabinete no tópico da questão servil, mas que em tudo o mais davam-lhe plena confiança, o Governo fizera questão de manter a sua posição, sustentando o projeto de reforma.

"O Gabinete, afastando-se de seu Partido, tomando a bandeira do Partido adversário, rompendo com as tradições da opinião conservadora, constituiu-se uma ameaça, um perigo. Ele promove a dissolução do Partido (*apoiado*), o qual está dilacerado, porque um Partido não suporta impunemente discussões calorosas, como não podem deixar de ser aquelas que agitam questões da importância do elemento servil. Pois bem, em face dessa ameaça, desse perigo, o que nos cumpria fazer? Curvar a cabeça? Não. Cumpria remover a ameaça, eliminar o perigo (*apoiado*). ... Não tenho outro motivo para combater o Gabinete a não ser a crença, bem fundada, em que estou de que a continuação de um ministério que tornou-se a encarnação viva da reforma do elemento servil, há de pôr em perigo o Partido e o país, cujos interesses devo zelar" [13].

Volta José de Alencar à tribuna na sessão de 13 de julho e declara, debaixo de grande atenção e silêncio: "Senhores, não venho discutir a proposta do governo sobre o elemento servil; talvez nem responda ao discurso do nobre Ministro da Agricultura. Quero apenas protestar contra esta grande calamidade social que sob a máscara da lei ameaça a sociedade brasileira" [14].

Na tentativa de desviar a atenção da Assembléia do problema essencial da reforma servil, José de Alencar defende, como vários outros conservadores dissidentes, outras reformas, e não a que se discutia: "Senhores, há outras alforrias que não seriam fatais, mas ao contrário úteis e proveitosas para o país, pelas quais

12. Ob. cit., p. 37.
13. Ob. cit., p. 48.
14. Ob. cit., p. 73.

o governo devia empenhar-se de preferência à do ventre. Tais são: a alforria do voto *(muitos apoiados da oposição)*, cativos do governo; alforria da justiça, cativa do arbítrio *(apoiados);* alforria do país, cativo do absolutismo, cativo da preponderância do governo pessoal" *(apoiados da oposição)* [15].

Sentindo que não podiam atrair para eles a maioria da Câmara, irritados diante da possibilidade da derrota, os conservadores dissidentes exultam quando José de Alencar exclama: "Vós, os propagandistas, os emancipadores a todo transe, não passais de emissários da revolução, de apóstolos da anarquia *(apoiados da oposição).* Os retrógados sois vós que pretendeis recuar o progresso do país ferindo-o no coração, matando a sua primeira indústria, a lavoura" *(muitos apoiados da oposição)* [16].

Nesse discurso, longo, muito combativo, José de Alencar declara logo adiante: "A liberdade do ventre, essa, Senhores, é iníqua e bárbara *(apoiados).* É iníqua, porque concede liberdade à prole e a nega à geração atual cheia de serviços e de dedicação *(muitos apoiados da oposição).* É bárbara, porque condena a prole inocente ao abandono, o que significa a miséria e a morte. ... Quando a lei do meu país houver falado essa linguagem ímpia, o filho será para o pai a imagem de uma iniqüidade; o pai será para o filho o ferrete da ignomínia; transformareis a família num antro de discórdia; criareis um aleijão moral, extirpando do coração da escrava esta fibra que palpita até no coração do bruto, o amor materno" [17].

3. *Rio Branco responde a José de Alencar*

Na própria sessão de 10 de julho, **Rio Branco** começa a responder às críticas da oposição conservadora dissidente, acentuando a importância dessa questão social e mostrando que a oposição tem exagerado sobre os possíveis riscos que a reforma poderia causar.

15. Ob. cit., p. 73.
16. Ob. cit., p. 78.
17. Ob. cit., pp. 98-99.

Debaixo de uma tempestade de apartes que, por vezes, cobrem a sua voz, ele afirma que é natural que os proprietários agrícolas e negociante, tomados dos terrores que a oposição tem procurado incutir e espalhar em todo o país, tenham por melhor o *status quo* [18].

Pede à Câmara que dê uma solução urgente à questão, pois a agitação pode prejudicar muito os interesses nacionais e particulares. "Senhores, se há glória na apresentação desta proposta ... esta glória não pertence nem pertencerá exclusivamente ao Ministério atual; pertence e pertencerá a esta Câmara, a todos os que têm tomado a iniciativa para esse grande melhoramento social. A glória será de todos nós! Será glória verdadeiramente nacional!" [19].

Em discurso de 14 de julho, Rio Branco expõe com muita clarividência a história dos ideais da emancipação e mostra que na Guerra do Paraguai entre mais de 50 000 brasileiros que estavam em contacto com os povos vizinhos, havia o sentimento de que esta instituição odiosa vexava e humilhava os brasileiros.

Conclui o seu discurso lembrando a profecia que fizera José de Alencar sobre as graves dificuldades e as perturbações que produziria a reforma e recordando-lhe os deveres da posição do Ministério. "Eu direi por minha vez ao nobre deputado que ele, atentando para a posição que tem tomado e refletindo sobre os fatos da nossa vida política, há de ouvir também um eco de além-túmulo dos fundadores da nossa Independência advertir-lhe: Extremado conservador e jovem estadista, não ataqueis as instituições em nome do Partido Conservador" [20].

No dia 31 de julho, respondendo novamente a José de Alencar, Rio Branco afirma que este, ao aconselhar várias reformas, e não a reforma servil, estava realmente escamoteando o verdadeiro objetivo da proposta do Gabinete, especialmente quando declarava que o Governo se apresentava como emancipador, mas conservava a escravidão, e queria libertar o cidadão sem preparar o escravo para a liberdade. "Como, Sr. Pre-

18. Ob. cit., p. 291.
19. Ob. cit., p. 293.
20. Ob. cit., p. 329.

sidente, se neste país não houvesse milhares e milhares de pessoas livres que por infelicidade de seus pais, pelas circunstâncias em que se acharam e se acham, não puderam ainda receber a educação necessária a todo cidadão!" Para Rio Branco, o grave, o perigoso, o sério era negar a reforma do elemento servil [21].

Ao explicar as vantagens do projeto, afirma Rio Branco que esta lei na verdade concedia muito à escravidão, e muito pouco à liberdade [22].

Em discurso de 5 de agosto, respondendo a uma interpelação de José de Alencar, relativa às despesas que o governo fazia com a imprensa, perguntava à oposição: "Acaso toda a prudência, todo o patriotismo desta terra estão refugiados na ilustrada minoria? É preciso desprezar a maioria da Câmara? É preciso desprezar o Senado? As únicas ilustrações, os únicos homens refletidos, de bom senso e de convicções sinceras, as únicas garantias, as colunas fortes da ordem social, estão daquele lado *(apontando para o banco da oposição);* nós que defendemos o projeto, nós que estamos em maioria, nós não somos senão proletários, comunistas, visionários, homens sem crenças e sem consciência!" *(Muito bem da maioria)* [23].

Dirigindo-se, finalmente, ao grande romancista — vanguarda na Literatura, retaguarda na política —, dizia Rio Branco: "Por mais que se esforce o nobre deputado pelo Ceará nunca o imitarei nos seus hábitos agressivos. ... Não sou novo no Parlamento e ninguém poderá acusar-me de ser pouco urbano para com os adversários, quanto mais para com os amigos. ... Não estou acostumado a lutar e a vencer pelo insulto e pela injúria. Se o nobre deputado, como é notório, tem ostentado seus talentos na vida pública, e a eles deve o seu nome, todos os meus concidadãos sabem também que o secretário de quem S. Exª falou com tão amarga ironia não chegou a esta posição pelos brasões, pelos pergaminhos *(sensação),* mas unicamente pela reputação que soube conquistar em uma vida inteira de trabalho e honra *(explosão de aplausos; os*

21. Ob. cit., p. 346.
22. Ob. cit., p. 363.
23. Ob. cit., p. 375.

aplausos cobrem a voz do orador) [24]. ... Vai para um ano que o nobre deputado pelo Ceará chora as desgraças da nossa Pátria *(apoiados da maioria)*, ninguém ainda pôde compreender como no rápido espaço de poucos meses, logo depois de perder o Brasil um ministro como o nobre deputado, as coisas se transformaram de tal modo, que S. Exª nos figurava à borda de um abismo e não cessava de bradar contra a desmoralização que lavrava por toda parte! ... Não é, pois, de hoje que as visões que assaltam o espírito do nobre deputado lhe tiram o sono e o previnem contra todos os amigos: o mal de que S. Exª sofre não data do Gabinete de 7 de março, é muito anterior, e até me está parecendo que teve origem no ilustre ex-ministro do Império membro do Gabinete de 16 de julho... *(risadas).* (23º Gabinete, de 16 de julho de 1868 a 10 de janeiro de 1870.) ... Senhor Presidente, tomando a minoria desta Câmara, embora muito ilustrada e respeitável, como a verdadeira e única representante da soberania nacional, o nobre deputado pelo Ceará ameaçou-nos com os mais graves acontecimento. Se não atendêssemos às suas previsões, e sobretudo se suas intimativas não tivessem logo pleno cumprimento, se para os males, que S. Exª vê iminentes sobre a questão servil, o remédio não viesse de cima, isto é, se a vontade da minoria não fosse satisfeita, então, exclamou S. Exª, o remédio virá de baixo, virá da soberania popular! Não é isto, Senhores, uma ameaça, um argumento *ad terrorem?*"[25].

4. *Francisco Otaviano, liberal, apóia Rio Branco*

Dentre os liberais, Francisco Otaviano destacou-se como um dos políticos que deram integral apoio à reforma do elemento servil e ao Visconde do Rio Branco. "Nenhum dos membros do Senado", dizia ele em sessão de 12 de setembro, "pode deixar de olvidar-se, vendo a população brasileira, reunida em uma só aspiração, esquecida de paixões partidárias e resolvida com firmeza a libertar-se, embora gradualmente, de uma

24. Ob. cit., pp. 376-377.
25. Ob. cit., pp. 379-380.

203

instituição funesta que se originou de falsas idéias, e sobre a qual a anistia dos interesses materiais estendeu uma tolerância de três séculos".

Examina Francisco Otaviano especialmente a questão do apoio dos liberais ao projeto apresentado por um Gabinete conservador. Lembra que cidadãos importantes e grandes talentos do Partido Conservador recriminavam aceitar o Partido Conservador uma reforma liberal. "Aconselha-se agora aos liberais, com flagrante contradição, que repilam a reforma, alegando-se esta imposição da Coroa aos seus adversários. Que papel então se quer atribuir aos liberais? Se confessam que a idéia é liberal, que a Coroa a aceitou e a impôs aos conservadores, como pedem aos propugnadores antigos da idéia que rejeitem o que é seu e foi achado bom? ... Então as idéias de cuja bondade ou justiça temos íntima convicção deixam de ser boas e justas, pela homenagem que lhes rendem por fim os adversários? Então, a luta política não é para convencer, é para aniquilar".

Francisco Otaviano concluía dizendo que não havia nenhum ponto de honra que obrigasse os liberais a rejeitarem o projeto do Governo e concordava com Rio Branco, que dissera: "Não, senhores! acima do partido conservador, acima de todos os partidos, estão as grandes idéias de interesse social!" [26]

5. Zacarias, liberal, ataca o projeto

Se os conservadores estavam divididos, havia também liberais que combatiam o projeto. Zacarias de Goes e Vasconcelos era um deles; ele era intolerante, agressivo, personalista, e guardava rancor pela queda do gabinete por ele dirigido em 1868, por influência de Caxias, e, portanto, dos conservadores.

Em discurso no Senado, em 29 de agosto de 1871, respondendo a Zacarias, que atacava a prorrogação orçamentária, Rio Branco relembra que a falta de lei orçamentária vinha do governo do próprio Zacarias, de 1864. E dizia, com uma ponta de ironia: "Eu não

26. Ob. cit., p. 373.

204

imito o nobre Senador, não sou austero como ele; creio que S. Exª lutou com dificuldades; mas como S. Exª hoje se nos apresenta como um homem cuja prudência nunca falha, como o primeiro parlamentar, Bismarck na política e Moltke na tática, pergunto por que ele deixara o país sem lei orçamentária" [27].

O debate é longo, duro, acusatório, mas educado. "Senhor Presidente", diz Rio Branco, "quando apresentamos a reforma do estado servil, prevíamos que alguns dos nossos amigos não nos acompanhariam: a dissidência estava prevista, porque sabíamos que entre os conservadores como entre os liberais havia opositores a essa grande medida. Mas o que não podíamos prever é que a oposição da Câmara chegasse aos extremos que tocou...." [28].

Rio Branco sustentava que era uma pretensão ilegítima, insustentável, antepor ao bem público os interesses de um partido [29]. "V. Exª", diz Zacarias, "é negligente e confesso". — "E V. Exª", responde Rio Branco, "é infalível e inexorável". Era assim que os dois homens debatiam.

Havia, portanto, grande ansiedade quando Zacarias, a grande figura do Partido Liberal, pronunciou seu discurso aos 4 de setembro. Depois de fazer pequeno histórico sobre a evolução da idéia emancipadora, de relembrar a carta dos sábios franceses dirigida ao Imperador em 1866, um ardente apelo a favor dos escravos, para que completasse a abolição do tráfico com a abolição da escravidão, Zacarias exclama: "Então, Senhores, ficando o Brasil país único escravocrata da América, não era possível manter-se entre nós semelhante situação. Nem era preciso que empenhassem armas para compelir-nos a dar um passo no sentido da emancipação [ele já se referira à influência do canhão e à impertinente pressão em 1850], bastava o riso do mundo, bastava o escárneo de todas as nações, apontando para o Brasil como país amigo da escravidão, disposto a mantê-la indefinidamente" [30].

27. Ob. cit., p. 521.
28. Ob. cit., p. 532.
29. Ob. cit., p. 534.
30. *Anais do Senado do Império do Brasil*, Rio de Janeiro, 1871, v. V, p. 30.

Discute, a seguir, a afirmação de Rio Branco de que a liberdade do ventre não estava no programa do Partido Liberal, tal como não estava no do Partido Conservador. Zacarias pergunta, sofismando, como, tendo sido inserida na Fala do Trono de 1867-1868, não era de seu programa? [31] Faz algumas objeções contra artigos do projeto, não aceita o convite de Rio Branco de apresentar emendas, e, no final, conclui:

"A emancipação dos escravos pela liberdade dos filhos das escravas que nasceram depois da lei e pela alforria gradual dos existentes é uma idéia do partido liberal e está consignada em seu programa. ... O Partido Liberal não o embaraça, todavia. Por minha parte resignar-me-ei à passagem da proposta assim defeituosa. Os partidos políticos do país têm sido esmagados e abatidos. Embora: extinga-se a escravidão dos negros, e um dia virá também a liberdade dos cidadãos ora oprimidos" [32].

Pois apesar desta declaração enfática final, Zacarias foi um dos quatro que votou contra o projeto e bem merecia aquela censura de Joaquim Nabuco, num de seus artigos de *O País:* "O país não tem mais paciência para ouvir falar em liberais que não são abolicionistas. Um Partido Liberal que não repudia a escravidão é um partido de nome suposto" [33].

6. Sales Torres Homem defende o projeto

Quero terminar esta exposição dos debates parlamentares lembrando o grandes Sales Torres Homem, o Timandro liberal da mocidade, e o Visconde de Inhomirim, ministro e senador conservador. Escreveu Joaquim Nabuco no seu *Um Estadista do Império* [34], que "o discurso mais eloqüente, mais cinzelado, foi o de Sales Torres Homem, soberba página que sobreviverá em nossa literatura".

31. Discurso citado, p. 33.
32. Discurso citado, p. 39.
33. Citado por José Honório Rodrigues, *História e Historiografia*, Petrópolis, Vozes, p. 80.
34. 2. ed. São Paulo, 1936, II, p. 151.

É praticamente impossível selecionar deste elo-qüentíssimo discurso os seus mais belos trechos. Faço-o mais por um dever de resumir, pois pelo gosto o leria todo, como muitas vezes já o tenho lido.

"Os seres, de que se trata, não vivem ainda; a poeira, de que seus corpos serão organizados, ainda flutua dispersa sobre a terra; a alma imortal, que os tem de animar, ainda repousa no seio do Poder Criador, serena e livre, e já o ímpio escravagista os reclama como sua propriedade, já os reivindica do domínio de Deus para o inferno da escravidão! (*Muito bem*). ... Perdendo a liberdade, o homem perde a fecundidade do seu poder sobre a natureza e o desprezo, de que ele é objeto, transmitido ao trabalho em geral, estanca a fonte da atividade e paralisa o gênio industrial das nações. Se se indagar a origem do atraso comparativo de um país como o nosso, a quem a Providência libe-ralizou seus dons magníficos, ela será encontrada nessa fatal instituição, que o poder colonial plantou em nosso solo virgem. (*Apoiados*). ... Além disto, os terrores pânicos, as prevenções exploradas pela paixões políticas, depois de terem dado a esta questão um aspecto amea-çador, continuarão a agitar a população, até que a decisão do Senado venha pôr termo às ilusões. Não quer isto dizer que, logo depois, os ataques e as injus-tiças dos interessados não continuarão contra aqueles que concorreram para esta reforma: mas teremos belas compensações; teremos a consciência de haver cumprido um árduo dever para com a humanidade e a civilização; teremos os aplausos do país. (*Apoiados*). Esses milhares de mulheres que, durante o curso de três sé-culos, tantas vezes amaldiçoaram a hora da maternidade e blasfemaram da Providência, vendo os frutos inocen-tes de suas entranhas condenados ao perpétuo cativeiro, como se fora crime o ter nascido, levantarão agora seus braços e suas preces aos céus, invocando a bênção divina para aqueles que lhes deram a posse de si mes-mos. (*Muito bem*). Estas expressões de gratidão dos pobres aflitos valem mais do que os anátemas do rico impenitente (*apoiados*), mais que os ataques dos pode-rosos, que não souberam achar meios de prosperidade senão na ignomínia e sofrimento de seus semelhantes".

(Muito bem; muito bem. O orador é cumprimentado e felicitado por vários Srs. Senadores.)

7. Encerramento da discussão. Vitória do projeto

Pedido, em 28 de agosto, o encerramento da terceira discussão, foi o projeto governamental aprovado na Câmara dos Deputados por 61 votos contra 35. A discussão no Senado foi menos agitada e mais rápida. A Comissão Especial de cinco membros apresentou seu parecer no dia seguinte, concluindo pela adoção do projeto vindo da Câmara. No dia 27 foi encerrada a discussão e imediatamente votado o projeto, que obteve 33 votos a favor e 4 contra (Zacarias, da Bahia; Barão de Três Barras, de Minas Gerais; Carlos Carneiro de Campos, Visconde de Caravelas, de São Paulo; e Joaquim Antão Fernandes Leão, de Minas Gerais). Grande manifestação no Senado e nas ruas demonstraram o júbilo de todos pela aprovação da lei. O centro desta batalha fora o Visconde do Rio Branco, que provara ser um excelente lidador. Em cinco meses de sessões proferira 21 discursos defendendo a reforma [35].

Para mostrar a sensibilidade deste homem admirável, revelar a natureza da sua compreensão, do seu total despojamento de preconceitos, faço questão de citar este pequeno trecho de um debate, quando de seu discurso na Câmara dos Deputados a 7 de agosto. Dizia Rio Branco que a escravidão impedia não só que a imigração se dirigisse para o Brasil, como que a população livre em muitos lugares se entregasse ao trabalho agrícola, que era aviltado pela condição do trabalhador escravo. "Ora, quando nós começamos por melhorar este estado de coisas, considerando que o escravo é um homem como qualquer de nós...". Interrompe-o o deputado mineiro Cruz Machado, dizendo: "Não como qualquer de nós". E Rio Branco declara: "O nobre deputado há de permitir que o Sr. taquígrafo elimine esse seu aparte" (*apoiado*) [36].

35. *Discursos,* ob. cit.
36. *Discursos,* ob. cit., p. 403.

A grande festa da emancipação realizou-se no Grande Oriente (2 de março de 1872), e Rio Branco, eleito grão-mestre, agradece declarando que a resistência era inevitável, mas que triunfou o progresso. "Quem venceu foi a sociedade brasileira. A memorável lei de 28 de Setembro livrou o futuro dos males do presente e proveu a extinção gradual do que não podia ser cortado pela raiz, sem abalar desde os alicerces o edifício desta grande nação. Recebo como um conforto que animará aos que podem prestar mais serviços ao Brasil, que eu amo estremecidamente como uma das mais belas Províncias da humanidade" [37].

8. A Lei do Ventre Livre

A Lei do 28 de setembro de 1871 não tem a simplicidade luminosa que convém às grandes idéias e às reformas radicais, como terá, em 1888, a Lei que aboliu, definitivamente, a escravidão no Brasil. Ela é complexa e sinuosa, como que contemporizando com os interesses que vai ferir, para poupar-lhes, na medida do possível, as contrariedades [38].

Mas, na execução, ela perde esses entraves e excrescências, reduzindo-se às idéias capitais: a liberdade do nascituro (artigo 1º); o fundo de emancipação (artigo 3); e o reconhecimento da personalidade jurídica do escravo, para o fim de possuir bens e transmiti-los, por morte, ao cônjuge sobrevivo e aos herdeiros, assim como contratar em favor da liberdade, prestação de serviços futuros, por tempo não excedente a sete anos (artigo 4) [39].

Com a Lei se estancavam as duas fontes da escravatura no Brasil: a do exterior, pela extinção do tráfico, e a do interior, porque não nasceriam mais servos.

37. *Discursos,* ob. cit., Apêndice, 11.
38. Regulamentada pelo Decreto n.º 4.856, de 30 de dezembro de 1871, aprovando o regulamento para a matrícula especial dos escravos e dos filhos da mulher escrava; e pelo Decreto n.º 5.135, de 13 de novembro de 1872, aprovando o regulamento geral para a execução da lei n.º 2.040, de 28 de setembro de 1871.
39. Beviláqua, Clóvis. A Lei de 28 de setembro de 1871 e o Visconde do Rio Branco. *Revista do Instituto Histórico e Geográfico Brasileiro,* t. 80, p. 798.

Para isso ela contou com a colaboração da Igreja e do clero. Seguindo as sugestões de José Bonifácio em 1823, que consistiam em associar a Igreja à ação do governo, o Conselheiro João Alfredo Corrêa de Oliveira, Ministro do Império, dirigiu aos bispos das diversas dioceses, em 19 de setembro de 1871, antes da aprovação da lei, no Senado, uma circular pedindo-lhes colaboração. Para que a lei pudesse produzir todos os seus benéficos efeitos, convinha que fosse acompanhada pela persuasão.

"A religião, a justiça, o amor da pátria, e até o interesse bem entendido das famílias, tudo aconselha que a sociedade brasileira se livre quanto antes de um elemento que, se produziu benefícios materiais, não deixa de criar sérios embaraços ao verdadeiro progresso a que a Providência parece ter destinado nosso país. ... Para neutralizar tão odiosas tentativas (os tropeços trazidos pelos maus cidadãos) e fazer calar nos espíritos a luz da verdade muito pode contribuir o nosso clero".

D. Antônio Macedo da Costa, Bispo do Pará, D. José Antônio dos Reis, Bispo de Cuiabá, e D. Vital, já escolhido Bispo de Olinda, mas ainda não preconizado pela Santa Sé, manifestaram de imediato seu apoio à medida [40].

A Lei de 28 de setembro não se limitou, pensa Clóvis Beviláqua, a estender sobre os inocentes o manto da liberdade. Ela modificou a atmosfera moral do país, abriu, nas trevas das infectas senzalas, um foco de luz pura, acordou na alma embrutecida do cativo um raio de esperança, que foi o estímulo de vida e despertar da consciência. Essa ação benéfica, estranha à letra da lei, acelerou muito o movimento emancipacionista.

Não foi só isto, como escreveu Clóvis Beviláqua. A consciência escrava desperta lutou mais que nunca pela sua liberdade. Procurei mostrar, num estudo sobre "A Rebeldia Negra e a Abolição" [41], que as insurreições negras se agravaram e que os movimentos rom-

---

40. MONIZ DE ARAGÃO, Pedro. Achegas Históricas: *Revista do Instituto Histórico e Geográfico Brasileiro*, v. 218. pp. 61-64
41. *História e Historiografia*, ob. cit., pp. 65-88.

pidos ou abafados, em 1871, 1872, 1877, 1878, 1880, 1882, 1883, 1885, 1886 e 1887, não incorporados às Histórias do Brasil, foram o caminho revolucionário que acompanhou o da conciliação e da acomodação, instrumentos oficiais, ajudando para a vitória final em 1888.

De acordo com a lei e o regulamento, procedeu-se à matrícula dos escravos. Rio Branco, fazendo o cálculo da indenização que o projeto oferecia, supunha que o Brasil tivesse então 2 milhões de população escrava [42]. No entanto, em 1874, já haviam sido matriculados 1 002 240 escravos, sendo que 208 103 em Minas Gerais, 207 709 no Rio de Janeiro, a 103 695 na Bahia (números não definitivos). O número de filhos de escravos nascidos depois da Lei de 28 de setembro já se elevavam a 56 165 [43].

A lavoura não sofrera nada, como previra José de Alencar, antes crescera, libertando-se em parte da tradição da rotina colonial, e obtendo melhores resultados.

Como já vimos em outra conferência aqui reunida sobre a década de 1870-1880, houve aumento de produção, aumento no valor das exportações, e sensível declínio nas importações e condições financeiras satisfatórias [44].

A melhoria geral e não o terror dos augúrios sombrios da oposição foi a conseqüência econômico-financeira do programa de Rio Branco.

9. Considerações finais

Quero acentuar ainda alguns aspectos característicos: a longura do processo histórico que se inicia nas conversações, em 1822, de Henry Chamberlain com José Bonifácio e D. Pedro I, e de Canning com Caldeira Brant, e vai até 1888. A Grã-Bretanha ofereceu o reconhecimento da nossa Independência em troca da abolição do tráfico. Era o preço. Afastado José

42. Discurso no Senado, 23 de maio de 1871, p. 175.
43. *Relatório pelo Ministro e Secretário de Estado da Agricultura*, Rio de Janeiro, 1874, Anexo F, 5-74.
44. Vide o capítulo anterior "História e Economia. A década de 1870 a 1880".

211

Bonifácio, desconversou a liderança tanto quanto pôde para prolongar a vida da instituição. Foi preciso a rebeldia negra, cada dia mais grave, e praticamente ano a ano, para que o processo terminasse e o Brasil fosse o penúltimo país do mundo, antes de Cuba, a pôr termo à escravidão.

Este longo processo — durou 66 anos, os esforços de duas gerações —, mostra o caráter extremamente conservador da liderança brasileira, que procurava mais retardar a solução definitiva, que decidi-la. Daí o aspecto conciliatório, defraudatório, com que atrasou tudo, deixando sempre para amanhã o que podia ou devia fazer hoje.

Tenho grande admiração pela personalidade do Visconde do Rio Branco, mas ele pertencia ao sistema e fazia aquilo que o sistema queria. A solução gradualista foi sempre a preferida pelos conservadores, não os ortodoxos, os vermelhos, como eram chamados, mas pelos moderados.

As palavras do Patriarca, ao seu projeto apresentado em 1823 à Assembléia Constituinte, não foram ouvidas: "Generosos cidadãos do Brasil, que amais a vossa pátria, sabei que sem a abolição total do infame tráfico da escravatura africana, e sem a emancipação sucessiva dos atuais cativos, nunca o Brasil firmará a sua independência nacional, e segurará e defenderá a sua liberal Constituição; nunca aperfeiçoará as instituições e nunca formará, como imperiosamente o deve, um Exército brioso e uma Marinha florescente. Sem liberdade individual não pode haver civilização nem sólida riqueza; não pode haver moralidade e justiça; e sem estas filhas do Céu, não há nem pode haver brio, força e poder entre as nações". (*Muitos apoiados; aplausos; o orador é cumprimentado por muitos senhores deputados*) [45].

---

45. Citado por Rio Branco, *Discursos*, ob. cit., p. 201.

10. O GOVERNO CONSTITUCIONAL DE GETÚLIO VARGAS *

A imagem de caudilho rio-grandense e platino marcou sempre a política de Getúlio Vargas para seus adversários, especialmente da União Democrática Nacional. Seus anos de ditadura de 1930 a 1934 e de 1937 a 1945 consolidaram essa idéia, que não se aplicava somente a Getúlio Vargas, mas às tendências liberticidas que os rio-grandenses manifestaram no seu próprio Estado. Capistrano de Abreu, num ensaio, atribuiu aos rio-grandenses-do-sul, por influência platina, ten-

---

* Este Estudo de 1974 não tem um caráter mais profundo, por falta de acesso à documentação da época. Recorreu aos jornais brasileiros, ao *New York Times* e ao *Times* de Londres.

213

dências ditatoriais, a que se somava à doutrinação comtista.

Num estudinho que fiz sobre o Continente do Rio Grande, notei que havia na alma rio-grandense uma ambivalência libertária-liberticida, que evoluía em ciclos históricos, ora uma ora outra tendência era dominante. Assim tem sido antes, durante e depois de Getúlio Vargas, como os acontecimentos atuais revelam.

Achamos, como disse Braudel, que não são os homens que fazem a história, mas a história que faz o homem. Por isso mesmo, sem desprezar as condições econômicas, políticas, sociais, é necessário ver sempre o homem que se responsabilizou pelas decisões que deram um destino a uma comunidade.

A imagem do ditador Getúlio Vargas é uma faceta do caráter gaúcho que marcou sua volta em 1951. Deposto em 1945, eleito deputado em 17 Estados, e senador em dois, ele veio ao Senado raras vezes, quase sempre para defender-se de acusações de seus adversários. Terminado o mandato Dutra, Getúlio Vargas candidatou-se pelo Partido Trabalhista e o Social Progressista de Ademar de Barros, contra Cristiano Machado, do Partido Democrático Social, Eduardo Gomes pela União Democrática, e João Mangabeira pelo Partido Socialista.

Antes das eleições, o Ministro da Guerra General Canrobert Pereira da Costa declarava que Getúlio Vargas não devia candidatar-se. Era um sinal de que havia forças militares e civis contra sua candidatura, e o deputado Mario Brant apresentava uma emenda de reforma constitucional para evitá-la, contando com o apoio do candidato Cristiano Machado.

Não conseguiram evitar a candidatura e Getúlio Vargas a aceitou na convenção do Partido Trabalhista, parecendo adivinhar no seu discurso que alguma coisa mais pudesse acontecer. "Se a paz interna for perturbada, se os interesses vitais da Nação forem atingidos, se o bom nome da democracia brasileira for deslustrado aos olhos dos estrangeiros, procurem alhures os responsáveis pelo crime". Declarava esquecer os ataques e injustiças, dizia entrar na luta com o espírito aberto aos

214

sentimentos de fraternidade, e dirigindo-se aos trabalhadores, afirmava-lhes: "Podeis estar certos de que não prevalecerão as potestades evidentes ou disfarçadas da reação".

Fez-se tudo que foi possível para burlar a eleição, afastando-o, e ele, dirigindo-se ao povo de São Paulo, disse que este devia "recear os inimigos do povo, os inimigos da lei que não vacilam em subverter os fundamentos do regime para escapar à derrota que os espera". Na Bahia declarava que quem entregava o petróleo alienava sua própria independência. Lembrava que se falava muito em solidariedade americana, e defesa da democracia, mas uns ficavam com os sacrifícios e outros com os benefícios. Não se opunha à entrada de capitais estrangeiros, mas era contrário "à entrega de nossos recursos naturais, de nossas reservas, ao controle de companhias estrangeiras, em geral a serviço do capital cosmopolita". E falava claro que o imprescindível à defesa nacional, que constituía o alicerce da nossa soberania, não podia ser entregue a interesses estranhos. Devia ser explorado por brasileiros, em organizações brasileiras, com a participação do Estado, "evitando-se desse modo, a penetração subreptícia de monopólios ameaçadores".

Getúlio Vargas teve 3 848 040 votos, significando 49,3%, enquanto o segundo colocado, Eduardo Gomes, teve 2 288 105, ou 29,5%. O Rio de Janeiro, Estado e cidade, lhe deram 65% dos seus votos, seguido de São Paulo (64,5%), Paraná (64%), Bahia (53%), e Rio Grande do Sul (49%). Só em Minas Gerais Eduardo Gomes ganhou com 441 000 contra 418 000 votos de Getúlio e 409 000 de Cristiano Machado, o único mineiro. Em São Paulo, para governador, Jânio Quadros ganhavam com 35%, e não houve oposição à sua posse.

As eleições foram calmas, mas imediatamente não soube a União Democrática reconhecer limpamente sua derrota, começou pelos seus líderes a impugnar a eleição, e quis evitar a posse alegando falta de maioria absoluta.

Getúlio Vargas, oficialmente proclamado a 1º de janeiro, tomou posse a 1º de fevereiro, apesar da oposição de poderosas forças nacionais, civis e militares, e norte-americanas, públicas e privadas. Suas declara-

215

ções iniciais, aqui extremamente resumidas, não agradaram à reação nacional e norte-americana. A primeira pressão foi para o envio de tropas à Coréia, depois foi um suposto receio da nacionalização dos bancos estrangeiros, sugerido pelo projeto de Lutero Vargas de impedir o depósito em bancos estrangeiros.

Os investimentos americanos e canadenses superavam os ingleses e entre 1948 e 1950 tinha havido um crescimento de 200%, considerado ilegal calculando-se em 830 milhões de dólares tentando Getúlio Vargas frear os proveitos do investimento; nas análises de maio de 1951, os investimentos continuavam crescendo e mais ainda em agosto. Isto levava naturalmente à discussão sobre o tratamento a ser dado ao capital estrangeiro, este, como sempre, querendo entrar o mais que pudesse, e sob as condições as mais favoráveis.

Getúlio Vargas desde seu primeiro ano de governo urgia pela nacionalização e a industrialização, sempre sob a inspiração de servir ao povo, abaixar o custo de vida, minorar as dificuldades populares. Na sua primeira Mensagem de 1951, ele retratou seus esforços neste sentido. Continuava o apoio à Companhia do Vale do Rio Doce, à Companhia Siderúrgica, à Companhia de Aços Especiais Itabira, à Companhia Nacional de Álcalis, à Fábrica Nacional de Motores por ele fundadas, e promovia o quanto estava em seu poder o desenvolvimento econômico. Em 1951 criava o Conselho e o Fundo Nacional de Pesquisas. Era dele o Código de Águas, e o decreto que reconhecia o domínio público sobre as jazidas de petróleo.

Horácio Lafer, seu ministro, procura obter 540 milhões de dólares para financiar projetos recomendados pela Comissão Mista Brasil-Estados Unidos, encontrando dificuldades insuperáveis.

O ambiente anti-Vargas existente nos Estados Unidos parecia desanuviar-se quando a USIS lançou um programa de amizade baseado "na compreensão das questões na Coréia", e Nelson Rockefeller procurou obter de Truman uma declaração de solidariedade com Vargas. Rockefeller e o Chase Manhattan Bank haviam proposto formar uma companhia com 52% de capital americano e 48% de capital brasileiro num Chase Bank International Basic Economic Corporation

Project (Projeto de Corporação Internacional Básica Econômica do Banco Chase).

Desde então, tentava-se sob bases recíprocas melhorar as relações Brasil-Estados Unidos, com a reunião do Secretário Miller e João Neves da Fontoura.

Mas não era fácil prosseguir nesse caminho sem fazer grandes concessões que contrariavam o espírito e a formação de Getúlio Vargas. Insistiam muito os americanos — e sua imprensa revela bem essa tendência — no grande papel que o capital americano poderia representar, mas era necessário facilitar as condições de ingresso, aplicação e saída.

A resposta de Getúlio, em dezembro de 1951, foi pedir ao Congresso a nacionalização da indústria petrolífera e elétrica, tendo em novembro elevado em 15% o imposto de renda.

O primeiro embarque de ferro-gusa para os Estados Unidos foi feito em 1951, e 1952 começava com a libertação dos últimos prisioneiros de guerra alemães. Neste ano, Lafer, exprimindo o pensamento de Getúlio, dizia na Câmara de Comércio Americana que o capital estrangeiro tinha beneficiado o Brasil, mas tinha se beneficiado ainda mais, sem contribuir adequadamente para a economia do país. Neste ano a maior acusação de elementos nacionais e americanos era a de infiltração comunista no Brasil. A crise no Clube Militar refletiu este estado de espírito, e a vitória de Etchegoyen contra Estilac Leal exprime o agravamento das relações entre Getúlio e uma facção do exército. A oposição a Getúlio começava a reunir anticomunistas, pró-americanos, militares e políticos descontentes.

O nacionalismo de Getúlio Vargas e seus aliados defendiam a exploração do petróleo pelo Brasil e a lei de remessa de lucros, o que provocou a reação americana das grandes companhias de petróleo, da imprensa e do Governo. Tudo fizeram para que as duas leis não fossem adiante, ou fossem afrouxadas. Estas duas questões enchem páginas e editoriais do *New York Times,* que não podemos sumariar. Para eles, tudo isso era sinal de um extremado nacionalismo, xenófobo, irritante, sobretudo porque, dia a dia, seus sonhos

217

se ampliavam com as descobertas, especialmente dos depósitos de manganês.

Getúlio Vargas favorecia a imigração japonesa, 5 000 admitidos em janeiro de 1952, e aprovava um plano de admissão de 50 000. Já havia então 300 000 japoneses, controlando várias cooperativas; entravam também várias famílias holandesas, e partiam descontentes muitos italianos.

Sua Mensagem de 1952 renovava os aspectos desenvolvimentistas do seu governo, propunha uma lei orgânica da Previdência Social, e desenvolvia a fundação da casa popular. Sempre e sempre ele falava nos direitos dos trabalhadores, na redenção das massas trabalhadoras.

A Câmara Internacional de Comércio urgia em 1952 que o governo americano e as companhias privadas americanas não fizessem empréstimos ao Brasil, em protesto contra as medidas restritivas do governo de Getúlio. A controvérsia aumentava e se agravava, chegando os homens de negócio americanos a falar em retaliação, em face da lei de remessas. A disputa sobre a exportação dos lucros fazia com que os capitalistas americanos ameaçassem estancar o que sempre chamaram de "ajuda" generosamente remunerada.

Num improviso, aos 21 de dezembro de 1953, pronunciado em Curitiba, Getúlio Vargas chamava a atenção dos governadores sobre a necessidade de aproveitamento do potencial hidrelétrico no Brasil. Anunciava o projeto da Eletrobrás, com o fundo nacional constituído de capitais necessários. "Devo dizer aos Srs. que, até certo ponto, nesse propósito estou sendo sabotado por interesses contrários de empresas privadas que já ganharam muito mais no Brasil; que têm em cruzeiro duzentas vezes o capital que empregaram em dólares para levá-lo para o estrangeiro a título de dividendos. Em vez de os dólares produzirem cruzeiros, os cruzeiros é que estão produzindo dólares e emigrando".

Isso era insuportável aos interesses estrangeiros e aos seus aliados no Brasil. A resposta foi acusar seu governo de comunista, a mais fácil acusação contra

218

interesses feridos. A passagem da lei da Petrobrás foi o ponto final para o seu governo, que já contava com a oposição antiga udenista fortalecida agora com os aliados dos grandes interesses econômicos antinacionais. Muitos viram que a insistência em denunciar crescimento e infiltração comunista não escondia senão a luta contra a Eletrobrás, a Petrobrás, e a remessa de lucros. Os Estados Unidos tinham, no fim de 1953, um investimento de um bilhão de dólares.

Ainda assim, Getúlio, para aplacar a oposição, submeteu ao Congresso um projeto de lei para refrear a infiltração comunista, em julho de 1953. Mas em 31 de janeiro de 1954 ele falava sobre a sugação do suor do povo brasileiro e como sangravam as energias do trabalho do povo brasileiro. Repetia assim a tese de Capistrano de Abreu, de que o povo brasileiro fora sempre sangrado e capado.

Foster Dulles responde-lhe em 5 de março, no auge da sua histeria anticomunista: urge que seja negado o direito de sobrevivência no hemisfério aos comunistas, pois eles constituem uma amaça à paz, e o Senador Lyndon Johnson oferece ao Congresso uma resolução reafirmando a doutrina de Monroe para barrar a intervenção comunista.

Neste mesmo mês, João Goulart, Ministro do Trabalho, ameaçou elevar o salário mínimo em 100%; os grupos econômicos planejaram uma luta política, legal, se possível. 87 coronéis do Exército, num manifesto, acusaram a política trabalhista de causar a agitação política e pediam a demissão de Goulart. Getúlio cedeu, e recorreram ao Supremo Tribunal Federal para declarar a inconstitucionalidade da elevação do salário mínimo por ato executivo. O Supremo Tribunal, por seis votos contra um, manteve a legalidade da medida. As tentativas legais se sucediam. As Associações Comerciais pediam ao Governo maior liberdade para o capital estrangeiro e que 50% da zona petrolífera fosse concedida ao capital privado, pois a Petrobrás não tinha recursos suficientes.

Ainda em 26 de julho, o Brasil pagava os 5 milhões de dólares finais do *Lend-Lease* (empréstimo e arrendamento), mas a sorte de Getúlio Vargas estava selada. A oposição se movimenta para o *impeachment,* sob a alegação de má gerência do orçamento.

Nada disso deu resultado, até que surgiu o episódio do assassínato involuntário do Major Rubens Vaz, acompanhante de Carlos de Lacerda, que era o visado. A guarda pessoal do Palácio do Catete, comandada por Gregório Fortunato, mandara ou fora levada a mandar que se perpetrasse o crime, não tendo o relatório do Coronel João Adil de Oliveira podido estabelecer ao certo os mandantes. O episódio não envolvia Getúlio Vargas, e infelizmente Fortunato foi sempre chamado negro, numa demonstração inequívoca de racismo.

O Brasil possuía em 1954 mais de 57 milhões de habitantes, dos quais 56 por cento eram analfabetos. Nasciam 2 milhões e quatrocentos mil brasileiros por ano; a renda nacional em 1953 elevara-se a 336,5 bilhões de cruzeiros, tendo sido as taxas de crescimento anual sempre superiores a 11%, e alcançado 19,5% em 1951 e 15,6% em 1952. Em 1954, pela primeira vez, depois da fase nazista, as exportações para a Europa superavam o valor das exportações para a América do Norte e Central.

Tudo isso era grande e animador, conseguido na mais completa liberdade, e com a oposição usando de todas as armas, as mais agressivas.

A pressão sobre Getúlio Vargas foi tão grande e opressiva, na imprensa e no Congresso, especialmente da parte dos líderes udenistas, que ele se suicidou na madrugada de 24 de agosto. É difícil, passados vinte anos, compreender o gesto de desespero. Ferido no seu brio, ameaçado na sua dignidade, na prerrogativa do seu mandato presidencial, enlameado pelos seus próprios auxiliares, ele disse a Augusto Frederico Schmidt, aos 23, que "não são os acontecimentos de fora que nos perturbam, mas o que está em nós mesmos. O difícil, o que provoca a indecisão é a necessidade de tormarmos uma decisão. Mas quando enfim nos resolvemos, quando sabemos para onde vamos e o que devemos fazer, isso nos tranqüiliza. Eu sei o que devo fazer e para onde vou..."

220

Em julho de 1950, em São Paulo, numa entrevista à *Folha da Noite,* Getúlio Vargas afirmava que faria um governo eminentemente nacionalista, atacaria as forças internacionais e combateria pela libertação nacional. "Terei que lutar. Até onde resistirei? Se não me matarem, até que ponto meus nervos poderão agüentar. Uma coisa lhe digo. Não poderei tolerar humilhações". Essas afirmações mostram a disposição de Getúlio Vargas de chegar às últimas conseqüências na defesa de suas idéias e de sua dignidade. Seu futuro governo ideologicamente avançado sofreria uma formidável reação. No seio da Reforma que ele encarnava já se escondiam os germes da Contra-Revolução que o destruiria.

Getúlio Vargas deixou-nos uma carta e um bilhete. Na primeira denuncia a aliança dos grupos internacionais com os nacionais, contra as garantias do trabalho, contra a lei dos lucros extraordinários, contra a revisão do salário mínimo, contra a liberdade nacional de exploração das riquezas brasileiras, contra a Petrobrás, contra a Eletrobrás, contra a liberdade dos trabalhadores, e contra a restrição dos lucros das grandes empresas. A carta é um dos maiores documentos nacionalistas brasileiros, de todos os tempos, e a controvérsia sobre sua autenticidade é perfeitamente resolvida pela sua fidedignidade. Ainda que não fosse autêntica, ela seria fidedigna, pois exprime a verdade do pensamento do Presidente e da situação nacional, e se filia à evolução do seu governo.

Getúlio Vargas representou o trabalhismo brasileiro, que teve na sua morte uma perda irreparável. O seu grande legado foi uma tentativa de conciliação de classes e de pacificação social.

Um moralismo vingativo, uma indignação de classe, um cinismo político, tudo se juntou contra ele, pelo interesse e dedicação que ele dera aos trabalhadores, à grande maioria do povo brasileiro, e sobretudo pelo seu senso de justiça social.

Num editorial de 7 de setembro de 1954, o *New York Times,* tratando da visita de Henry Holland, escrevia que desde o suicídio de Getúlio Vargas havia uma tensão nacional e sabe-se que o Brasil passará por um período de fermentação e perigo. "O Brasil tem que corrigir a política comercial e trabalhista do falecido Presidente verdadeiramente desastrosas. A pedra de toque é o petróleo (*the touchstone is petroleum*). Se ele tivesse modificado sua política nesse setor, sua economia podia ser transformada. O Brasil precisa aceitar o capital estrangeiro".

Cansado de tantas decepções, escandalizado com as condutas agressivas de seus adversários e desmoralizadora de seus auxiliares, Getúlio Vargas decidiu deixar a vida. O País vivia na mais completa liberdade e com todas as garantias individuais, e eram os chamados liberais que com mais violência o atacavam. Ele tinha conseguido conciliar liberdade e justiça social. A história é sempre irreversível. Getúlio Vargas não era mais o mesmo homem da década de 30 para 40. Ele fora um liberticida e então era um libertário. Estava sendo julgado pela sua antiga ditadura, da qual muitos dos seus acusadores se beneficiaram ou nela serviram, muitas vezes com subserviência.

A única coisa genuína que é sempre reversível na história é a exigência inexorável pela liberdade e dignidade humanas. Daí o belo ensaio de José Américo de Almeida: *Esta Madrugada entrou na História* (*Ocasos de Sangue*) (Rio de Janeiro, 1954), "ao aceitar que desamparado, despojado, ele se ferira no coração, no grande coração de amigo, que o matara. ... Deu grandeza ao epílogo".

Precisamos lembrar que estávamos então no auge da guerra fria, do pavor do comunismo, da criação do conceito de segurança, que solapou a liberdade e as garantias e amordaçou o país.

11. A PESQUISA HISTÓRICA E A HISTÓRIA CONTEMPORÂNEA *

A História como disciplina intelectual nasceu como descrição da atualidade e suas formas primitivas, a crônica, sobretudo, representam tão-somente os aspectos conjunturais da realidade. Eram os fatos mais superficiais, menos conseqüentes, menos profundos, menos influentes, menos estruturais que o cronista histórico via, tal qual o atual cronista literário e jornalístico.

As formas posteriores, os anais, as décadas, revelam as mesmas deficiências, a mesma incapacidade de

---

* Publicado pela primeira vez sob o título "Por que não escrevo história contemporânea", *O Jornal*, 29 abr. 1973.

223

generalizar, de aprofundar, de ver, ao longo de uma duração definida, o caráter próprio e original de um período histórico.

A História Contemporânea pode ser, como toda história, mais ou menos antiga, mais crônica e menos história, dependendo da capacidade do historiador. Mas, na verdade, ela corre maior risco de ser superficial, de não ver a totalidade da ação humana no seu complexo de conexões, motivos e efeitos, do que uma história que se constrói com a visão do conjunto, *à longue durée*. Que não se limita a ser uma história de uns poucos anos, e muito menos de um ano só, pois o ano não tem nenhuma significação histórica. Ela atrai mais os cronistas que os historiadores. Aí está seu primeiro defeito, muito difícil de evitar.

É evidente que a História Contemporânea não difere de qualquer forma de conhecimento histórico do ponto de vista epistemológico, filosófico. Seria uma concepção ilusória do conhecimento histórico afirmar que o conhecimento contemporâneo é um, o antigo é outro. Os problemas capitais são metodológicos.

O primeiro consiste na limitação ou deficiência do acesso às fontes primárias, ou na proibição de consulta, seja de arquivos particulares, ainda fechados, seja de arquivos públicos, com documentos não desclassificados, ultra-secretos, secretos e confidenciais.

O segundo consiste nas facilidades e dificuldades impostas pelo governo aos consulentes, ou melhor, na liberdade de informação, ou ainda, na liberdade de pesquisa. Este embaraço é metodológico e político, mas é somente político o terceiro aperto, isto é, a reação que o julgamento do historiador pode provocar no público. O conflito entre a conveniência política, a verdade histórica e a atitude política do público nas questões históricas atuais torna mais difícil a posição da Historiografia contemporânea.

1. *O acesso às fontes contemporâneas*

Já escrevi longamente em *A Pesquisa Histórica no Brasil* [1], o único livro sobre a matéria, sobre a questão

1. Companhia Editora Nacional, 2. ed., 1969.

do acesso. Remeto ao livro o leitor interessado nas informações técnicas e metódicas, e me limito a dizer aqui o essencial.

O Brasil é um país de baixa consciência histórica, especialmente depois da República. Em primeiro lugar, destruímos indiscriminadamente os documentos oficiais, e permitimos que coleções preciosas de livros raros fossem exportadas. O Ministério da Agricultura foi o primeiro a destruir totalmente seu arquivo, e o da Fazenda tem se excedido neste desmando. Destruiu-se o arquivo da Alfândega do Rio de Janeiro e o de Paranaguá, dificultando extremamente a reconstituição da História econômica brasileira, especialmente da Independência até ao predomínio de São Paulo, na segunda década deste século. Não sei se o arquivo da Alfândega de Santos permanece intacto.

Não há uma política arquivística nacional, nem o Arquivo Nacional tem poder, como têm as instituições semelhantes das grandes potências atuais, sobre os documentos produzidos pela administração pública. Como se sabe, o crescimento moderno da produção documental é fantástico e a seleção impõe normas técnicas que são simplesmente desconhecidas no Brasil. Os Estados Unidos produziam até bem pouco tempo 4 milhões de metros cúbidos de documentos por ano, e para se ter uma idéia do problema, basta dizer que o edifício do Arquivo Nacional, em Washington, só pode abrigar 3 milhões de metros cúbicos, o que significaria, na falta de controle e boa política de seleção, a construção de um edifício por ano para custodiar essa documentação.

De acordo com informação prestada pelo Presidente Richard Nixon, os Arquivos Nacionais dos Estados Unidos possuem atualmente 160 milhões de páginas de documentos classificados como ultra-secretos, secretos e confidenciais, datando da Segunda Guerra Mundial, e de mais de 300 milhões de páginas produzidas de 1946 a 1954.

O exemplo inglês é semelhante. Em 1954, verificou-se que eram necessários 200 mil pés cúbicos para guardar os documentos de mil anos de história, e 600

225

mil pés cúbicos para conservar os existentes naquele mesmo ano nos departamentos do Governo.

Não estamos fazendo nada para resolver esta questão. A destruição é realizada nos serviços de comunicação, aos quais pertencem os arquivos correntes, ativos, que alimentam o Arquivo Nacional, e os ministros mostram-se indiferentes ao problema ou decidem a favor da eliminação.

Esta destruição indiscriminada é e será a grande responsável pela falta de documentação contemporânea no Arquivo Nacional. Por mais liberal que fosse um governo, abrindo seus arquivos, não sei se haveria muito a ver nestes anos todos da República, com a extinção de tantas fontes primárias, com o desinteresse, com a inconsciência histórica e com o medo de ser julgado. Esta mistura de sentimentos é a grande culpada da inexistência documental ou de sua dispersão, excetuado o Arquivo do Itamarati, este mesmo muito ameaçado na parte não corrente, ou inativa.

Quando uma nação não participa da fabricação histórica não possui consciência histórica. Os arquivos modernos foram criados por Napoleão, pela Rainha Vitória, por Lênin e por Franklin D. Roosevelt.

Se somarmos à destruição inconsciente dos documentos a falta de informação oficial do Governo, poderemos escrever sem hesitação que vivemos na mais profunda obscuridade histórica contemporânea. O Brasil desde o seu nascimento como nação livre publicava excelente documentação oficial: as *Falas,* correspondentes às *Mensagens* atuais, eram debatidas no Parlamento, e constituíam motivo de discussão da política da nação, hoje limitadas a uma entrega ao Congresso, que agradece e encerra o assunto; os relatórios ministeriais apresentados ao Parlamento no Império e ao Presidente da República eram documentos preciosos, que forneciam dados oficiais sobre as mais importantes questões nacionais. Desde a década dos quarenta deste século, excetuado o Ministério do Exterior, que veio até a década dos sessenta com essa prática, não se fazem ou não se publicam relatórios ministeriais. Já se notava a decadência do documento republicano comparado ao imperial, um primor de elaboração, valioso pela informação autêntica e a documentação que publicava.

Estamos, portanto, sem fontes, e cada vez mais sem fontes para a História Contemporânea, apesar da crescente produção documental oficial. Os documentos estrangeiros, relatórios de embaixadores e cônsules, papéis oficiais existentes nos arquivos dos países importantes nas relações com o Brasil não suprem a deficiência dos nossos.

Os governos republicanos, temerosos do julgamento histórico, vivem no mundo do cochicho, do segredo, da alienação pública. Informar para que, se não têm que dar satisfações a ninguém?

Sobram os arquivos particulares, e são poucos os abertos. Como se pode fazer história da era de Getúlio Vargas somente com o arquivo de Getúlio Vargas e de seu companheiro e amigo Osvaldo Aranha? Seria a visão getulista ou aranhista da era getulista-aranhista. Onde estão os arquivos de seus adversários políticos? De João Neves da Fontoura, de Lindolfo Collor (este já mandado organizar por sua filha Leda Collor de Melo, que pessoalmente tem a intenção de entregá-lo ao Arquivo Nacional), de Flores da Cunha e de vários outros gaúchos ou não, mas sobretudo gaúchos, pois desde 1930 a história do poder no Brasil é dominada pelos regimes de exceção, e estes são sobretudo gaúcho-platinos ou de origem colonial.

A única forma de corrigir a insuficiência transitória documental na construção de uma História é a edição selecionada, autêntica, integral ou em trechos de documentos dos respectivos arquivos. História, mesmo fatual, baseada em arquivo particular, um ou dois, não é História: é, quando muito, uma versão oficial ou parcial, tal como as biografias oficiais feitas de acordo com os arquivos dos biografados.

Alguns procuram suprir a informação unilateral com o arquivo histórico do Itamarati, aberto de 1930 em diante, primeiro aos americanos, mediante concessões especiais de alguns ministros sensíveis aos apelos amigos. Ou com a pesquisa do arquivo da Presidência,

227

por mim conseguido quando diretor do Arquivo Nacional, do Presidente Juscelino Kubitschek, em 1961, e logo depois de examinado, posto à disposição dos estudiosos que dele têm se utilizado.

Arthur Schlesinger Jr., o grande historiador americano e assessor do Presidente John F. Kennedy, afirmou que realmente 99% da informação necessária para um julgamento político inteligente se encontra no *New York Times,* cuja consulta é hoje facilitada, como a do *Times* de Londres, e de uns outros poucos jornais, pelos índices anuais correntes e retrospectivos. Mas os jornais brasileiros têm sofrido os rigores da censura mais dura ou mais branda, o que invalida sua informação. E quando não podemos confrontá-la com outras fontes, deixamos de respeitar a velha norma da sabedoria histórica, que nos ensina que *testis unus testis nullus.*

2. *A liberdade de informação. Os documentos secretos*

O exercício da pesquisa histórica para a História Contemporânea não deve afugentar os melhores estudiosos, apesar de suas dificuldades. Ela não pode ficar entregue a *claqueurs,* despidos de qualificações metodológicas e teóricas, propagandistas e amadores que, no fundo, contribuem para seu descrédito público.

Gerhard Ritter, o grande historiador alemão, disse no Décimo Congresso Internacional de História, que a principal questão para realizar uma História Contemporânea consiste na liberdade de informação, na liberdade de pesquisa, no direito democrático de julgar e criticar. A ela se contrapunham a obrigação e a responsabilidade do historiador de realizar esta tarefa sem fazer da História uma matéria publicitária, tendenciosa, sem categoria científica. Um historiador, escrevendo História Antiga, Moderna ou Contemporânea, não pode ser um aplaudidor de nomes, de fatos, de acontecimentos, sem buscar compreender as raízes, os motivos da ação humana.

Eu mesmo tenho defendido a prática da História Contemporânea Brasileira, como se pode ver nos meus livros *Teoria da História do Brasil* [2] e *A Pesquisa Histórica no Brasil* [3].

Mas seu exercício é difícil mesmo nas democracias anglo-americanas, onde, como nas escandinava e holandesa, as garantias individuais não são um arremedo de direito. Como é possível praticar História Contemporânea em regimes de exceção? Quem se julga livre, independente, para o exercício crítico e o julgamento num país onde os direitos constitucionais estão suspensos pelo Ato Institucional nº 5?

A História Contemporânea nacional era difícil até 1964; daí em diante é simplesmente impossível ao brasileiro consciente e independente.

Esta é uma questão fundamental, mas não elimina as outras, que cerceiam a liberdade de informação e de pesquisa. A existência de uma política de segredo impede o acesso a documentos capitais, sem o conhecimento dos quais não se pode compreender e reconstruir uma fase como a nossa.

Não. As coisas secretas não pertencem ao Senhor nosso Deus, como está no Deuteronômio (Cap. 29, v. 29). Todas devem nos pertencer, as encobertas e as reveladas, para que o nosso coração entenda, os nossos olhos vejam, os nossos ouvidos ouçam.

A questão dos Papéis do Pentágono, em parte revelados, suscitou como anteriormente a Amerásia, documentos sobre a posição americana na Ásia, um grande debate democrático nos Estados Unidos sobre o problema do segredo, sobre o dilema entre dois princípios igualmente veneráveis: o da revelação e o da confidência.

William G. Florence, funcionário aposentado do serviço de segurança do Pentágono, em depoimento prestado no Congresso norte-americano, calculou em 20 milhões o volume dos documentos classificados como ultra-secretos, secretos e reservados (inacessíveis), e disse que 99,5% deles se fossem revelados não prejudicariam os interesses da defesa do país.

2. Companhia Editora Nacional, 3. ed., 1969.
3. Companhia Editora Nacional, 2. ed., 1969.

A bíblia do conceito de segurança dos documentos foi o decreto executivo nº 10.501, de Eisenhower, que permitiu o controle efetivo sobre os documentos, sem estabelecer nenhum sistema de desgraduação e desclassificação.

O grande mal do sistema de segredo de documentos públicos consiste na facilidade com que permite que a mentira se torne uma rotina. "Quando tudo é classificado, então nada é classificado, e o sistema passa a ser desrespeitado pelo cínico ou pelo imprudente, e a ser manipulado por aqueles que tentam autoproteger-se ou autopromoverem-se. Eu suponho, em resumo, que o fundamento de um sistema verdadeiramente efetivo de segurança seria a máxima revelação possível, reconhecendo que o segredo só pode ser preservado quando a credibilidade é verdadeiramente mantida", disse o Ministro da Suprema Corte dos Estados Unidos, Potter Stewart.

Foi o escândalo provocado pela divulgação dos Papéis do Pentágono que levou o Presidente Nixon a baixar o decreto-executivo nº 11.652 que estabelece as normas de classificação e desclassificação de documentos de segurança. As tabelas estabelecem a desgraduação e desclassificação dos documentos de ultra-secreto a secreto e a confidencial, num máximo de dez anos, com quatro categorias de exceções. Para empreender a desclassificação dos documentos da Segunda Guerra Mundial, uma montanha material de 160 milhões de páginas, em 49 000 pés cúbicos de espaço de armazenagem, o Presidente Nixon pediu ao Congresso a quantia de 636 mil dólares, empregando 110 pessoas.

Este decreto de Nixon, somado à Lei de 1966, "The Freedom of Information Act" (Lei de Liberdade de Informação), abre perspectivas para o maior conhecimento das fontes primárias. Especialmente quando se considera que se tenta hoje nos Estados Unidos baixar a regra geral de acesso aos documentos públicos de 30 anos para dez. A regra de trinta anos é quase universal, depois que o Presidente Nixon a estendeu do Departamento de Estado a todos os ministérios, e que Wilson, na Inglaterra, e De Gaulle, na França, a ela aderiram.

No Brasil antes retrocedemos que progredimos. O decreto n⁰ 56.820, de 1⁰ de setembro de 1965, estabeleceu 47 anos para os documentos do Itamarati relativos aos Estados Unidos e à Europa, e 68 anos para os relativos à América Latina. O reforço à inacessibilidade veio com o decreto n⁰ 60.417, de 11 de março de 1967, que aprovou o Regulamento para a salvaguarda dos assuntos sigilosos, fortalecidos pelo Decreto n⁰ 5.186, de 11 de novembro de 1971. Estes dois decretos significam uma barreira intransponível à informação, o predomínio da política de sigilo, obscurantista e colonialista, como escrevi em *A Pesquisa Histórica no Brasil*.

Discute-se muito nos Estados Unidos o rebaixamento do prazo de acesso à consulta de trinta anos para vinte ou dez. Arthur Schlesinger Jr. defendeu o limite máximo de dez anos. Na verdade, quando o processo histórico era lento e demorado, se justificava a extensão do prazo de proibição, pela presença, por muito tempo, dos efeitos dos fatos e da ação dos políticos responsáveis. Hoje, a aceleração do processo histórico elimina rapidamente os efeitos e torna menos durável a ação histórica pessoal. Conseqüentemente, diminui o prazo da responsabilidade e por isso deve ser reduzido o tempo de limbo do documento.

O custo da manutenção dos arquivos secretos representa para os contribuintes nos Estados Unidos de 60 a 80 milhões de dólares por ano. Não sei o custo no Brasil, que deve incluir a despesa com a manutenção dos arquivos correntes ministeriais e outros oficiais e semi-oficiais, e com o Arquivo Nacional, o único de custódia, criado pela Constituição de 1824.

3. O julgamento histórico

A grande dificuldade do estudo e da reconstrução analítica e crítica da História Contemporânea está na dificuldade de julgar, especialmente devido a duas razões capitais. A primeira é a reação que o julgamento do historiador pode provocar. Nenhum historiador pode deixar de pronunciar seu julgamento. Quem não julga,

231

exerce uma função menor; reúne documentos, compila, faz crônica. Na raiz grega da palavra História se contém a idéia de julgamento, como mostrei em *A Pesquisa Histórica no Brasil*.

Escrevi em *História e Historiadores do Brasil* [4] e em *Vida e História* [5] sobre o dever do julgamento na obra histórica. Nenhuma objetividade implica uma neutralidade de eunuco, como disse o historiador alemão Gerhard Ritter. "É uma ilusão acreditar que o historiador possa contar a história sem assumir a posição que o guiará na escolha do material. Quem quiser fazer história será obrigado a julgar."

Sem justiça não há governo, e sem julgamento não há história. O que não se deve fazer é confundir a posição do historiador e a do cidadão. Meu julgamento histórico e meu julgamento político podem variar; de qualquer modo eles estão concentrados sobre coisas diferentes. O cidadão preocupado com a ação política terá, hoje e amanhã, na sua atitude em relação ao passado recente, um olho no futuro, preocupado em restabelecer o que em sua opinião foi feito erroneamente; ele pode ter razões políticas para recusar admitir que o que aconteceu passou irreparavelmente. Mas esta não é a atitude do historiador, que se concentra sobre o que aconteceu, como e por quê, e o que acontecerá amanhã é problema seu como cidadão, e não como historiador.

As escalas de valores são outras. E diante da perversão da razão de Estado, da perseguição totalitária, da eliminação de Guernica, da extirpação dos judeus, do horror do domínio alemão na Rússia, da câmara de gás, dos campos de concentração, do trabalho escravo, e de todas as coisas que estão ligadas aos nomes de Hitler, de Mussolini, de Stálin, de Franco e de Salazar, os historiadores cometeriam uma vilania, violentariam as normas básicas da moralidade, confundiriam a sua consciência se deixassem de apontar e condenar todas as violências cometidas contra a dignidade humana.

4. São Paulo, 1965.
5. Rio de Janeiro, 1966.

Escrever história sem julgamento moral, disse Geoffrey Barraclough, no seu estudo sobre "História, Moral e Política", seria um ato anti-social, pois a responsabilidade pessoal, a responsabilidade individual pelos seus próprios atos é politicamente necessária.

Os nossos homens públicos do Império, favoráveis ao poder pessoal do Imperador, criaram a ficção constitucional da irresponsabilidade imperial, de sua impecabilidade. Não houve isso, e nunca haverá em nenhum regime, por maior e mais absoluto que seja o Poder irresponsável. Todos os que abusam do Poder mais tarde ou mais cedo serão julgados pela História, e nunca faltarão historiadores como o limpo e honrado Diogo do Couto, que sempre escreveu "com aquela liberdade e desengano de soldado veterano, que nem receia o mal pelo que disser, nem espera bens pelo que que lisonjear".

A história não teme verdades incômodas e sabe que os vitoriosos não são donos da verdade.

4. *A pesquisa histórica brasileira e a história contemporânea*

Tem-se dito e repetido que o historiador brasileiro não faz História Contemporânea e se refugia na mais antiga, temeroso dos riscos e represálias que seu julgamento poderia provocar. Reconheço que o papel do medo e da coragem são muito importantes, tanto na História, na construção do presente e do futuro, quanto na Historiografia, no estudo e reconstrução do passado, ainda o mais recente.

Reúno algum material sobre essas características humanas para escrever em breve um ensaio sobre o seu papel na História. Mas na verdade, apesar dos riscos políticos, das deficiências de fontes, do temor nos regimes de exceção, não acho que no Brasil tenham a pesquisa e a Historiografia contemporâneas sido abandonadas.

Como exemplo, sem entrar no mérito da contribuição individual, não se pode esquecer que José Maria

Belo, Pedro Calmon, Nelson Werneck Sodré, Leôncio Basbaum, Cruz Costa, Afonso Arinos de Melo Franco, Hélio Silva e muitos outros autores de monografias ou ensaios fizeram História Contemporânea, e, às vezes, até história atual, contando sua própria participação. Tudo isto sem somar os depoimentos contemporâneos, as memórias, as autobiografias, as correspondências que rompem até mesmo o sigilo do governo, ainda quando guardado a sete chaves.

Não é nossa Historiografia muito pródiga nestas últimas fontes primárias, mas ainda assim não são inexistentes. Mas a proliferação de memórias estrangeiras, especialmente americanas, ajudam a romper a penumbra oficial em que se escondem os negócios públicos. Todos aqui citados escreveram suas histórias até à época em que viviam, ou pelo menos até a fase em que perduram os efeitos das ações que testemunharam.

Creio que a pesquisa e a Historiografia brasileiras nunca recuaram diante desse desafio, enfrentando todos os riscos dos regimes de exceção, que têm sido a norma republicana, especialmente nas fases de predomínio gaúcho, afora o de Artur Bernardes.

As deficiências da pesquisa e da Historiografia brasileiras residem mais nos meios materiais que na bravura de seus praticantes. Somos pobres, nunca podemos assistir a uma jovem vocação com o auxílio que lhe é dado nos Estados Unidos, por exemplo. Eu sei pessoalmente o que isso significa, pois tive a sorte de receber uma bolsa de pesquisa da Fundação Rockefeller e consegui assim uma formação que me seria impossível de outro modo.

As universidades são deficientes nos instrumentos de trabalho e de pesquisa; as antigas Faculdades de Filosofia, especialmente os departamentos de História, com raras exceções, foram desde o começo domínios reservados da mais absoluta e endurecida insciência e infecúndia. Neles não se renovou a disciplina, pela contribuição original. Possuímos pesquisadores e cronistas cuja deficiência não consiste no autodidatismo, mas no antididatismo. Eles são médicos, de várias especialidades, dentistas, generais, advogados, almiran-

234

tes, engenheiros, e insistem em fazer História sem lerem nenhum livro de Metodologia, de Filosofia e de Crítica Histórica.

Autodidatas foram todos os grandes historiadores luso-brasileiros, Alexandre Herculano, Varnhagen, Capistrano de Abreu, mas todos três leram e leram muito e ensinaram nos seus escritos a renovação metodológica da História. Mas quando se pratica História, não querendo aprender os rudimentos da disciplina, não se trata de um autodidata, mas de um antididata.

O antididata julga bastarem à sua nova disciplina os métodos da sua profissão, embora existam vários profissionais que estudam os métodos da nova disciplina que os entretêm, seguindo a lição dos mestres.

Outro pecado capital é o desconhecimento das contribuições estrangeiras, das fontes e da interpretação.

5. A contribuição estrangeira à história brasileira contemporânea

A contribuição estrangeira não é só americana, como se costuma dizer e repetir. Há uma importante contribuição inglesa, francesa, alemã, e, não se espantem, soviética. Não cito a portuguesa e espanhola, esta bem menor, porque ela é acessível ao maior número, pela maior divulgação.

Como fui aos Estados Unidos muitas vezes, como estudante e como professor, de 1943 a 1970, assisti ao nascimento e ao desenvolvimento dos estudos brasileiros naquele país. No começo havia apenas o estudo do português, ligado à seção de espanhol do departamento de Línguas Românicas. Estudava-se, afora a língua, diminuída como se fora um dialeto espanhol e não uma língua independente, um pouco de História nos cursos de História da América Latina, uma cadeira desconexa, vaga e imprecisa, como é o curso de História da América das nossas Universidades.

Depois foi assistindo ao desenvolvimento dos estudos de língua, de cultura, de história, de política, de

235

economia brasileira, a princípio dependentes dos cursos de América Latina.

Foi somente em 1961, em pleno domínio da política externa própria e independente que o Presidente John Kennedy, ao reformar a educação, considerou o português uma língua crítica. Era preciso estudá-la, e conhecer o Brasil, seu povo, sua cultura, sua história, seus costumes.

Na década dos sessenta, creio terem os estudos brasileiros atingido seu clímax. Havia muitos professores brasileiros, os convites eram anuais, e ofertas de emprego permanente como professor não foram raras. É natural que pelos 1970 em diante vejamos a floração do que foi feito na década dos sessenta.

Eu sempre costumava dizer que os Estados Unidos iriam preparar seus professores e especialistas em Brasil e logo dispensariam os brasileiros. E é exatamente o que está acontecendo. Hoje há os brasilianistas, os membros da Conference on Latin American History, vários cursos sobre Brasil na maioria das universidades americanas, várias revistas publicando artigos e estudos especiais sobre o Brasil, e várias editoras universitárias e comerciais interessadas em editar livros obre o Brasil.

Mas não me engano ao dizer que esta euforia está passando, e os primeiros sinais começam a aparecer com as dificuldades para os jovens professores de conseguirem um lugar nas universidades americanas.

Daí se seguirá um declínio nas pesquisas e na produção historiográfica, caso não haja uma mudança na tendência dominante. Os Estados Unidos são muito atraídos pelos que contestam seu poder e seu domínio e não pelos que vêem nele um modelo indiscutível.

Não existe, portanto, nenhuma verdade na afirmação de que os Estados Unidos estudam mais nossa história que os brasileiros. Não se pode fazer uma declaração deste caráter quantitativamente, sem uma investigação bibliográfica e estatística, o que não me consta tenha sido feita. E em relação à qualidade, apesar de todos os nossos defeitos, há bons e maus, aqui e lá, e se aqui se podem apontar os defeitos que enumerei como fraquezas da nossa Historiografia, de lá se pode dizer que seus trabalhos se resumem a quadros históricos muito curtos, em si mesmos pouco significativos, não conseguindo se identificar com o país, e acreditando demais nos depoimentos orais dos participantes, sem exercer uma rigorosa crítica.

E, sobretudo, tal como os brasileiros, atêm-se muito à pobreza das fontes atuais, embora possam, como alguns o fazem, buscar nas fontes americanas, inglesas, alemãs e francesas os elementos de contraprova.

A superioridade deles sobre nós consiste mais no treino da pesquisa, na informação metodológica e filosófica, nos recursos materiais, bolsas, ajudas, bibliotecas riquíssimas, facilidades de reprodução documental, e uso dos computadores na investigação histórica quantitativa.

O que não se sabe no Brasil é o recente interesse da União Soviética pela História da América Latina e, em particular, do Brasil. Os estudos revelam uma ampliação dos horizontes da erudição histórica soviética. A quantidade crescente de artigos, monografias e livros revela uma curiosidade invulgar. A qualidade da Historiografia soviética sobre o Brasil é ainda irregular, instável, mas apresenta sólidas contribuições interpretativas. Não conheço russo, mas há vários trabalhos em inglês sobre o desenvolvimento dos estudos brasileiros na União Soviética. Isto daria matéria para um outro estudo.

Para finalizar, devo dizer que a falta de documentação, o encurtamento do horizonte, e sobretudo a falta de liberdade e das garantias individuais me desviam pessoalmente da Historiografia Contemporânea. Há uma incompatibilidade entre os regimes de exceção e o exercício da História Contemporânea.

237

12. GETÚLIO VARGAS: UMA REVISÃO HISTÓRICA *

1. As fontes

Os estudos biográficos e históricos sobre Getúlio Vargas e seu governo crescem com o passar do tempo. Ao lado do personalismo e do biografismo, que dominam nossa história, atuam outros fatores no desenvolvimento destes estudos. Procura-se um justo equilíbrio entre as forças sociais e econômicas e o poder da personalidade que ajudou a empurrar para a frente a história de um povo. Durante sua vida escreveram-se

---

* Publicado parcialmente no *Jornal do Brasil*, Caderno especial, 25-10-1970.

239

várias biografias nacionais e poucas estrangeiras. Depois de morto, Getúlio Vargas continua a atrair o interesse dos estudiosos e do público em geral.

Descobrem-se novas fontes: os arquivos do Reich alemão, capturados pelo Exército americano durante a Segunda Guerra Mundial e hoje publicados em microfilme pelos Arquivos Nacionais de Washington, os arquivos japoneses também capturados pelos americanos, a publicação dos próprios documentos americanos e sua livre consulta até vinte e cinco anos atrás, a abertura dos arquivos ingleses até trinta anos passados, como os franceses e italianos, o levantamento dos índices dos grandes jornais, como o *New York Times* e o *London Times,* o acesso aos documentos e relatórios de embaixadores e cônsules, especialmente ingleses e americanos, a liberdade de consulta aos arquivos do Itamarati, em certas condições até 1940, a acessibilidade a alguns arquivos particulares, como o do próprio Getúlio Vargas, de Osvaldo Aranha e outros, a expansão dos estudos sociais-econômicos retrospectivos, as memórias nacionais e estrangeiras fazem ampliar extraordinariamente os recursos documentais de estudo.

Acrescente-se a isto a expansão dos estudos brasileiros nos Estados Unidos — onde é maior a bibliografia sobre o Brasil contemporâneo — e se verá que a personalidade de Vargas começa a ser vista em dimensões novas, que antes o engrandecem que o diminuem.

As histórias gerais ou apenas republicanas no Brasil desconhecem este documentário e apresentam, de regra, um quadro meramente fatual ou refletindo apenas uma impressão pessoal. Outros são dominados pelos preconceitos do tempo, pela opinião de sua classe. É muito difícil escrever a História Contemporânea, como procuramos mostrar em nossa *Teoria da História do Brasil,* especialmente quando ela provocou desacordos violentos, criou entusiasmos, foi sangrenta, e usou do terror para vencer as oposições.

As histórias especiais têm possibilidade de oferecer uma riqueza documental que se incorpora à criação histórica geral do Brasil. A obra de Hélio Silva sobre a época de Getúlio Vargas representa um esforço informativo e documentário, feito sem método, sem crítica e sem interpretação.

Merece nossa atenção a revisão de Afonso Arinos de Melo Franco. Grande líder da oposição a Vargas, nas vésperas de seu sacrifício, autor de uma História ainda dominada pelas paixões do dia, ele teve a coragem cívica e a responsabilidade histórica de fazer a crítica de seu Partido e apontar a necessidade de "uma nítida revisão de conceitos".

"Posso afirmar, sondando o fundo do meu coração e da minha memória, que era sincero quando lutava contra a ditadura política. Apenas não via os aspectos do nacionalismo e progresso social que ela também possuia. ... E continuo cada vez mais convencido de que no nacionalismo e no progresso social estão os pilares do desenvolvimento e da democracia no Brasil" [1].

A nova historiografia americana sobre o Brasil oferece realmente contribuição importante ao estudo de Vargas e sua época. Se nela não existe a paixão pessoal que a proximidade do passado nos instiga, existem sempre dois defeitos difíceis de superar. Primeiro, a interpretação pró-americana, nas grandes questões, nas lutas de interesses entre as duas nações; segundo, o espírito monográfico, que produz uma visão curta, construída em prazo reduzido, sem as possibilidades comparativas que de um conhecimento mais extenso no tempo oferece. Este defeito é em si mesmo uma qualidade, porque concentra um aprofundamento inatingível nas sínteses gerais.

A obra de Thomas E. Skidmore, *Politics in Brasil, 1930-1964* [2] é o estudo mais completo em inglês da história política brasileira, com um justo equilíbrio entre os fatos e a interpretação, embora desta se possa divergir em muitos aspectos, alguns essenciais.

A obra de Jordan Young, *The Brazilian Revolution of 1930 and the Aftermanth* [3], é uma narrativa baseada

---

1. Vide Afonso Arinos, O Getúlio que eu conheci, *O Cruzeiro*, 1961.
2. Oxford University Press, 1967. Traduzida em português; *Brasil: de Getúlio Vargas e Castelo Branco (1930-1964)*, Ed. Saga, 1969.
3. Rutgers, 1967.

241

especialmente em fontes secundárias, mais divulgação que contribuição.

O livro de John W. Foster Dulles, *Vargas of Brasil. A Political Biography* [4], é muito fotogênico, muito bem impresso e com excelentes reproduções fotográficas, mas é representativo de uma historiografia primitiva, que dificilmente se acredita ainda exista nos Estados Unidos. Sua única contribuição é de caráter fatual e informativo, mas a própria seleção dos fatos já contém em si mesma uma distorção, e o geólogo disfarçado em biógrafo cai no ridículo de buscar o óbvio em entrevistas em que os inimigos falam dos inimigos e os amigos dos amigos. Na mesma linha pupilar se inscreve seu *Unrest in Brazil. Political-Military Crise, 1950-1964* [5].

Mais representativos da moderna corrente historiográfica, rica na contribuição monográfica, pela pesquisa nova e pela elaboração interpretativa são os dois ensaios, o de John D. Wirth, *The Politics of Brazilian Development, 1930-1954* [6] e o de Robert M. Levine, *The Vargas Regime: The Critical Years, 1934-1938* [7]. O primeiro faz um estudo sobre a elaboração da política econômica de Getúlio Vargas, especialmente sobre suas decisões básicas na industrialização, dando ênfase aos problemas do comércio, do aço e do petróleo. O segundo faz um exame das variações ideológicas do Brasil, dos movimentos comunista e integralista, da repressão, da implantação do Estado Novo, e do nacionalismo. Suas fontes não haviam sido ainda usadas, pois conseguiu acesso aos arquivos do antigo Departamento Federal de Segurança Pública da Polícia, Política e Social do Rio de Janeiro, da Delegacia de Ordem Social e Investigações de Natal, e da Secretaria de Segurança Pública do Recife. Se outro serviço neste campo não nos prestassem os americanos, este, de forçar a abertura de arquivos inacessíveis à maioria dos brasileiros, não se lhes pode negar.

Afora as monografias há especialmente nas três revistas americanas sobre a América Latina (*The Hispa-*

4. Texas University Press, 1967.
5. Texas, 1969.
6. Stanford, 1970.
7. Columbia University Press, 1970.

nic *American Historical Review, The Americas* e *Luso-Brazilian Review*) muitos artigos resultados de pesquisas sobre aspectos os mais variados do período de Getúlio Vargas. Na primeira, a mais antiga, encontram-se, entre outros, e apenas em caráter exemplificativo, dois estudos sobre o Tenentismo, de Robert J. Alexander (maio de 1956) e de John D. Wirth (maio de 1964) que merecem leitura. Na *The Americas* (julho de 1969) é valioso pela novidade o estudo de Frank D. McCann, "Vargas and the Destruction of the Brazilian Integralista and Nazi Parties".

No plano político-econômico sei que a obra de ₊Stanley Hilton — *Brazil and the Great Power Trade Rivalry in South America, 1934-1939,* ainda não publicada — será uma das maiores contribuições americanas à historiografia da época de Getúlio Vargas. Stanley Hilton, que iniciou o ano passado suas atividades como professor do Williams College, foi meu aluno no seminário da Universidade do Texas em 1963 e desde então, quando se passou da Literatura Brasileira para a História Brasileira, prepara, numa vasta investigação que abrange arquivos públicos e privados nacionais e estrangeiros, o estudo deste capítulo da era de Vargas.

Já li o manuscrito de Hilton três vezes, com maiores e menores variações de texto, e estou certo de que se trata de uma obra de grande merecimento.

Não menciono a historiografia americana econômica sobre o Brasil, como a de Spiegel, a de George Wythe e a dirigida por S. Kusnetz, porque nelas não é a fase getuliana a parte principal.

2. A durabilidade

Os quinze anos de duração do governo de Getúlio Vargas na sua primeira fase (1930 a 1945), mesmo somados aos três anos do seu segundo governo (1951-1954) não constituem o máximo de permanência no poder alcançado no Brasil. Durante o período colonial, o terceiro Governador-Geral, Mem de Sá (1557-1572), e o quarto Vice-Rei do Brasil, Vasco Fernandes Cesar de Menezes, 1º Conde de Sabugosa (1720-1735), governaram quinze anos. Houve vários governos de onze, dez e nove anos de duração.

Mas trinta anos durou o governo de Gomes Freire de Andrade (1733-1763), primeiro Governador-Geral apenas da Capitania do Rio de Janeiro e depois conjuntamente de Minas Gerais, São Paulo, Mato Grosso, Santa Catarina, Rio Grande do Sul e da Colônia do Sacramento (hoje Uruguai).

No Império, se D. Pedro I governou apenas nove anos, D. Pedro II foi o governo de maior duração de toda a história do Brasil, quarenta e nove anos.

Nenhum dos governadores coloniais, nem mesmo Gomes Freire de Andrade, tão importante pela grande significação dos problemas econômicos, sociais e militares que enfrentou, teve uma biografia, um estudo sobre sua obra e sua época, exceto Mem de Sá. O que se escreveu sobre Gomes Freire de Andrade, especialmente considerando a riqueza da documentação existente no Arquivo Nacional, é insignificante. Não há um livro sobre ele; o que se sabe foi Varnhagen, na sua *História Geral do Brasil,* quem nos ensinou.

Não se dá o mesmo com D. Pedro II, cuja biografia é rica e variada, informativa e interpretativa, nacional e estrangeira, mas em termos comparativos, quantitativos e não qualitativos, é menor que a de Getúlio Vargas. Basta lembrar que durante seu reinado, afora as biografias publicadas nas obras gerais, dicionários e galerias de brasileiros, o *Catálogo da Exposição de História do Brasil,* a maior bibliografia histórica brasileira até hoje, publicada em 1881, só registra três biografias de D. Pedro II: uma escrita por Monsenhor Joaquim Pinto de Campos (1871), autor da biografia de Caxias, o *Cenni biografici di Don Pedro II,* por João José Moreira (1871), e *Don Pedro II, Empereur du Brésil* (1876), por Anfrísio Fialho. Daí até a sua derrubada do trono, em 1889, só foi publicada a obra crítica de Joaquim Nabuco *O erro do Imperador* (1886) que se filiava à crítica liberal de J. Saldanha Marinho exposta em *O Rei e o Partido Liberal* (1869, 2 v.).

244

Foi somente em 1889 que B. Mossé escreveu a primeira biografia mais ampla e cuidada de D. Pedro II, com a ajuda e a orientação do Barão do Rio Branco.

Se não houve com D. Pedro II o culto da personalidade, Getúlio Vargas estimulou e protegeu a sua própria glorificação. Thomas Skidmore, na obra acima citada, opina que, embora Getúlio Vargas não fosse dado a alimentar o culto da personalidade, permitiu que sua agência de propaganda, o DIP, cantasse seus louvores. Parece-lhe que Getúlio olhava essa adulação com ceticismo e a aprovava "na medida em que absorvia a energia de alguns intelectuais que, de outro modo, ficariam inquietos, preenchendo além do mais a lacuna deixada pela supressão da política democrática".

Acredito que a interpretação esteja certa quanto ao ceticismo de Getúlio Vargas, mas, na verdade, a bajulação tornou-se um instrumento de ascensão. Não foram os intelectuais que mais se destacaram, pois a *Cultura Política,* a mais importante revista dos anos de ditadura contém muita literatura excepcional, despojada de toda lisonja. Os cargos públicos — o DASP só existiu para as funções mais modestas, com uma ou outra exceção temporária — estavam a serviço de seus amigos, de seus aliados, de seus aduladores, dos que aderiram ao regime do poder pessoal.

Os quinze anos, um prazo historicamente comum em termos de poder absoluto, foram muito mais produtivos na exaltação do César gaúcho, que outros que tiveram, como Getúlio Vargas, um poder dominante.

3. A personalidade

Tem-se dito que os grandes ditadores do Rio da Prata banharam-se no Rio Uruguai. Mais que na filosofia positivista do Poder — filosofia que justificou as ditaduras de Getúlio Vargas e a de Porfírio Díaz (trinta e quatro anos no México, 1877-1914) —, mais que nas influências geográficas, mais que nas supostas igualdades entre o gaúcho e o rio-platino, mais que na ambivalência entre a liberdade e a tirania, que é um conteúdo significativo da alma gaúcha, creio na desmedida ambição de Poder. Os Césares nascem, não se educam.

Getúlio Vargas possuía aquele saber mandar prático, o poder de sedução, o fascínio, apesar de suas deficiências físicas, gordo, baixo, mau orador. Nascera com vocação de César, educara-se nos campos do Sul, na escola de Borges de Medeiros — vinte e sete anos de governo do Rio Grande do Sul, um condutor que aprende a disciplinar e dirigir povos nascidos e criados ao sol da liberdade.

> Quem é gaúcho de lei
> E bom guasca de verdade
> Ama acima de tudo
> O bom sol da liberdade.

A trova não diz toda a verdade. Em *O Continente do Rio Grande* [8], procurei mostrar a ambivalência gaúcha, a luta permanente entre libertadores e liberticidas. Hoje creio que os liberticidas são os mais fortes e os vencedores, pois criaram o governo de maior durabilidade na República — o de Borges de Medeiros, e trouxeram contra a vontade de todo o Brasil a ditadura para a área federal, e só eles, exceto o português D. Pedro I, foram ditadores.

Como todo César, Getúlio detestava os ciceronianos, e se Rui Barbosa tivesse sido seu contemporâneo, seria, por certo, seu inimigo ou opositor intransigente. Foi sempre assim na História. Os modelos de comportamento político seguem os extremos do cesarismo, poder absoluto que namora as massas e lhes dá pão e o circo, e o ciceronismo palavroso, intransigente na defesa das liberdades, mas esquecido das necessidades sociais.

No debate sobre a situação da América do Sul, que se seguiu à conferência de Sérgio Buarque de Hollanda, "Le Brésil dans la Vie Américaine" [9], sustentou o grande ensaísta brasileiro que, de um modo bastante grosseiro, se poderia dizer que a massa brasileira prefere César e a elite prefere Cícero.

8. Rio de Janeiro, 1954.
9. Em *Le Nouveau Monde et l'Europe,* Neuchâtel, 1954.

Não creio que a escolha caracterize o povo brasileiro, nem seja uma regra para os povos dos países subdesenvolvidos. Os grandes ditadores modernos, Napoleão, Hitler e Mussolini, incomparável o primeiro aos dois seguintes, surgiram apoiados por povos herdeiros de grande tradição histórica e dos mais cultos do mundo. A ditadura, os regimes de exceção não são uma criação latino-americana, como costumam pensar norte-americanos e europeus.

A democracia, no sentido político, garantias individuais, sistema representativo, respeito à dignidade humana, tolerância pela divergência, isto sim, em forma histórica contínua, regular, é uma experiência anglo-norte-americana, suíço-holandesa-escandinava. Só. Nenhum país europeu, latino, asiático, africano, enfim, apresenta fidelidade absoluta às instituições democráticas políticas. Sempre tiveram seus ditadores.

É evidente que quanto mais sofrida e impotente é a vida de um povo, mais fácil é buscar no César o remédio aos seus males. O povo brasileiro tem sido, na sua continuidade histórica, no seu comportamento também histórico, um povo profundamente sofrido, desassistido, deseducado.

Getúlio Vargas foi sempre muito bem dotado na capacidade de captar e sentir os traços essenciais do caráter do povo brasileiro. Por isso, com razão Skidmore atribui a seu conhecimento magistral da psicologia do brasileiro seu estilo político combinando astutamente a coerção e a bajulação. Ele trouxera à liderança nacional traços novos que não se limitavam à compostura aristocrática, à conduta rígida inspirada na tradição e na rotina de uma sociedade rural.

Como escrevi nas *Aspirações Nacionais,* ele não era membro de uma classe privilegiada, nem havia sido nomeado pela máquina dos velhos Partidos, mas sua atração consistia nas idéias de justiça social — novas, então, para a política brasileira, e no apelo popular direto, especialmente ao proletariado. Não era um tribuno, mas usava da linguagem direta e do senso comum. Era ouvido, era aplaudido, era apoiado, e isso, junto com o amparo das Forças Armadas, era o suficiente para ficar como ficou.

John D. Wirth escreveu que ele desempenhou vários papéis: líder populista trabalhista, aliado dos políticos no poder, amigo dos homens de negócios e dos investidores estrangeiros em setores fora do petróleo, iniciador de projetos tecnocratas, e protetor da saúde financeira da nação em situação inflacionária.

Getúlio Vargas foi sempre, creio eu, ambivalente, como todo gaúcho; ora conciliador, ora inconciliável, ora tirânico, ora democrático, ora sombrio, ora fascinador, mas sempre acreditou, ao contrário dos marxistas, que o Estado existe para conciliar interesses e não para representar interesses de uma classe, e especialmente foi um nacionalista, um progressista convicto. E sobretudo amava seu povo, embora o conservasse em tutela, como pupilos, mas nunca o povo deixou de fazer parte do seu jogo político. E isto foi essencial.

4. A realidade econômico-política

O Embaixador Otávio Dias Carneiro, tão competente e sério, num estudo sobre a evolução da economia brasileira [10] caracterizou o período de 1930 a 1947 como o de desenvolvimento industrial espontâneo, conduzido pelo chamado realismo político de Getúlio Vargas, a superar sua antiga estrutura colonial e subdesenvolvida, convertendo-o em um país em transição para o desenvolvimento.

Essa transição verificou-se sem maiores choques políticos entre os dirigentes da economia de exportação e os da economia industrial nascente, já que a defesa dos interesses dos cafeicultores, através da política de defesa do café, face ao declínio da capacidade para importar, criou condições favoráveis aos investimentos ligados ao mercado interno, principalmente na implantação de indústrias destinadas a substituir as importações de bens de consumo duráveis, pois só mais tarde, no período subseqüente, é que se

10. *Past trends of structural relationships in the economic evolution of Brazil (1920-1955).* Harvard University, Cambridge, 1966. Edição mimeografada.

vai colocar o problema de atender à demanda gerada pelo próprio desenvolvimento industrial de bens capitais.

As tendências inflacionárias se iniciaram em 1941 e continuaram durante a Segunda Guerra Mundial. Foi, portanto, a Guerra Mundial um fator essencial da inflação. Atendendo aos americanos, fornecemos nossos produtos a preços fixados por eles próprios, inclusive o café, segundo acordos de 1940 e de 1942. Cedemos as bases aéreas no Norte e no Nordeste, arrendamo-lhes doze navios da nossa frota mercante, ao preço simbólico de um dólar mensal por unidade, comprometendo-nos, ao mesmo tempo, em destinar vinte e três dos que nos restavam ao tráfico exclusivo entre o Brasil e os portos americanos.

A nossa cooperação foi tão extensa que H. Graham [11] escreveu que "sem a produção de matérias estratégicas do Brasil e sem a ponte aérea, os Estados Unidos não poderiam cumprir sua programação".

No final da luta, as contas nacionais tinham, em vez de um saldo, um *deficit* de dois bilhões e quinhentos milhões de cruzeiros, sem incluir as despesas de guerra, financiadas pelos bônus de guerra, mas estava registrada em 1944 como de um bilhão e 999 milhões de cruzeiros e em 1945 como de dois bilhões e 25 milhões de cruzeiros. Tínhamos 65 milhões de libras esterlinas, 4 milhões de francos, 13 milhões de dólares acumulados e congelados na Grã-Bretanha, na França e na Tcheco-Eslováquia.

E como nos tratavam os nossos aliados, os dois mais fortes, os Estados Unidos e a Grã-Bretanha? Primeiro nos expelindo da participação da Conferência de Paris, onde se faria o rateio das quotas de reparação. Nós, todos os latino-americanos, devíamos pagar nossos prejuízos mediante a incorporação dos bens alemães já penhorados para tal efeito. Ora, o capital alemão no Brasil, em 1942, não ia além de 113 milhões de marcos alemães (cálculo de 16 de abril de 1942, nos documentos dos Arquivos Alemães) [12]. Além disso, mesmo depois das negociações

11. *Latin America and the United States*, 5. ed., 1955.
12. Microfilme Publications. National Archives. Washington, T 120. Rolo 688, e T 83, Rolo 88.

249

entre João Neves da Fontoura e Ernest Bevin em Paris, em setembro de 1946, sem resultados práticos, os ingleses pediam que todos, inclusive o Brasil, aguardassem um escalonamento para o pagamento das dívidas. E mais e pior, nossas reservas maciças de dólares acumulados nos Estados Unidos, cerca de quinhentos milhões, sofriam uma desvalorização, pois negaram-se a nos fornecer a maquinaria desejada, e quando pudemos comprá-la, a elevação geral dos preços, na ordem de sessenta por cento, reduzira a menos da metade o poder aquisitivo das nossas divisas.

Enquanto isso socorriam com o Plano Marshall, não com empréstimos, mas com doações, a Europa, os inimigos sem atender aos apelos do governo do Brasil de empréstimos que nos ajudassem o desenvolvimento. Esta é outra história, que não cabe aqui. O que nos interessa é mostrar que essa experiência, vivida na carne, Getúlio Vargas não poderia esquecer. Sua volta, em 1951, significa sua integração total nos quadros do nacionalismo. Se não era ainda radical, caminhava para o nacionalismo radical, aquele que é genuinamente brasileiro, que vem de Frei Caneca e que João Ribeiro chamou o nacionalismo mameluco.

A literatura histórica americana que de regra não vê os males das relações brasileiro-americanas, a ajuda que nós temos prestado a eles, não pode deixar de reconhecer, como faz John D. Wirth, o crescimento do nacionalismo econômico e a emergência da ideologia desenvolvimentista.

O decreto da limitação da remessa de lucros, que vinha subindo fantasticamente, foi o símbolo desta identificação total entre o líder e a nação, entre o Presidente e seu Povo. Os sipaios não puderam tolerá-lo mais e promoveram a campanha de ódio contra o homem que encarnava no momento o verdadeiro interesse nacional, a política de auto-suficiência, o controle das atividades contra o Brasil.

Getúlio, observou Thomas Skidmore, com inteira razão, voltou ao Poder com uma genuína paixão política: o nacionalismo antiimperialista.

Economicamente, Getúlio Vargas teve seus méritos e deméritos. Sabem todos — e J. D. Wirth chama a atenção para este ponto — que ninguém criou a Petrobrás, pois ela foi o resultado de um grande debate nacional e de uma posição firme do Exército Brasileiro, sem esquecer os pioneiros, como o General Horta Barbosa. Coube a Getúlio Vargas iniciar o planejamento econômico, no antigo Conselho Federal de Comércio Exterior, num estudo de Roberto Simonsen, por determinação do Presidente.

Thomas Skidmore acusa Getúlio Vargas de ter se mantido em completo silêncio a respeito da questão agrária. Os proprietários de terra, os chefões, os coronéis do interior, os latifundiários que dominaram a política até 1930 continuavam fortes, pois Getúlio Vargas não mudara a estrutura agrária. Robert Levine faz-lhe a mesma imputação. Os grandes proprietários de terras não objetaram ao Estado Novo, como outras classes da sociedade, enquanto ele os ajudara e deixara intacta a política rural, preservando, em nível local, a hegemonia do fazendeiro.

Esta é uma crítica correta para o primeiro governo de Getúlio. Mas, ao candidatar-se em 1950, no discurso de 10 de agosto pronunciado em São Paulo, ele dizia: "Precisamos de uma nova lei agrária que nos termos da Constituição vigente, condicione o uso da propriedade a uma finalidade social". Em 1951 surgia a primeira manifestação oficial do Governo, ao criar-se a Comissão Nacional de Política Agrária, tendo por fim proceder a "estudos e projetos relacionados com a reforma da legislação agrária e o acesso à terra própria" (Decreto nº 29.803, de 25 de julho de 1951). No discurso "A Batalha da Produção Agrária", de 8 de abril de 1952, convocando os brasileiros para esta luta, Getúlio defendia a instituição do seguro agrícola e dizia estarem adiantados os estudos da reforma agrária.

Nada disso agradava as classes dominantes, que viam Getúlio Vargas caminhar para uma verdadeira reforma da estrutura econômica e social. O Getúlio Vargas de 1951-1954 não é o mesmo de 1930-1945, nem as forças que o combatem são as mesmas.

Henry W. Spiegel [13] mostrara que em 1944, um total de trezentas mil pessoas, compreendendo apenas

13. *The Brazilian Economy*, Filadélfia, 1949.

251

2,5% dos empregados no Brasil, recebiam 30% da renda nacional, e outros 2,5% recebiam 20%. Em termos econômicos, concluiu o economista Bernard J. Siegel[14], isto significava que 5% — classe. alta — recebia 50% da renda nacional. Os trabalhadores urbanos, que contribuíam para vários seguros sociais e compreendiam 24% dos empregados, recebiam somente 20% da renda nacional; os restantes 71% recebiam 30%.

Em 1944, dos 12 milhões e seiscentos mil trabalhadores, nove milhões eram trabalhadores rurais. Na sociedade brasileira de então, os analfabetos, sem terra, ou proprietários de pequenas terras, caboclos, caipiras, mamelucos, constituem a maioria humana dominante. Esta era a gente para quem Vargas olhava agora.

Sua política, a interna e a externa, sempre variava de acordo com as circunstâncias e as condições do momento, e sempre sofreu internamente as pressões de setores das Forças Armadas, e externamente as pressões americanas. Getúlio deu forças ao governo nacional, ampliou seus poderes e compromissos, aumentou suas tarefas e tornou maior a intervenção federal na economia.

É certo que tudo isso veio em seu benefício, favoreceu sua ambição de poder, mas não deixou de atender às exigências de um executivo forte, de uma presidência verdadeiramente nacional. Para uns, a instituição do Estado Novo, a imitação dos regimes autocráticos e absolutistas, embora sem camisas e partidos únicos, sem base ideológica e sem apoio popular organizado, mas suprimindo as liberdades e garantias individuais, e reforçando a polícia ostensiva e secreta, foi um mal irreparável; para outros, foi com o Estado Novo — um sistema não político de Estado, como o chama Skidmore —, que Getúlio pôde adotar os programas de industrialização, de nacionalismo econômico e de previdência social.

Ele não só aumentou a autoridade e capacidade do governo nacional, como identificou o futuro do

14. *Economic Growth; Brazil, India, Japan.* Ed. por Simon Kusnetz, Duke University Press, 1955.

Brasil com a industrialização, como conclui Wirth. Ele liquidou o liberalismo, o político e o econômico, animou a direita e a esquerda para proveito próprio, ensangüentou nossa história, permitiu que o terror se impusesse aos que divergiam e contestavam sua força, e que a polícia praticasse torturas. A Gestapo foi a principal informante das atividades comunistas no Brasil. Dela vinha toda a informação através do Ministério do Exterior, e está esclarecida na documentação alemã a ligação de Francisco Campos e Felinto Müller com o Reich. Desde 1938, depois do golpe integralista e para fiscalizar as atividades nazistas no Sul, Sumner Welles, a pedido de Getúlio Vargas, enviava agentes do FBI (Serviço Federal Americano de Informação) para ajudar o Serviço Secreto brasileiro.

Três semanas antes de o Brasil declarar guerra ao Eixo, Müller, Campos e Lourival Fontes eram afastados de seus lugares. Getúlio Vargas manobrou o mais que pôde, ora para um lado, ora para outro, procurando, como no caso do aço, buscar não só o apoio americano como o alemão. Sua política era definida como elástica por Benjamin Vargas ao Embaixador alemão Pruefer, segundo se lê num telegrama secreto enviado por este ao Reich. O Presidente, dizia, não pensava em romper relações com a Alemanha, ainda que os Estados Unidos quisessem forçá-lo a tanto.

Os afundamentos dos navios, a arrogância alemã, os perigos no Sul, as pressões americanas e britânicas, a opinião pública brasileira, o sentimento do povo levaram à decisão do rompimento e da guerra. Apesar das pressões de Góis Monteiro e Eurico Dutra, a política externa era uma decisão presidencial. Isto disse o próprio Presidente numa entrevista privada ao Embaixador Pruefer, que transmitiu suas palavras ao Ministro do Exterior alemão em 16 de novembro de 1941: *Ueber Aussenpolitik Brasiliens entscheide nur er selbst und kein anderer* (Sobre a política externa do Brasil, decide somente ele e mais ninguém) [15].

15. Microfilme citado, T 120, Rolo 223.

Em 1938, quando aqui estava como embaixador alemão Karl Ritter, Getúlio Vargas que mais tarde o consideraria *persona non grata,* exigindo sua remoção, o fez esperar duas horas para atendê-lo. Não foi, assim, uma novidade a espera de duas horas inflingida a Adolf Berle por Jânio Quadros, antes de recebê-lo.

No mesmo dia em que esteve com Getúlio, 25 de fevereiro de 1938, Karl Ritter comunicava ao Ministro do Exterior alemão que conversara cinqüenta e cinco minutos com o Presidente. E dá as suas impressões de Getúlio: "Tinha um ar amistoso. Ele gosta de entremear a conversa de longas pausas, durante as quais olha ao longe. Quando se trata de uma formulação importante, repete-a duas vezes com as mesmas palavras" [16].

Vargas nada cedeu a Karl Ritter em matéria de influência cultural e política nazista no Brasil. Isto é um fato. Mas houve um momento de grande força alemã no Brasil, quando a Alemanha suplantou os Estados Unidos.

É especialmente sobre a luta germânica dos grandes interesses armamentistas da Krupp e da Rheinmetall, contra os americanos, pelo mercado brasileiro, que escreveu Stanley Hilton, obra ainda não publicada, mas que pelas revelações causarão um verdadeiro impacto. No auge deste domínio alemão, de 1936 a 1938, incentivado pelo apoio de Dutra, Góis e Müller, acusou-se Berlim de financiar o golpe integralista, mas Getúlio Vargas manteve firme sua posição, mandou prender brasileiros e alemães, Kopp, um chefe nazista no Brasil, suicidou-se, desmantelou-se uma rede de espionagem.

Apesar da simpatia que manifestava pelos Estados totalitários, na ação e nas palavras aos embaixadores alemães, Getúlio evitou que o Estado Novo degenerasse nos descaminhos cruentos do nazi-fascismo.

Num relatório político enviado ao Reich em 1 de dezembro de 1937, Levetzow escrevia que "existe

16. Microfilm Publication. National Archives, Washington. T 120, Rolo 3 155.

agora no Brasil uma forma de governo segundo a imagem dos Estados totalitários, mas sem a participação do Partido (*ohne Beteilung der Partei*)" [17].

Um caso evidencia a política de tolerância, inspirada no caráter brasileiro, que Getúlio Vargas seguia. A imigração judaica no Brasil aumentou (entre 1939 e maio de 1941, mais de sete mil judeus) e grande parte dela entrou com visto de noventa dias. Getúlio prorrogou a permissão e eles puderam ficar no Brasil.

5. *O sentido de sua obra*

Há pelo menos dois Getúlios, como houve, por exemplo, dois Joaquim Nabuco. O primeiro pode ter sido mais maquiavélico, e o segundo mais utópico. O primeiro cometeu grandes equívocos e grandes feitos; o segundo, mais experimentado, mais encarnado com seu povo, quis servi-lo mais que dele servir-se.

Como lembra Robert Levine, quando Getúlio asumiu poderes ditatoriais, as ditaduras controlavam dezessete dos vinte e sete países europeus e quase todos os países latino-americanos. Acusa-se o povo brasileiro de apatia política — o Brasil seria o país onde o Poder tem sua fonte mais na omissão que no consenso do Povo. Foi em nome dela que se cometeu em 1937 e se tentou em 1954 usurpar os direitos da maioria. Esta, o povo, se compõe de sobreviventes. O problema real é agüentar o ter vivido e enfrentar o não-viver. O importante é sobreviver, vencer o dia de hoje, para poder novamente durar o amanhã.

Não creio que o povo brasileiro tenha aspirações limitadas, como crêem alguns dos estudiosos americanos. As limitações lhe têm sido impostas por minorias usurpadoras de sua soberania. Getúlio Vargas fez a usurpação nos anos da ditadura, mas deu alguma coisa ao Povo. Getúlio Vargas voltou em 1951 convencido, no seu governo trabalhista, que acabara a época da Contra-Revolução e da Contra-Utopia, que constituem o enredo da História do Brasil.

17. Microfilm Publication. National Archives, T 120, Rolo 3 155.

OBRAS DO AUTOR

Livros

Civilização Holandesa no Brasil. 1º Prêmio de Erudição da Academia Brasileira de Letras. Rio de Janeiro, Companhia Editora Nacional, 1940. (Em colaboração com Joaquim Ribeiro).

Teoria da História do Brasil. 1. ed., São Paulo, Instituto Progresso Editorial, 1949. — 2. ed., São Paulo, Companhia Editora Nacional, 2 v. Brasiliana Grande. — 3. ed., São Paulo, Companhia Editora Nacional, 1969.

Historiografia e Bibliografia do Domínio Holandês no Brasil. Rio de Janeiro, Instituto Nacional do Livro, 1949.

As Fontes da História do Brasil na Europa. Rio de Janeiro, Imprensa Nacional, 1950.

257

Notícia de Vária História. Rio de Janeiro, Livraria São José, 1951.

A Pesquisa Histórica no Brasil. Sua evolução e problemas atuais. Rio de Janeiro, Instituto Nacional do Livro, 1952. — 2. ed., revista e aumentada, com o título *A Pesquisa Histórica no Brasil,* São Paulo, Companhia Editora Nacional, 1969. Brasiliana Grande.

Brasil. Período Colonial. México, 1953.

O Continente do Rio Grande. Rio de Janeiro, Edições São José, 1954.

Historiografia del Brasil. Siglo XVI. México, Instituto Panamericano de Geografia e História , 1957.

A Situação do Arquivo Nacional. Rio de Janeiro, Ministério da Justiça e Negócios Interiores, 1959.

Brasil e África. Outro Horizonte. 1. ed., Rio de Janeiro, Editora Civilização Brasileira, 1961. — 2. ed., id. ibid., 1964, 2 v.

Aspirações Nacionais. Interpretação Histórico-Política. São Paulo, Editora Fulgor, 1963. — 2. ed., id. ibid., 1965, — 3. ed., id. ibid., 1965. — 4. ed., Rio de Janeiro, Civilização Brasileira, 1969.

Historiografia del Brasil. Siglo XVII. México, Instituto Panamericano de Geografia e História, 1963.

Conciliação e Reforma no Brasil. Interpretação Histórico-Política. Rio de Janeiro, Civilização Brasileira, 1965.

História e Historiadores do Brasil. São Paulo, Fulgor, 1965.

Interesse Nacional e Política Externa. Rio de Janeiro, Civilização Brasileira, 1966.

Vida e História. Rio de Janeiro, Civilização Brasileira, 1966.

História e Historiografia. Petrópolis, Editora Vozes, 1970.

O Parlamento e a Evolução Nacional. Introdução Histórica, 1826-1840. Brasília, Senado Federal, 1972. 1º vol. da série *O Parlamento e a Evolução Nacional.* Seleção de Textos Parlamentares, 3 v. em 6 tomos, e 1 v. de Índice e Personalia. (Organizados com a colaboração de Lêda Boechat Rodrigues e Octaciano Nogueira).

A Assembléia Constituinte de 1823. Petrópolis, Vozes, 1974.

Livros traduzidos

Brazil and Africa. Translated by Richard A. Mazzara and Sam Hileman. Introduction by Alan K. Manchester. Berkeley and Los Angeles, University of California Press, 1965.

The Brazilians. Their Character and Aspirations. Translated by E. Bradford Burns. Austin and London, University of Texas Press, 1967.

Opúsculos

Capitalismo e Protestantismo. Estado Atual do Problema. São Paulo, Digesto Econômico, 1946.

Alfredo do Vale Cabral. Rio de Janeiro, 1954. Traduzido em inglês, separata da Revista Interamericana de Biblio-grafia. Washington, D. C., EUA, 1958.

Capistrano de Abreu, ein Freund Deutschlands. São Paulo, Staden-Jahrbuch, 1958.

Antonio Vieira, Doutrinador do Imperialismo Português. Rio de Janeiro, separata da revista *Verbum,* 1958.

La Historia Brasileña y el Actual Proceso Histórico. Sevilha, separata do Anuario de Estudios Americanos, t. XIV, 1958.

Algumas Idéias Políticas de Gilberto Amado. Belo Horizonte, separata da Revista Brasileira de Estudos Políticos, 1959.

D. Henrique e a Abertura da Fronteira Mundial. Coimbra, separata da Revista Portuguesa de História, 1961.

Nueva Actitud Exterior del Brasil. México, Separata do Foro Internacional, jan.-mar. 1962.

The Influence of Brazil's Foreign Policy. Londres, separata do International Affairs, v. 3, 1963.

Alfredo de Carvalho. Vida e Obra. Rio de Janeiro, sepa-rata dos Anais da Biblioteca Nacional, v. 77, 1963.

Discurso de Posse na Academia Brasileira de Letras. Sepa-rata da Revista de História, nº 81, São Paulo, 1970.

O Livro e a Civilização Brasileira. Separata da revista *Vozes,* ano 65, nº 3, abr. 1971.

O Liberalismo no Brasil. Separata do v. 20 dos Discursos Acadêmicos. Rio de Janeiro, Academia Brasileira de Letras, 1972.

O Clero e a Independência. Separata da *Revista Eclesiástica Brasileira,* v. 32, fasc. 126, jun. 1972.

O Sentido da História do Brasil, São Paulo, 1974.

Colaboração em livros coletivos

The New World Looks at its History. Edited by A. R. Lewis and T. F. McGann. University of Texas Press,

1963. Capítulo "Webb's *Great Frontier* and the Interpretation of Modern History".

Policies Toward China. Views from Six Continents. Edited by A. M. Halpern. New York, Council on Foreign Relations, 1965. Capítulo "Brazil and China. The Varying Fortunes of Independent Diplomacy".

Social Sciences in Latin America. Edited by Manuel Diegues Junior and Bryce Wood. New York and London, Columbia University Press, 1967. Capítulo "Brazilian Historiography. Present Trends and Research Requirements".

As Ciências Sociais na América Latina. Centro Latino-Americano de Pesquisas em Ciências Sociais. São Paulo, Difusão Européia do Livro, 1967. Capítulo "As Tendências da Historiografia Brasileira e as Necessidades da Pesquisa".

Perspectives on Brazilian History. Edited with an Introduction and Bibliographical Essay by E. Bradford Burns. New York and London, Columbia University Press, 1967. Capítulos "Problems in Brazilian History and Historiography"; "The Periodization of Brazilian History"; "Capistrano de Abreu and Brazilian Historiography".

América. Mito e Violência. Edições Correio da Manhã, 1968. Capítulo "Um assassinato visto do Texas".

History of Latin American Civilizations: Sources and Interpretations, v. 2, The Modern Age (1967). Edited by Lewis Hanke. Capítulo "History Belongs to Our Own Generation".

Etudes offertes à Jacques Lambert. Paris, 1975. Capítulo "José Bonifácio et la direction du mouvement d'indépendence".

Índices anotados

Índice Anotado da Revista do Instituto do Ceará. Fortaleza, Imprensa Universitária do Ceará, 1959.

Índice Anotado da Revista do Instituto Arqueológico, Histórico e Geográfico Pernambucano. Recife, 1961.

Edições críticas

Johan Nieuhof. *Memorável Viagem Marítima e Terrestre ao Brasil.* Confronto com a edição holandesa de 1682, introdução e notas, crítica bibliográfica e bibliografia. São Paulo, Livraria Martins, 1942.

260

Capistrano de Abreu. *Capítulos de História Colonial.* 4. ed., Revisão, notas e prefácio. Rio de Janeiro, Livraria Briguiet, 1954, 5ª ed., Brasília, 1963; 6ª ed. Rio de Janeiro, 1976.

Direção, prefácio e introdução de publicações oficiais

Os Holandeses no Brasil. Prefácio, notas e bibliografia. Rio de Janeiro, Instituto do Açúcar e do Álcool, 1942.

Anais da Biblioteca Nacional. V. 66-74. Rio de Janeiro, Imprensa Nacional, 1946-1955.

Documentos Históricos da Biblioteca Nacional. V. 71-110. Rio de Janeiro, Imprensa Nacional, 1946-1955.

Catálogo da Coleção Visconde do Rio Branco. Rio de Janeiro, Ministério das Relações Exteriores, Instituto Rio Branco, 1953.

José Maria da Silva Paranhos. *Cartas ao Amigo Ausente.* Rio de Janeiro, Ministério das Relações Exteriores, Instituto Rio Branco, 1953.

Correspondência de Capistrano de Abreu. Rio de Janeiro, Instituto Nacional do Livro, 1954-1956. 3 v.

Publicações do Arquivo Nacional. V. 43-50. Rio de Janeiro, Imprensa Nacional, 1960-1962.

O Parlamento e a Evolução Nacional. Seleção de Textos Parlamentares, 1826-1840. V. 2-5 (Índice e Personalia). Com a colaboração de Lêda Boechat Rodrigues e Octaciano Nogueira. Brasília, Senado Federal, 1972.

Atas do Conselho de Estado, v. 1, 2 e 9. Brasília, Senado Federal, 1973.

Prefácios

J. E. Pohl. *Viagem ao Interior do Brasil empreendida nos anos de 1817 a 1821.* Rio de Janeiro, Instituto Nacional do Livro, 1951.

Daniel de Carvalho. *Estudos e Depoimentos. 1ª Série.* Rio de Janeiro, José Olympio, 1953.

Guilherme Piso. *História Natural e Médica da Índia Ocidental.* Rio de Janeiro, Instituto Nacional do Livro, 1957. Prefácio e Bibliografia.

Obras de Capistrano de Abreu. Rio de Janeiro, 1975-76, 6 vols.

Direção de revista periódica

Revista Brasileira de Política Internacional. V. 24-38, 1963-1967. Rio de Janeiro, Instituto de Relações Internacionais.

ÍNDICE REMISSIVO

Abolição da escravatura, 139, 146-147, 180-181, 190, 205, 209.

Abolição do tráfico escravo, 205, 209, 211.

Absolutismo, 159, 183.

Academia Brasileira de Letras, 31.

ACCIOLI, José de Sá Bittencourt e, 104.

Adoção pelos patriotas brasileiros de nomes indígenas, 128.

AFFAITADI, capitalista, 42.

AFFONSO CELSO, Conde de FIGUEIREDO, Afonso Celso de Assis 156, 164, 190, 191.

AGOSTINHO, Preto. Vide CAVALCÂNTI, Agostinho Bezerra.

Agricultura brasileira, 172, 179-180, 182, 187.

AGUILAR, Moisés de Rafael, 52.

ALBUQUERQUE, Afonso de, 65.

ALBUQUERQUE, Diogo Velho Cavalcânti de, 177, 188.

ALENCAR, José de, 191-192, 197-203, 211.

ALENCAR, Mário de, 94.

ALEXANDER, Robert J., 243.

ALMADA, José de, 75.

ALMEIDA, Cândido Mendes de, 151, 152-153.

263

ALMEIDA, Fortunato de, 79.

ALMEIDA, José Américo de, 222.

ALMEIDA, Tito Franco de, 155-156, 157, 190-191.

Alvará de 3 de dezembro de 1750, 83.

Alvará de 5 de maio de 1785, 112.

Amazonas, 27, 143.

Ambivalência dos gaúchos, 214.

América Latina, 141, 142.

Analfabetismo no Brasil, 220.

Anatólia, 28.

ANDRADA E SILVA, José Bonifácio de, 85, 126, 127, 128, 132, 210, 211-212.

ANDRADE, Francisco de Paulo Freire de, 87, 109, 112, 115.

ANDRADE, Gomes Freire de, 244.

ANDRADE, João Pereira de, 140.

ANDRADE, Manuel de Carvalho Paes de, 123, 124, 126.

ANDRADE FIGUEIRA, Domingos, 197.

Angola, 26, 65, 69, 70.

AQUINO, São Tomás de, 42.

ARAGÃO, Francisco Moniz Barreto d', 98.

ARAGÃO, Pedro Moniz de, 210.

ARANHA, Osvaldo (arquivo de), 227, 240.

ARARIPE, Tristão de Alencar, 152, 153, 161.

ARNOLD, Mathew, 26.

Arquivos brasileiros, 225.

Arquivo Econômico Histórico Holandês, 52-53.

Arquivo Nacional, 18, 225-226, 228, 231, 244.

Arquivos alemães, 240, 249.

Arquivos americanos, 225.

Arquivos ingleses, 240.

Arquivos Nacionais de Washington, 225, 240.

Arquivos particulares brasileiros, 227.

Arquivos secretos, 231.

Assembléia Constituinte de 1823, 78-79, 115, 121, 124, 125, 132, 212.

Assembléia Geral de 1826, 115, 128, 132.

Assembléia Geral de 1871, 196, 199.

Assumar, Conde de, 74.

Ato Institucional nº 5, 229.

AUSTIN, cônsul inglês, 187.

Autos da Devassa da Inconfidência Mineira, 81-82, 86, 92, 103, 112, 117.

AZEVEDO, José Afonso Mendonça de, 97, 117.

Bahia, Estado da, 215.

Balaiada no Maranhão e Piauí (1838-1841), 158.

Banco Nacional do Brasil, 186.

Bancos estrangeiros no Brasil, 165, 167, 216.

Banditismo social, 145-146.

Bandos, 145, 146.

BARBACENA, Visconde de. MENDONÇA, Luís Antônio Furtado de, 72-73, 75, 79, 80, 82, 85, 86, 88-89, 91, 103, 108.

BARBOSA, Domingos Vidal, 113, 115.

BARBOSA, Jorge Moraes, 29, 69.

BARBOSA, Rui, 137, 138, 246; Viúva, 194.

BARON, Salo, 51.

BARRACLOUGH, Geoffrey, 233.

BARRETO, Francisco Rego Barros, 177.

BARROS, Ademar de, 214.

BARROS, F. Borges de, 97.

BARROS, Coronel José de, 123.

BARZUN, Jacques, 16.

BASBAUM, Leôncio, 234.

BATISTA CAETANO. Vide NOGUEIRA, Batista Caetano de Almeida.

264

BATISTA PEREIRA, Antônio, 194.
BEAUREPAIRE ROHAN, Marechal Henrique, 179-180, 186.
BELLEVILLE, programa de (1869), 157.
BELO, José Maria, 233-234.
BELO, Luís Alves de Freitas, 93, 113.
BEQUIMÃO, M., 36.
BERLE, Adolfo, embaixador americano, 254.
BESANÇON, Alain, 22.
BEVILÁQUA, Clóvis, 209, 210.
BEVIN, Ernest, 250.
BEZANSON, Anna, 37.
Bibliotecas universitárias brasileiras, 12.
BILAC, Olavo, 69.
Biografia, 22, 134.
BISMARCK, Otto, 137, 205.
BLANQUI, Jerôme Adolphe, 37.
BLOCH, Oscar, 32.
BLOW, Henry T., 171.
Bruges, bolsa de, 44.
Blumenau, cidade de, 176, 184.
BLUMENAU, Hermano Bruno Otto, 175.
BOEHRER, George, 140.
BÖSCHE, Thedore, 183.
Bolsas de Valores: as primeiras, 41-61; de Amsterdã, 42, 47, 50-51, 53; de Antuérpia, 44-47, 48, 50; de Lyon, 42, 47-49, 50; de Paris e Londres, 42, 54.
BONAPARTE, Napoleão, 31, 38, 149, 247.
BORGES DE MEDEIROS, Antonio Augusto, 246.
BOUÇAS, Valentim, 167.
BOXER, C. R., 46.
BRAGA, Manuel da Costa, 110.
BRAGANÇA, D. Luiz de Orléans e, 134.
Bragança, família real de, 72.
BRANT, Mario, 214.

Brasil, consciência histórica no, 225.
BRAUDEL, Ferdinand, 214.
BRITO, Bernardo Gomes de, 46.
BRITO, Joaquim Camilo de, 185.
BROGAN, David W., 142.
BUCKNALL, Hamilton Lindsay, 175.

Cabanagem no Pará, 156, 158.
Café, 143, 164, 166, 171, 172, 180, 184, 185-186, 187.
Calabar, 94.
CALDEIRA BRANT, Marechal Felisberto, Visconde de Barbacena, 211.
Calecute, 65.
CALMON, Pedro, 234.
Câmara de Comércio Americana, 217.
Câmara Internacional de Comércio, 218.
Câmbio, alterações do, 167-168.
CAMILO, Manoel, 36.
CAMÕES, número de palavras que usou, 26.
CAMPOS, Francisco, 253.
CAMPOS, Monsenhor Joaquim Pinto de, 244.
CÂNDIDO MENDES. Vide ALMEIDA, Cândido Mendes de.
CANECA, Frei Joaquim do Amor Divino, 11, 12, 119-132, 155, 158, 250.
CANNING, George, 211.
CAPISTRANO DE ABREU, João, 35-36, 71-72, 88, 93, 94, 95, 96, 133, 148, 152, 153, 154, 159, 160-162, 213, 219, 235.
Capitais, falta de, 186, 192.
Capitais estrangeiros no Brasil, 192, 215, 219; britânicos, 168.
Capital do Brasil, interiorização da, 151.
Capítulos de História Colonial, 36.

265

Capítulos de História do Açúcar, 20.

Caráter brasileiro, 30, 184, 198.

Carestia de Capital, 184.

CARLOS, Frei (Superior do Convento de Frei Caneca), 120-121, 122.

CARNEIRO, J. Fernando, 175.

CARNEIRO DE CAMPOS, Carlos, 3º Visconde de Caravelas, 208.

CARNEIRO LEÃO, Honório Hermeto, 195.

CARR, E. H., 135.

CARVALHO, Antônio Alves de Souza, 156, 158.

CARVALHO, Antônio Pereira de, 146.

CARVALHO DE MORAES, João Pedro, 182, 183.

CASTRO, Martinho de Melo e, 72-73, 74, 75, 79, 80, 82, 85, 86, 89, 91, 113.

CASTRO, Yeda Pessoa de, 27.

CASTRO CARREIRA, Liberato, 167.

Catálogo da Exposição de História do Brasil, 244.

Catálogo da Coleção Visconde do Rio Branco, 195.

CAVALCÂNTI, Major Preto Agostinho Bezerra, 122, 124, 127.

CAXIAS, Duque de, LIMA E SILVA, Luís Alves de, 113, 120, 126, 137, 167, 173, 175, 190, 204, 244.

CAZUMBÁ. Vide RÊGO, José Gomes do.

Centre International de Synthèse (Paris), 31.

Centro de Estudos Afro-Orientais da Universidade da Bahia, 27.

CÉSAR, 246, 247.

CHAMBERLAIN, Henry, 211.

Chase Manhattan Bank, 216.

China, 17.

CHOISEUL, Étiene François, Duque de, 75.

CHRISTELOW, Allan, 75.

CÍCERO, 246.

CLARK, George N., 37.

CLEMENCEAU, 157.

CLEMENTE XIV, Papa, 138.

Clube Central da Reforma, 191.

Clube Militar, 217.

COCHRANE, Almirante Thomas, Lord, Conde de Dundonal, Marquês do Maranhão, 128.

Código Criminal de 1830, 35.

Código de Águas, 216.

Código Filipino, 72, 105, 153.

COLE, Charles, 16.

Colonialismo, 64, 181.

Colonialismo e absolutismo, 155.

Colônias de estrangeiros no Brasil, 175-177.

Colonização, 17, 182.

Colonos estrangeiros no Brasil, 133, 193.

Comércio anglo-luso-brasileiro, 76-78.

Comércio brasileiro nas mãos dos estrangeiros, 171-172.

Comissários de café, 185.

Comissões Militares, 126-128.

Comissão Mista Brasil-Estados Unidos, 216.

COMMAGER, Henry Steele, 16.

Companhias holandesas de comércio, 49, 50, 51.

Companhias industriais brasileiras, 216.

Companhias inglesas no Brasil, 168-169.

Conciliação e Reforma no Brasil, 148.

Concílio do Vaticano I, 137.

CONDE D'EU. Gastão de Orléans, 184.

Confederação do Equador, 121, 123, 128-129, 131-132.

Congresso Agrícola, 1º (1878), 184.

Congresso Internacional de História, 10º, 128.

COLLOR, Lindolfo, 227.

266

Conjuração Baiana, 34, 115.
Conjuração Mineira, 34, 37, 72, 94-97, 101-103, 112-113.
Conselho de Estado, 147, 184.
Conservadores, 149-151. Ver também Liberais e Conservadores.
Conservadorismo histórico, 149-151, 153-154.
Conspiração do Rio de Janeiro (1794), 97.
Constituição brasileira de 1817, 98.
Constituição brasileira de 1824, 121, 124, 128, 132, 155.
Continente do Rio Grande, 214.
Contra-revolução, significado da, 35.
Contra-revoluções no Brasil, 99, 151.
Contra-utopia, 35, 151.
Contribuição estrangeira à história brasileira contemporânea, 235-238.
CORDEIRO, Padre João Barbosa, 123.
Coréia, pressão para o envio de tropas brasileiras para a, 216.
COSTA, General Canrobert Pereira da, 214.
COSTA, Cláudio Manoel da, 88, 90, 101-102, 112.
COSTA, Manuel Rodrigues da, 108, 109, 113.
COSTA E SILVA, Presidente Arthur da, 19.
COSTA PEREIRA, J. F., 176, 180, 181, 183, 190.
COSTIGAN, A. W., 72.
COUTINHO, D. Rodrigo de Sousa, 79, 97.
COUTO, Diogo do, 38, 39.
Crime e fanatismo no Ceará, 146.
CROMWELL, 33, 75.
CRUZ COSTA, João, 234.
CRUZ MACHADO, Antonio Cândido, 208.
Cuba, 212.

Cultura de massa, 24-25.
Cultura Política (revista), 245.
CUNHA MATOS, Raimundo da, 183.

DANTAS, Manuel Pinto de Sousa, 156.
DANTON, 32.
Dar-ul-Islan, 28.
DASP, 245.
DAVATZ, Thomaz, 181.
DEHIO, Ludwig, 48, 66.
Democracia, 247.
Derrama, 83-84, 87, 112.
Desenvolvimento econômico, 216, 218.
Devassa em Minas Gerais, 103, 113.
Devassa no Rio de Janeiro, 103-104.
Devassa em Salvador, Bahia (1798), 97.
DÍAZ, Porfírio, 245.
DIAS CARNEIRO, Otávio, 248.
Dicionário de Artes Plásticas, 31.
Dicionário de História do Brasil (1970), 31.
DILLEN, J. G. van, 54.
DINIZ, desembargador, 93.
Discurso Histórico-Político sobre a sublevação que nas Minas houve no ano de 1720, 73-74.
DISRAELI, 137.
Dividendos remetidos para o exterior, 169.
DOSTOIÉVSKI, 23.
DULLES, Foster, 219.
DULLES, John Foster, 242.
DUNDAS, cônsul inglês, 187.
DUTRA, Eurico Gaspar, 214, 253, 254.

Educação no Brasil, 181, 187.
EHRENBERG, Richard, 41-42, 43, 44, 47, 48, 50.
EISENHOWER, Dwight, 230.
Eletrobrás, projeto da, 218-219.

Emissões de moeda e apólices, 190.
Emancipação dos escravos, 196-203.
Empréstimos estrangeiros, 142, 164, 167, 190.
Empréstimos em Londres, 166-167.
Enciclopedistas franceses, 78, 112.
Engenho Central de Quissamã, 166.
Engenhos centrais, garantia de juros, 142.
Ensino agrícola, falta de, 186.
ESCRAGNOLLE, Coronel Conde d', 124, 125.
Escravidão negra, 147, 149--151, 158, 181, 182-183, 201, 202, 205, 209, 212.
Escravos negros, 144-147, 178-179, 181, 185, 187, 196.
Espanha, 49.
Especiarias, comércio de, 45--47.
ESPINE, Jacques de Moine de L', 49.
Estados Unidos da América, 17, 25, 110-112, 132, 170--171, 185, 216, 217, 219.
Estrada de Ferro D. Pedro II, 166.
Estradas de ferro, 142, 164, 165, 166, 169, 174, 175, 187, 191.
ESTRELAS, Maria das, 131.
Estudos históricos no Império e na República, 19.
ETCHEGOYEN, General Alcides, 217.
Exportação, redução dos direitos de, 186.
Exportações brasileiras, 170--171.
Exportadores estrangeiros, 190.
Exposição Universal de Viena, 189.
Faculdades de Filosofia, criação das, 16, 17.
FAGUNDES, José de Oliveira, 104.

FALCÃO DE LACERDA, Coronel José de Barros, 123, 124, 126.
Farrapos. Vide Revolução dos Farrapos.
F.B.I. (Federal Bureau of Intelligence, EUA), 253.
FERREIRA, Silvestre Pinheiro, 34.
FERREIRA VIANA, P.A., 157.
FERRO, pseudônimo, 140.
Ferro-gusa, 1º embarque para os EUA de, 217.
FIALHO, Anfrísio, 244.
FIGUEREDO, Afonso Celso de Assis. Vide AFONSO CELSO, Conde de.
FIGUEREDO, Francisco, Visconde e Conde de, 186.
FISCHER, H., 76, 78.
FLORENCE, William G., 229.
FLORES DA CUNHA, 227.
FONSECA, Marechal Deodoro da, 116.
FONSECA, Isaac Aboab da, 52.
FONTES, Lázaro de Souza, 122.
FONTES, Lourival, 253.
FONTOURA, João Neves da, 217, 227, 250.
FORTUNATO, Gregório, 220.
FRAGOSO, Francisco Antônio, 122.
França, 49.
França e Brasil, 142-143.
FRANCE, Anatole, 33.
FRANCIS, A. D., 76.
Francisca, cidade de D. (Joinville), 184.
FRANCISCO OTAVIANO. Vide ALMEIDA ROSA, Francisco Otaviano de.
FRANCO, Francisco, 232.
FRANCO, Tito. Vide ALMEIDA, Tito Franco de.
FUGGER, Jacob, 42.
FUGGER, banqueiros, 42, 46, 47.

Funcionalismo público, 184.
Fundação Rockefeller, 234.
FURTADO, Francisco José, 156.

GALLAGHER, John, 141.
GALVÃO, Eduardo, 30.
GAMA, Vasco da, 43, 65.
GAGANELLI, pseudônimo de SALDANHA MARINHO, Joaquim.
Garantia de juros, 142, 174, 175, 186-187.
GARCIA, Rodolfo, 96.
GARCIA DA ORTA, 151.
Gaúchos, ambivalência dos, 214.
GAULLE, Charles de, 230.
GEERS, G. J., 53, 61.
Gestapo, 253.
GLADSTONE, W. E., 137.
GOBINEAU, Conde de, 138.
GODECHOT, Jacques L., 33.
GÓIS MONTEIRO, General Aurélio de, 253, 254.
GOMES, Eduardo, 214, 215.
GOMES, Coronel José Aires, 113, 114, 115.
GONZAGA, Tomás Antônio, 87, 88, 93, 102, 104, 112, 115.
GORIS, J. A., 44.
GOULART, João, 219.
Grã-Bretanha e Estados Unidos, 25-26, 32, 33, 169.
GRAHAM, H., 249.
GRAHAM, Richard, 141, 143, 168.
Grande lavoura, 184, 186.
Grande propriedade, sistema da, 179-181, 184, 185, 186.
GUDELLA, Phillip, 22.
Guerra Civil, Americana, 33.
Guerra do Paraguai, 164, 165, 178, 201.
GUILHERME III de Orange, 33.
GUNAWARDENA, K. W., 29, 68.
Habeas-corpus, 155.

HAMILTON, Alexander, 68.
HAMILTON, Earl J., 43.
HASAN, Yusuf, 28.
HAUPT, Hermann, 182, 183.
HAUSER, Henri, 51.
HECKSCHER, Eli F., 42, 43, 49.
HERCULANO, Alexandre, 235.
HERIARTE, Maurício de, 151.
HEYN, Piet, 50.
HILTON, Stanley, 243, 250.
História: 13, 135, 223-238; contemporânea, 223-238; corpo do tempo, 12, 13; da história, 134; das idéias, 134, 141; e as ciências sociais, 134; e catarse, 12; e economia, 163-192; e ideologia, 133-162; e lingüística, 24-31; ensino superior da, 16; e vida, 38; forma de conhecimento, 12; interpretação da, 135; introdução à, 15-19; metodologia da, 15-19; não é ciência aplicada, 12; oficial, 135-136; rumos da, 15-49.
História Diplomática do Brasil, 20.
História do Brasil, 16, 17, 133; do Império, 134-162; ensino da, 18; geral, 134; versão conservadora da, 150-151; versão liberal da, 155, 157-158.
Historiografia, 17, 19.
Historiografia e Bibliografia do Domínio Holandês no Brasil, 49.
Historiografia econômica, 41.
Historiador, papel do, 135.
HITLER, Adolf, 232, 247.
Holanda e Portugal, 63-70.
HOLLANDA, Sérgio Buarque de, 181, 246.
HOLLAND, Henry, 221.
HORTA BARBOSA, General, 251.
HUET, Pierre Daniels, 49.
HUIZINGA, Johann, 16, 23, 24, 30.

269

Ideologia, 149.
Ideologia conservadora c liberal, 149-150, 155.
Igreja e Estado, 137-138.
Imigrantes, 175-177, 178, 181-182, 183.
Imigração estrangeira, 174-177, 178, 182, 183, 185, 187, 218, 255.
Imperialismo, 64, 143; britânico, 64, 141-142, 143; causa de estagnação do Brasil, 156.
Império português, 65, 70.
Importação de mercadorias estrangeiras, 169-170, 190.
Imposto de renda, 217.
Imposto territorial, 178.
INÁCIO, Frei, 79.
Independência do Brasil, 71, 99, 184, 201, 211.
Índios, 160.
Indústria nacional, 188-189.
Infiltração comunista no Brasil, 217, 219.
Inglaterra e Brasil, 142-143, 155.
INHOMIRIM, Visconde de. Vide TORRES HOMEM, Sales.
Inflação, 249.
Inquisição, 72.
Integralismo, 253.
Intervenção armada americana no Brasil em 1893, 137.
Introdução à História, curso de, 15-19.
Investimentos estrangeiros no Brasil, 216.
ISABEL, Princesa D., 132.
ITABORAÍ, Visconde de. TORRES, Joaquim José Rodrigues, 136, 165, 190.

JACKSON, Andrew, 32.
JANUS, 138.
JEFFERSON, Thomas, 32.
JENNING, Ivor, 23.
Jesuítas, supressão da Ordem dos, 138-139.
JESUS, língua de, 28.
JOÃO VI, D., 85, 91, 98-99, 103, 104.

JOHNSON, Lyndon B., 219.
JOHNSTON, E., 186.
Joinville, cidade de, 184.
JOSLIN, David, 167, 168.
Judeus e a formação do capitalismo, 51; no Brasil, 70.
Julgamento do historiador, 224, 231-233.
Juros, 47, 185; garantia de, 142, 174, 175, 186-187.

KENNEDY, John F., 228, 237.
KIEMAN, V. J., 144.
KRUPP, armamentos, 254.
KUBITSCHECK DE OLIVEIRA, Juscelino, 228.
KUSNETZ, S., 243, 252.

LACERDA, Carlos, 220.
LACERDA WERNECK, Manoel Peixoto, 181.
LAFER, Horácio, 216, 217.
LAGO, Basílio de Brito Malheiros, 108, 111.
Laissez-faire, ideologia do, 141, 197.
LEAL, Estilac N., 217.
LEÃO, Antão Fernandes, 208.
LÊDO, Joaquim Gonçalves, 124.
LEEDS, Duque de, 79.
Lei de reforma judiciária, 174.
Lei de Terras, 177-178, 180.
Lei de 3 de dezembro de 1841, 144, 174.
Lei de 20 de outubro de 1823, 197.
Lei de 28 de agosto de 1830, 189.
Lei do Ventre Livre, 139, 148-149, 172-174, 181, 193-212.
LEVETZOW, Werner, 254-255.
LEVINE, Robert M., 242, 251, 255.
Liberais, 198, 204.
Liberais e conservadores, 137, 142, 144, 149, 190, 191, 204.
Liberais e republicanos, 137.

Liberal, palavra, 31-32.
Liberalismo econômico, 142.
Liberalismo histórico, 155--156.
Liberalismo moderado, 156--158.
Liberalismo radical brasileiro, 124, 125, 145, 157, 158, 164.
Liberdade de informação, 228-231.
Libertas quae sera tamen, 114.
Liderança brasileira, 212.
LIMA E SILVA, General Francisco, 113, 120, 123--124, 126-128, 131.
LIMA E SILVA, Luís Alves de. Vide CAXIAS, Duque de.
Linchamento, 147.
Línguas africanas na Bahia, 27.
Língua portuguesa, 68.
Lingüística e História, 24-31, 37.
LISBOA, João Francisco, 151, 154.
LISBOA, João Soares, 124.
LISBOA, José da Silva, 153.
Locação de serviços, 181, 182, 187.
LOPES, David, 29, 68.
LOPES, Francisco Antônio de Oliveira, 112.
LUZ, João Ferraz da, 147.
LUZAK, Elias, 49.

Macau, 26.
MACAULAY, T. B., 54, 173, 174.
McCANN, Frank D., 243.
MACEDO, João Rodrigues de, 104, 113.
MACEDO, Joaquim Manoel de, 153-154.
MACEDO, M. A. de, 146.
MACEDO DA COSTA, Bispo D. Antônio, 210.
MACHADO, Cristiano, 214, 215.

MACHADO, Teodoro. Vide SILVA, Teodoro Machado Freire Pereira.
MACIEL, José Álvares, 113.
Maçonaria, 138, 209.
MAETSUYKER, Johan, 69.
MAGALHÃES, Couto de, 160.
Manaus, fala de, 28.
MANCHESTER, Alan K., 141, 168.
MANGABEIRA, João, 214.
Manifesto Republicano de 1870, 116, 139, 158, 162, 164.
MANNHEIM, Karl, 149.
MANNING, William R., 143.
MAQUIAVEL, 38.
MARIA I, Rainha D., 79, 91, 104, 107.
MATIAS, Herculano Gomes, 97, 117.
MAUÁ, Visconde de. Irineu Evangelista de Sousa, 143, 190.
MAXWELL, Kenneth R., 79. 79.
Medo e coragem, papel na história, 233.
MEIRELES, Cecília, 111, 117.
MELO, Antônio Joaquim de, 158.
MELO, Jerônimo Martiniano Figueira de, 154.
MELO, Tenente José Antônio de, 109.
MELO, Leda Collor de, 227.
MELO, Lumachi de, 125.
MELO, Urbano Sabino Pessoa de, 158.
MELO FRANCO, Afonso Arinos de, 234, 241.
MELO MATOS, Luiz José de Carvalho, 156.
MELO MORAES, Alexandre José de, 159, 169-170.
MENEZES, Rodrigo José de, D., 81-82.
MENEZES, Vasco Fernandes Cesar de, Conde de Sabugosa, 243-244.
Mercantilismo, 42.

271

Metodologia da História, 17-19.
METHUEN, John, 75, 76.
MICHELET, J., 23.
MILLER, Secretário dos EUA, 217.
Minas Gerais, Estado de, 215.
Moçambique, 26, 65, 69, 70.
MOLTKE, 205.
Monopólio de especiarias do eixo Lisboa-Antuérpia, 43.
MONROE, doutrina de, 219.
MONTEIRO, Tobias, 125, 131, 134.
MONTESQUIEU, C. L. de Secondat, Barão de, 32.
MONTOYA, Antônio Ruiz de, 151.
MORAIS, Antônio Macário de, 122.
MORAIS, General José Manuel, 127.
MORAIS DA SILVA, Antônio, 34.
MOREIRA PINTO, General, 140.
MOSSÉ, B., 245.
MOTA, João Dias da, 112, 115.
MOTA, Vicente Vieira da, 113.
MOURA, Carlos Bernardino de, 157.
Muckers no Rio Grande do Sul (1874-1875), 145.
Mulheres negras escravas, 207, 209.
MÜLLER, Filinto, 253, 254.
MURTINHO, Joaquim, 143, 167.
MYRDAL, Gunnar, 21.

NABUCO, Joaquim, 134, 137, 138, 139, 147, 148, 152, 154, 159, 160, 164, 181, 193, 194, 206, 244, 255.
NABUCO DE ARAÚJO, Tomás, 134.
Nacionalidade brasileira, sentimento de, 191.
Nacionalização da indústria petrolífera e elétrica, 217.
NAMIER, Lewis, 22.

NAZÁRIO, escravo, 147.
NAZÁRIO, João, 145.
Negociantes estrangeiros no Brasil, 190.
NEVINS, Allan, 16.
Niterói, cidade de, 175.
NIXON, Richard, 225, 230.
NOGUEIRA, Padre Inácio, 111-112.

OLIVEIRA, Antônio do Monte, 122, 127.
OLIVEIRA, João Adil de, 220.
OLIVEIRA, João Alfredo Correa de, 210.
OLIVEIRA, José Lopes de, 113, 115.
OLIVEIRA MARTINS, J. P. de, 79.
OTÁVIANO DE ALMEIDA ROSA, Francisco, 152, 195, 203-204.
OURO PRETO, Visconde de. FIGUEREDO, Afonso Celso de, 186.
Oxford English Dictionary, 26.

Páginas de História Constitucional, 156-157.
Países Baixos no século XVII, 48-49.
PALMA, João da Costa, 122.
PALMERSTON, H. J. T., 144.
PAMPLONA, Inácio Correa, 111.
Papel Moeda, emissão de, 167.
Paraná, Estado do, 215.
PARANHOS, José Maria da Silva. Vide RIO BRANCO, Visconde de.
Paranóia na liderança política brasileira, 173.
Parceria, sistema de, 180-182, 187.
Partido Conservador, 134, 148, 158, 181, 196, 197, 199, 200, 201, 204, 206.
Partido Democrático Social, 214.

Partido Liberal, 139, 148, 153, 158, 184, 197, 199, 205, 206.

Partido Republicano, 139-140.

Partido Republicano de São Paulo, 139.

Partido Social Progressista, 214.

Partido Trabalhista, 214.

Patriota, uso da palavra, 130.

PEDRO I, D., 99, 120, 121, 123, 125, 126, 127, 128, 130, 132, 183, 244, 246.

PEDRO II, D., 138, 140, 156, 196, 205, 244, 245.

PEIXOTO, Inácio José de Alvarenga, 108, 109, 112, 115.

PENNAFORTE, Frei Raimundo, 103, 104, 106-107, 117.

PENSO, David, 54.

PENSO, Isaac, 52.

PENSO, Raphael, 54.

Pentágono, Papéis do, 229.

Pequena propriedade, 184.

PEREIRA, José Clemente, 183.

PEREIRA, Alferes José Lourenço, 111.

PEREIRA, Nicolau Martins, 122, 123, 127.

PEREIRA DA SILVA, J. M., 151-152, 161.

PERES, Damião, 79.

Periodização histórica, 163--164.

Pesquisa histórica brasileira, 233-235.

Pesquisa histórica e história contemporânea, 223-238.

Pesquisa Histórica no Brasil (A), 20.

Petrobrás, 219, 251.

Petróleo, jazidas de, 216, 222.

Pimenta, comércio da, 46-47, 50.

Vide SÃO VICENTE, Vis-PIMENTA BUENO, J. A. conde de.

PINTO, Fernando, 107.

PINTO, Jorge Homem, 51.

PINTO, Luís, 80.

PIRENNE, Henri, 45.

PIZA, Luís Vaz de Toledo, 112, 115.

Plano Marshall, 250.

PLATT, D. M. C., 141, 142.

Poder Moderador, 147.

Poder mundial moderno, disputa do, 48.

Política de segredo, 229.

POMBAL, Marquês de, 79.

PONTUAL, Roberto, 31.

População brasileira em 1954, 220.

População escrava em 1871, 211.

PORTO ALEGRE, Manuel de Araújo, 152.

Portugal, 49; e Holanda, 63--70.

Português do Brasil e de Portugal, 25-28, 29.

Português, expansão no Oriente, 29.

POT, J. H. van der, 164.

PRADO, Antônio da Silva, 166, 187.

PRADO, Domingos Rodrigues do, 74.

Previdência Social, Lei Orgânica da, 218.

Primeira Internacional e o Brasil, 140.

PRUEFER, Kurt, embaixador alemão, 253.

Psicanálise e história, 22.

Psicologia e história, 22, 23.

QUADROS, Jânio, 215, 254.

Quebra-quilos no Nordeste (1874), revolta ou movimento de, 138, 145.

Questão Religiosa, 153.

Questão Servil, 195-196.

Quilombos, 146-147.

QUIRINO, João, 145.

QUITÉRIA, Bernardina, 113.

RABÊLO, Domingos da Silva, 122.

RABELO, João, agente português em Antuérpia no século XVI, 47.

Radicalismo brasileiro, 157--158.

Rádio e televisão, comercialização do, 25.

RANGEL, Alberto, 134.

RANKE, Leopold von, 96, 135.

RAYNAL, Abade Guilherme Thomas, dito, 112.

Razão de Estado, 38, 232.

READERS, Georges, 138.

Rebelde, quem é, 33.

REBOUÇAS, André, 165, 172, 180, 186.

Recenseamento, 174.

Reforma servil, 197-203.

REGO, José Gomes do, o Cazumbá, 124.

Reforma e Conciliação, 35.

Reforma Judiciária de 1871, 145.

Regalismo, 138.

Regimes absolutistas e autoritários, 12.

REIS, Joaquim Silvério dos, 84, 88, 93, 94, 108, 111, 112, 113.

REIS, Bispo D. José Antônio dos, 210.

Remessa de lucros para o exterior, 217, 219, 250.

República, A, jornal, 139.

República e Federação no Brasil, ideal de, 122-123, 129, 132.

República no Brasil, 139-140, 173.

RESENDE, Conde de. Vice--Rei D. José Luís de Castro, 102, 104.

RESENDE COSTA, José, 115.

RESENDE COSTA FILHO, José, 115.

Revista de História (S.P.), 18.

Revoltas de escravos, 145, 146.

Revoltas de 1870 a 1880, 145.

Revoltas radicais, 145.

Revolução, a palavra, 32-37, 145; da Praia, 154, 156, 157, 158, 172; de 1841 a 1848, 145; dos Farrapos, 145, 158.

Revolução Americana da Independência, 32, 33.

Revolução Brasileira da Independência, 34-35.

Revolução Chinesa, 33.

Revolução Pernambucana de 1817, 34, 94, 98, 103, 115, 125, 127, 130, 158.

Revolução de 1824. Vide Confederação do Equador.

Revolução Francesa, 32, 33, 37, 78, 79, 80, 112, 130.

Revue de Synthèse Historique, 31.

Revolução e Contra-Revolução, 35.

Revolução industrial, 36-37.

Revoluções liberais no Sul do Brasil, 156.

Rheinmetall, armamentos da firma, 254.

RIBEIRO, João, 250.

RIO BRANCO, Barão do. SILVA PARANHOS JR., José Maria da, 140, 152, 155, 175, 176, 195, 245.

RIO BRANCO, Visconde do. PARANHOS, J. M. da Silva, 136, 138, 139, 140, 142, 143, 148, 150, 167, 172--173, 174, 181, 184, 188, 190, 192, 193-195, 200--206, 208, 209; Gabinete do, 195-197, 198, 201-202, 204.

Rio Grande do Sul, Estado do, 215.

Rio de Janeiro, cidade do, 28, 165, 175, 183, 185, 189, 215; projeto de túnel ligando Niterói ao, 175; porto do, 187.

Rio de Janeiro, Estado do, 215.

RIPPY, J. Fred, 141, 168.

RITTER, Gerhard, 228, 232.

RITTER, Karl, embaixador alemão, 254.
ROBESPIERRE, 23.
ROBINSON, Ronald, 141.
ROCHA, Justiniano José da, 151.
ROCKEFELLER, John D., 137.
ROCKEFELLER, Nelson 216.
RODGERS, James Heide, 122, 127.
RODRIGUES, José Honório, 17, 18, 19, 20, 24, 31, 34, 35, 49, 51, 78, 90, 94, 95, 146, 147, 159, 173, 183, 195, 206, 224-225, 228--229, 231, 232, 235-236, 240, 246, 257-261.
RODRIGUES, Padre Manoel, 115.
RODRIGUES TORRES, Joaquim. Vide ITABORAÍ, Visconde de.
ROLIM, Padre José da Silva e Oliveira, 112, 115.
Roma e a expansão do latim, 28.
ROMERO, Sílvio, 160.
RONDON, Marechal Cândido, 29.

SÁ, Mem de, 243, 244.
SALAZAR, Antônio de Oliveira, 282.
SALDANHA, José da Natividade, 123.
SALDANHA MARINHO, Joaquim, 116, 137, 138, 157, 244.
Santa Casa da Misericórdia, 104.
SANTOS, Domingos da Silva, pai de Tiradentes, 108.
SANTOS, Felipe dos, 74, 115.
SANTOS, Joaquim Felício dos, 84, 91-92, 151.
SANTOS, Lúcio José dos, 93, 96, 108, 117.
São Leopoldo, cidade e município de, 176, 184, 189.
São Paulo, 27, 186-188, 215.

SÃO VICENTE, Visconde e Marquês de. J. A. de Pimenta Bueno, 136, 198.
SARDINHA, Simão Pires, 80.
SARMENTO, Capitão José Vicente de Moraes, 110.
SARTRE, Jean-Paul, 33.
SCHETZ, Gaspar, 48.
SCHICK, Leon, 46.
SCHLESSINGER, Arthur M., 228, 231.
SCHMIDT, Augusto Frederico, 220.
Secas no Ceará, 146.
Segunda Guerra Mundial, documentos referentes à, 225--226, 230, 240.
SERIONNE, Jacques Accarias de, 49.
Serviço do Patrimônio Histórico e Artístico Nacional, 18.
SHAKESPEARE, William, 12, 26.
SHAW, Bernard, 25.
SIEGEL, Bernard J., 252.
SIERRA Y MARISCAL, Francisco, 34.
SILVA, Bento Carneiro da. Barão e Conde de Araruama, 166.
SILVA, Joaquim Caetano da, 154, 155.
SILVA, Joaquim Gomes da, 146.
SILVA, José Seabra da, 79.
SILVA, Hélio, 234, 240-241.
SILVA, Cônego Luís Vieira, 112, 115.
SILVA, Teodoro Machado Freire Pereira da, 172, 173, 177, 178, 179, 196.
SILVA JARDIM, Antônio da, 116.
SILVEIRA MARTINS, Gaspar, 157, 190.
SILVEIRA DA MOTA, José Inácio, 157.
SILVÉRIO, Joaquim. Vide REIS, Joaquim Silvério dos.
SIMONSEN, Roberto, 251.

275

SINIMBU, João Luís Vieira da Cansação, 184-185, 190.
SKIDMORE, Thomas C., 241, 245, 247, 250, 251, 252.
SLUITER, Engel, 63, 64.
SMITH, M. F. J., 53, 54, 61.
Sociedade Auxiliadora da Indústria Nacional, 189-190.
Sociologia e História, 21.
SODRÉ, Nelson Werneck, 234.
SOMBART, Werner, 51, 52.
SOUSA, Frei Luís de, 47.
SOUSA, Martim Afonso de, 48.
SOUSA E SILVA, Joaquim Norberto de, 92, 93, 117.
SPIEGEL, Henry W., 243, 251-252.
SPINOZA, 52.
SPIVAK, Marvin, 26.
SOUSA, Paulino Soares de, 196, 197.
SOUTHEY, Robert, 91.
SOUZA, Otávio Tarquínio de, 134.
SOUZA CARVALHO, A. A. de, 159.
STALIN, Josef, 232.
STEWART, Potter, 230.
STRIEDER, Jacob, 46.
Suicídios de escravos, 147--148.
Supremo Tribunal Federal, 219.
Suspensão das garantias constitucionais em Pernambuco (1824), 123-124.

TACQUES, Magalhães, 148.
TALLENTIRE, D. R., 26.
TAUNAY, Afonso D'E., 170.
TAVARES, Francisco Muniz, 98, 158.
TAVARES BASTOS, A. C., 155, 157.
TAWNEY, Richard H., 38.
TEIXEIRA JÚNIOR, Jerônimo José, 198.
Telefone, 165.
Telégrafo submarino, 165.

TEÓFILO, Rodolfo, 146.
Teoria da História, 17, 18.
Teoria da História do Brasil, 17, 22.
Terceira República na França, 139.
Terras devolutas, 178.
Terras incultas, 179.
THIONVILLE, Merlin de, 23.
TIMANDRO, pseudônimo de Salles Torres Homem, 155.
TIRADENTES, José Joaquim da Silva Xavier, o, 11, 12, 34, 71-117.
TOLEDO, Padre Carlos Correa de, 112, 115.
TORRES, Joaquim José Rodrigues. Vide ITABORAÍ, Visconde de.
TORRES HOMEM, Francisco de Salles, Visconde de Inhomirim, 155, 157, 183, 190, 194-195, 206-208.
TOYNBEE, Arnold, 28, 64.
Trabalhadores livres, 182-183, 187.
TRÊS BARRAS, Barão de, 208.
Tribunais da Relação, 174.
TROUSDALE, William, 142, 143.
TSCHUDI, J. J. von, 181.
Typhis Pernambucano, jornal, 124.

União Democrática Nacional, 213, 214, 215.
União Soviética, 17.
União Sul-Africana, 66, 67, 68, 69, 70.
Universidade de São Paulo, 17, 18.
Universidades brasileiras, 234.
Utopia e Contra-Utopia, 35, 150.
Utopias na história brasileira, 36-37.

VALKHOFF, Marius F., 29, 69.
VARGAS, Benjamin, 253.
VARGAS, Getúlio, 11, 25, 213-222, 227, 239-255.

VARGAS, Lutero, 216.
VARNHAGEN, Francisco Adolfo de, Visconde de Porto Seguro, 48, 91, 93, 96, 116, 151, 152, 154, 159, 161, 195, 235.
VASCONCELOS, Bernardo Pereira de, 128.
VASCONCELOS, Diogo de, 74.
VASCONCELOS, Diogo Pereira Ribeiro de, 90.
VASCONCELOS, Zacarias de Góis e, 156, 204-206, 208.
VASCONCELOS E SOUSA, Luís de, Vice-Rei, 80, 88, 89, 103.
VAZ, Major Rubem, 220.
VEGA PASSARIÑO, Joseph Penso de la, 41, 52-61.
VELHO, Domingos Jorge, 67--68.
Ventre livre, emancipação do, 173-174, 182, 198, 206.
VERGUEIRO, José, 180, 181.
VERGUEIRO, Senador Nicolau de Campos, 180, 182.
VESPÚCIO, Américo, 151.
VIANA, Manuel Nunes, 85.
Vias de comunicação, falta de, 186.
VIEIRA, Agostinho, 121.
VIEIRA, Domingos de Abreu, 109, 113, 115.

VIEIRA FAZENDA, José, 154.
VILELA BARBOSA, Marquês de Paranaguá, 126.
VIRIATO, família (da Paraíba), 146.
VITAL, D. Frei Vital Maria Gonçalves de Oliveira, bispo, 210.
VITÓRIA, Rainha, 141.

WÄTJEN, Hermann, 51.
WALPOLE, Robert, 79.
WANDERLEY, João Maurício, Barão de Cotegipe, 190.
WARTBURG, Walter von, 32.
WASHIGTON, George, 78.
WELSER, banqueiros, 46.
WELLES, Sumner, 253.
WILEMAN, J. P., 143, 167, 168, 169.
WILSON, Harold, 230.
WIRTH, John D., 242, 243, 248, 250-251, 253.
WIZNITZER, Arnold, 51.
WYTHE, George, 243.

XAVIER, Antonia da Encarnação, mãe de Tiradentes, 108.

YEATS, W. B., 26.
YOUNG, Jordan, 241-242.

COLEÇÃO DEBATES

1. *A Personagem de Ficção*, A. Rosenfeld, A. Cândido, Décio de A. Prado, Paulo Emílio S. Gomes.
2. *Informação. Linguagem. Comunicação*, Décio Pignatari.
3. *O Balanço da Bossa, e outras Bossas*, Augusto de Campos.
4. *Obra Aberta*, Umberto Eco.
5. *Sexo e Temperamento*, Margaret Mead.
6. *Fim do Povo Judeu?*, Georges Friedmann.
7. *Texto/Contexto*, Anatol Rosenfeld.
8. *O Sentido e a Máscara*, Gerd A. Bornheim.
9. *Problemas de Física Moderna*, W. Heisenberg, E. Schroedinger, Max Born, Pierre Auger.
10. *Distúrbios Emocionais e Anti-Semitismo*, N. W. Ackerman e M. Jahoda.
11. *Barroco Mineiro*, Lourival Gomes Machado.
12. *Kafka: pró e contra*, Günther Anders.
13. *Nova História e Novo Mundo*, Frédéric Mauro.
14. *As Estruturas Narrativas*, Tzvetan Todorov.

15. *Sociologia do Esporte*, Georges Magnane.
16. *A Arte no Horizonte do Provável*, Haroldo de Campos.
17. *O Dorso do Tigre*, Benedito Nunes.
18. *Quadro da Arquitetura no Brasil*, Nestor Goulart Reis Filho.
19. *Apocalípticos e Integrados*, Umberto Eco.
20. *Babel & Antibabel*, Paulo Rónai.
21. *Planejamento no Brasil*, Betty Mindlin Lafer.
22. *Lingüística. Poética. Cinema*, Roman Jakobson.
23. *LSD*, John Cashman.
24. *Crítica e Verdade*, Roland Barthes.
25. *Raça e Ciência I*, Juan Comas e outros.
26. *Shazam!*, Álvaro de Moya.
27. *Artes Plásticas na Semana de 22*, Aracy Amaral.
28. *História e Ideologia*, Francisco Iglésias.
29. *Peru: Da Oligarquia Econômica à Militar*, Arnaldo Pedroso D'Horta.
30. *Pequena Estética*, Max Bense.
31. *O Socialismo Utópico*, Martin Buber.
32. *A Tragédia Grega*, Albin Lesky.
33. *Filosofia em Nova Chave*, Susanne K. Langer.
34. *Tradição, Ciência do Povo*, Luís da Camara Cascudo.
35. *O Lúdico e as Projeções do Mundo Barroco*, Affonso Ávila.
36. *Sartre*, Gerd A. Bornheim.
37. *Planejamento Urbano*, Le Corbusier.
38. *A Religião e o Surgimento do Capitalismo*, R. H. Tawney.
39. *A Poética de Maiakóvski*, Bóris Schnaiderman.
40. *O Visível e o Invisível*, Merleau-Ponty.
41. *A Multidão Solitária*, David Riesman.
42. *Maiakóvski e o Teatro de Vanguarda*, A. M. Ripellino.
43. *A Grande Esperança do Século XX*, J. Fourastié.
44. *Contracomunicação*, Décio Pignatari.
45. *Unissexo*, Charles Winick.
46. *A Arte de Agora, Agora*, Herbert Read.
47. *Bauhaus — Novarquitetura*, Walter Gropius.
48. *Signos em Rotação*, Octavio Paz.
49. *A Escritura e a Diferença*, Jacques Derrida.
50. *Linguagem e Mito*, Ernst Cassirer.
51. *As Formas do Falso*, Walnice Galvão.
52. *Mito e Realidade*, Mircea Eliade.
53. *O Trabalho em Migalhas*, Georges Friedmann.
54. *A Significação no Cinema*, Christian Metz.
55. *A Música Hoje*, Pierre Boulez.
56. *Raça e Ciência II*, L. C. Dunn e outros.
57. *Figuras*, Gérard Genette.
58. *Rumos de uma Cultura Tecnológica*, A. Moles.
59. *A Linguagem do Espaço e do Tempo*, Hugh Lacey.
60. *Formalismo e Futurismo*, Krystyna Pomorska.

61. *O Crisântemo e a Espada*, Ruth Benedict.
62. *Estética e História*, Bernard Berenson.
63. *Morada Paulista*, Luís Saia.
64. *Entre o Passado e o Futuro*, Hannah Arendt.
65. *Política Científica*, Darcy M. de Almeida e outros.
66. *A Noite da Madrinha*, Sergio Miceli.
67. *1822: Dimensões*, Carlos Guilherme Mota e outros.
68. *O Kitsch*, Abraham Moles.
69. *Estética e Filosofia*, Mikel Dufrenne.
70. *Sistema dos Objetos*, Jean Baudrillard.
71. *A Arte na Era da Máquina*, Maxwell Fry.
72. *Teoria e Realidade*, Mario Bunge.
73. *A Nova Arte*, Gregory Battcock.
74. *O Cartaz*, Abraham Moles.
75. *A Prova de Goedel*, Ernest Nagel e James R. Newman.
76. *Psiquiatria e Antipsiquiatria*, David Cooper.
77. *A Caminho da Cidade*, Eunice Ribeiro Durhan.
78. *O Escorpião Encalacrado*, Davi Arrigucci Júnior.
79. *O Caminho Crítico*, Northrop Frye.
80. *Economia Colonial*, J. R. Amaral Lapa.
81. *Falência da Crítica*, Leyla Perrone-Moisés.
82. *Lazer e Cultura Popular*, Joffre Dumazedier.
83. *Os Signos e a Crítica*, Cesare Segre.
84. *Introdução à Semanálise*, Julia Kristeva.
85. *Crises da República*, Hannah Arendt.
86. *Fórmula e Fábula*, Willi Bolle.
87. *Saída, Voz e Lealdade*, Albert Hirschman.
88. *Repensando a Antropologia*, E. R. Leach.
89. *Fenomenologia e Estruturalismo*, Andrea Bonomi.
90. *Limites do Crescimento*, Donella H. Meadows e outros.
91. *Manicômios, Prisões e Conventos*, Erving Goffman.
92. *Maneirismo: O Mundo como Labirinto*, Gustav R. Hocke.
93. *Semiótica e Literatura*, Décio Pignatari.
94. *Cozinhas, etc.*, Carlos A. C. Lemos.
95. *As Religiões dos Oprimidos*, Vittorio Lanternari.
96. *Os Três Estabelecimentos Humanos*, Le Corbusier.
97. *As Palavras sob as Palavras*, Jean Starobinski.
98. *Introdução à Literatura Fantástica*, Tzvetan Todorov.
99. *Significado nas Artes Visuais*, Erwin Panofsky.
100. *Vila Rica*, Sylvio de Vasconcellos.
101. *Tributação Indireta nas Economias em Desenvolvimento*, John F. Due.
102. *Metáfora e Montagem*, Modesto Carone Netto.
103. *Repertório*, Michel Butor.
104. *Valise de Cronópio*, Julio Cortázar.
105. *A Metáfora Crítica*, João Alexandre Barbosa.
106. *Mundo, Homem, Arte em Crise*, Mário Pedrosa.

107. *Ensaios Críticos e Filosóficos*, Ramón Xirau.
108. *Do Brasil à América*, Frédéric Mauro.
109. *O Jazz — do Rag ao Rock*, Joachim E. Berendt.
110. *Etc..., etc... Um Livro 100% Brasileiro*, Blaise Cendrars.
111. *Território da Arquitetura*, Vittorio Gregotti.
112. *A Crise Mundial da Educação*, Philip H. Coombs.
113. *Teoria e Projeto na Primeira Era da Máquina*, Reyner Banham.
114. *O Substantivo e o Adjetivo*, Jorge Wilheim.
115. *A Estrutura das Revoluções Científicas*, Thomas S. Kuhn.
116. *A Bela Época do Cinema Brasileiro*, Vicente Paula Araújo.
117. *Crise Regional e Planejamento*, Amélia Cohn.
118. *O Sistema Político Brasileiro: Estrutura e Processo*, Celso Lafer.
119. *O Êxtase Religioso*, Ioan M. Lewis.
120. *Pureza e Perigo*, Mary Douglas.
121. *História: Corpo do Tempo*, José Honório Rodrigues.
122. *Escrito sobre um Corpo*, Severo Sarduy.
123. *Linguagem e Cinema*, Christian Metz.
124. *O Discurso Engenhoso no Brasil*, Antônio Saraiva.
125. *Psicanalisar*, Serge Leclaire.
126. *Magistrados e Feiticeiros na França do Século XVIII*, R. Mandrou.
127. *Marcel Duchamp*, Octavio Paz.
128. *Cabala*, Gerschom G. Scholem.
129. *Sintaxe e Semântica na Gramática Transformacional*, A. Bonomi e G. Usberti.
130. *O Teatro e sua Realidade*, Bernard Dort.
131. *Escritos Sobre a História*, Fernand Braudel.
132. *Escritos*, Jacques Lacan.

NORDESTE 1817 — Carlos Guilherme Mota (col. estudos)

REGIONALISMO GAÚCHO E AS ORIGENS DA REVOLUÇÃO DE 1930 — Joseph A. Love (col. estudos)

1822: DIMENSÕES — Carlos Guilherme Mota (col. debates)

ECONOMIA COLONIAL — J. R. Amaral Lapa (col. debates)

História e Ciência juntos como: Forma de conhecimento
Apreensão do real
Autonomia crítica

Contato com elementos concretos = Resposta às dúvidas e descaminhos

---

impresso na
planimpress gráfica e editora
rua anhaia, 247 - s.p.